教育部人文社会科学研究项目青年基金项目“大数据时代政府治理现代化评价模型研究”（18YJC630127）

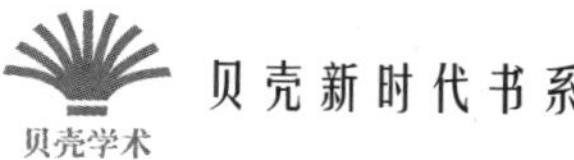

大数据时代政府治理现代化评价体系

牛正光　著

中国财经出版传媒集团
中国财政经济出版社

图书在版编目（CIP）数据

大数据时代政府治理现代化评价体系 / 牛正光著．—北京：中国财政经济出版社，2021.4

（贝壳新时代书系）

ISBN 978-7-5223-0417-5

Ⅰ.①大…　Ⅱ.①牛…　Ⅲ.①国家机构－行政管理－现代化管理－评价－中国　Ⅳ.①D630.1

中国版本图书馆 CIP 数据核字（2021）第 042440 号

责任编辑：苏小珺　　　　责任印制：刘春年
封面设计：陈宇琰　　　　责任校对：张　凡

大数据时代政府治理现代化评价体系
DASHUJU SHIDAI ZHENGFU ZHILI XIANDAIHUA PINGJIA TIXI

中国财政经济出版社 出版

URL：http：//www.cfeph.cn
E-mail：cfeph@cfeph.cn

社址：北京市海淀区阜成路甲 28 号　邮政编码：100142
营销中心电话：010-88191522
天猫网店：中国财政经济出版社旗舰店
网址：https：//zgczjjcbs.tmall.com
北京时捷印刷有限公司印刷　各地新华书店经销
成品尺寸：170mm×240mm　16 开　21.25 印张　280 000 字
2021 年 4 月第 1 版　2021 年 4 月北京第 1 次印刷
定价：88.00 元
ISBN 978-7-5223-0417-5
（图书出现印装问题，本社负责调换，电话：010-88190548）
本社质量投诉电话：010-88190744
打击盗版举报热线：010-88191661　QQ：2242791300

前　言

当前，随着人类社会数据规模和种类的飞速增长，大数据时代已经到来，大数据的特性与治理理论在“多元化、扁平化、协作化”等方面相互契合，并将革命性地推动政府治理向现代化方向发展。本书围绕大数据技术对政府治理现代化的影响，对大数据时代的政府治理现代化内涵、评价体系及建设路径等内容进行了系统研究，提出了完善评价体系的策略，以及应用大数据推进政府治理现代化的对策和建议，这将有助于客观地认识政府治理现代化问题，为政府利用大数据技术推动治理理念的创新和治理模式的变革提供了参考依据，具有重要的理论意义和现实意义。

大数据时代，强烈的政治诉求、公民权利的现实压力以及传统政府治理存在的有关弊端，共同形成了对政府治理走向现代化的迫切需求。本书从系统、科学的视角对大数据重新进行定义，指出大数据是由海量的、分层次的、相互纠缠的全数据集组成的具有自组织性的、动态的、开放的大系统数据集，并提出了大数据“集量成智”的本质特性；通过理论研究和比较研究，提出了基于大数据技术的“DW 神经系统型”治理机制，这种机制将摆脱“随机抽样”和“因果逻辑”的研究范式，通过“全样本分析”和“相关性分析”等方法获得智慧，并被运用到政府治理领域，打破拉塞尔·阿克夫提出的“数据—信息—知识—智慧”（Data-Information-Knowledge-Wisdom）关系，形成一种“数据—智慧”（Data-Wisdom）的新型关系。

本书通过案例研究分析了大数据对政府治理现代化的积极影响，剖析了面临的风险和挑战。大数据对政府治理制度、治理结构、治理机制、治理工具、治理职能、治理管控6个方面具有重要的积极影响：一是治理制度更加规范，二是治理结构更加优化，三是治理机制更加完善，四是治理工具更加先进，五是治理职能更加科学，六是治理管控更加精细。但是，目前存在的数据异化、信息失真、数据垄断、隐私泄露等风险也不容忽视。

大数据时代政府治理现代化评价体系包括政府治理体系和治理能力现代化。政府治理体系现代化主要包括政府治理制度、治理结构、治理机制方面的现代化，着力在政府治理制度方面，实现治理理念人本化、行政程序法治化、政策制定合理化；在治理结构方面，实现治理主体多元化、组织结构扁平化、治理客体复杂化；在治理机制方面，实现治理方式协同化、资源配置市场化、公众参与常态化。政府治理能力现代化主要包括政府治理工具、治理职能和治理管控方面的现代化，着力在治理工具方面，实现信息公开透明化、治理平台虚拟化、行政沟通网状化；在治理职能方面，实现公共决策科学化、社会治理精准化、公共服务高效化；在治理管控方面，实现危机预警智能化、权力监督无缝化、绩效考核数字化。

大数据时代政府治理现代化评价的实证调研分析：针对

由治理制度、结构、机制、工具、职能、监控6个方面的评价指标，一是构建大数据时代政府治理现代化指数评价公式，对河南、湖北、湖南、安徽、山西、江西中部六省份进行评价分析，并进行排名；二是运用层次分析法和模糊综合评价法，确立等级评价机制，对郑州政府治理现代化的效果按照“优秀、良好、合格、不合格”进行评价；三是探讨大数据时代政府治理现代化的效能评价方法，运用PEMSTI特征指标分析模型从人口、经济、工业、服务、交通和信息化6个维度对郑州市等省会城市、鹤壁市等普通地市的政府治理现代化情况进行了评价分析。

通过定性与定量研究相结合的理论分析，分析了大数据时代政府治理现代化面临的问题及原因。采取宏观与微观相结合的方法，对应用大数据推进政府治理现代化提出了对策和建议，主要包括合理定位政府角色、创新行政工作机制、全面实施大数据战略、打造统一数据信息平台、加强人才储备力度、动员民众广泛参与、优化投资融资模式等。

目　录

第一章 导 论

政府治理现代化是大数据时代政府科学有效执政所面临的一个重要课题。党的十八届三中全会上提出将“推进国家治理体系和治理能力现代化”确定为国家全面深化改革的总目标。政府治理可以说是国家治理的关键要素，是促进国家治理现代化的必要抓手。政府治理现代化体现了政府与市场、社会、公民之间直接的互动联系和行动规律，反映了多元化治理主体共建、共治、共享的格局。政府治理现代化离不开理念的创新和科技的进步。近年来，大数据理念的兴起和技术的成熟，为推动政府治理走向现代化提供了强大助力。大数据时代如何构建政府治理现代化评价体系受到了从中央到地方的高度重视。本章对研究的背景进行了简要阐述，并针对该问题的研究现状进行了归纳梳理，提出了研究的意义与目标，介绍了在研究中所使用的主要研究方法。

第一节　研究背景与问题的提出

一、研究背景

目前，正处于转型发展进程中的中国，很多复杂的社会问题日趋凸显。虽然，政府实施了一系列行政体制改革措施，但在很大程度上依旧深受传统科层制的影响，部门之间各自为政，信息藩篱严重。另外，随着公民社会的发展，公民参政议政的诉求日益增强，也对树立政府治理理念提出了新的、更高的要求。例如，政务信息公开、网络治贪、网络问政等，正是社会公众的力量在推动政府治理方式的变革。政府治理的推广，预示着政府和公民、社会关系的重新梳理和调整。

十八届三中全会上，提出将“推进国家治理体系和治理能力现代化”确定为国家全面深化改革的总目标①，同时提出科学的宏观调

① 朱旗锋：《我国传统行政文化对服务型政府建设的影响分析》，学位论文，河南大学，2008，第12页。

控和有效的政府治理，是当前社会主义市场经济发挥优势的内在要求。政府治理可以说是国家治理的重要成分，是推进国家治理现代化的重要领域。政府治理集中体现了政府与公民、政府与企业、政府与市场之间直接的互动联系和行动规律，是国家和政府各项改革的重要前提。而支撑政府治理的重要抓手当然离不开科技的进步，科技的发展与变革将极大地推动治理理念和治理模式的创新，对于政府来说，依靠科技进步将是助推政府治理走向现代化的重要前提。

政府治理的变革，往往与技术的发展有着重要的联系。例如，19世纪中期，美国的城市人口飞涨，城市的扩张需求耗费了大量生活资源，工业技术的发明与应用推动了美国全国交通路网的铺设与建设，从而满足了城市与城市、城市与农村的信息共享和资源分配的要求。如今面对城镇化与信息化融合发展的重要时期，海量的数据信息改变了人们的生活行为方式，深刻影响着人们的世界观和价值观，整个社会格局呈现网格化、扁平化。社会各界之间的交流与碰撞，不但使组织机构和广大公众遇到很多新的问题，也对政府治理提出了新的、更高的要求。目前，很多国家都正在探讨如何使用大数据技术来重新定位政府行政目标、转变政府治理理念等一系列现代治理中的核心问题。中国的各级政府也在积极制定实施大数据战略的方案，在政府各个领域采用大数据技术、互联网技术、云计算技术等手段推动政府职能的转变。

近年来，4G、5G 网络、物联网、云计算及各式各样的传感器的广泛应用，促使人类社会产生的数据类型和规模均以指数级的速度增长。如今，脸书上每天都有超过千万张的照片更新和数十亿次的点击率[①]；谷歌公司每日处理的数据都超过 PB 级，是美国国家图书馆所

---

① Ackoff R.. From data to wisdom [J]. Journal of Applied Systems Analysis, 1989, 16: 3-9.

有的纸质书刊数据量的千倍以上①。这些数据量之大，已经不是以传统的 GB 和 TB 为单位来衡量，而是以 PB、EB，甚至是以 ZB、YB 为计量单位②。每分每秒都有巨量的数据产生，并被收集、分析和利用，数据开始转变成一种具有价值的资源，大数据的概念应运而生，并先天性地被运用到了政府治理的诸多领域，如电子政务、政府决策、政府绩效管理和公共危机管理等，大数据所积蓄的价值将对推动政府治理现代化产生革命性的影响。

大数据技术已深入到社会生活的各个角落，记录人们生产、生活行为的设备仪器随处可见，从银行收支到手机导航，人们在制造行为数据的同时，也成为自己行踪的出卖者。公司、金融机构、大专院校和科研院所利用大数据技术海量存储与高效处理的特点，不断推进本领域的发展。政府身为现代化治理的主导者，也不断增强对大数据技术的正确认识，着力重视公共政务数据化的发展。我国 20 世纪 90 年代开始起步电子政务建设，21 世纪初，我国各级政府针对电子政务开展了一系列工作，将不同单位的电脑上网连线，并构建起不同局域网之间的连接，通过网络进行各项政务工作的流程。伴随着我国数字城市、智慧城市和政务公开工程的开展，我国的“政府治理”已初步走上了朝着现代化发展的快车道，数据在政府治理中的应用得到了发挥③，实现了从中央到县、区政府间的联网，开展了网上批文、网络问政、网络监察等方面的应用。但是，国家层面给予的政策性指导不够、政府各个职能部门间条块分割严重等现状，导致了统一的数据收集、存储、处理平台尚未构建成熟，数据共享、共用机制尚未确立，应用开发还不够深入，这些问题显然直接或间接制约着政府治理现代化的成效。如何在大数据时代对政府治理现代化进行评价，成了

---

① Lynch Clifford. Big data: How do your data grow? [J]. Nature, 2008, 455 (7209): 28 - 29.

② 王茜：《英国大数据战略分析》，《全球科技经济瞭望》2013 年第 8 期，第 24—27 页。

③ 李国杰：《大数据研究的科学价值》，《中国计算机学会通讯》2012 年第 9 期，第 8—15 页。

摆在眼前无法回避的问题。因此，梳理清楚大数据对政府治理的影响，探讨如何构建大数据时代政府治理现代化的评价体系，如何测量具体的评价指标变得紧迫而重要。

二、研究的主要问题

大数据时代，物联网、云计算、微信、VR 等新技术的发展与普及，将会从根本上转变政府的治理模式、组织机构和政府形态，进而推动政府治理走向现代化①。用大数据思维来推动政府治理现代化工作，可以与时俱进地破解各种客观复杂的历史性问题。国家和很多省份已经着手收集海量的数据，并应用到实际的治理工作当中，但是经过多年建设，基础数据资源整合平台还不完善，不同部门之间的数据很难有效流通，数据信息的碎片化和封闭化直接阻碍了政府对数据的信息化应用。尤其是近些年，社会公众参与政治的愿望不断增强，人民的民主和法治意识不断加深，传统的凭经验的管制型政府治理模式已经不能完全满足经济社会可持续发展的需要。在大数据环境下，如何通过数据资源的共享、共用推动政府治理现代化变得尤为重要。主要有以下问题需要进行系统地研究：

1. 政府治理现代化的内涵和特征；大数据时代对政府治理现代化的迫切需求。

2. 大数据的基本特性，特别是大数据“集量成智”的本质特征，以及由此表现出的“DW 神经系统型”政府治理机制。

3. 大数据对推动政府治理现代化的重要影响。

4. 大数据时代的政府治理现代化表现。

5. 大数据时代政府治理现代化的评价模型、特征指标的选取，以及评价流程。

---

① 孟小峰、慈祥：《大数据管理：概念、技术与挑战》，《计算机研究与发展》2013 年第 1 期，第 146—169 页。

6. 通过实证研究，检验评价模型的效用。

7. 应用大数据推动政府治理现代化的主要策略。

第二节　相关研究综述

一、关于大数据的研究

（一）国外研究动态

在国际上关于大数据的研究，阿尔文·托夫勒（Alvin Toffler）等早在1980年就前瞻性地指出大数据的概念[①]。托尼·卡斯（Tony Cass）在1998年的《科学》（*Science*）上发表了介绍用于处理“大数据（Big Data）”的软件包HiQ的论文[②]。《自然》（*Nature*）在2008年推出了*BigData*专刊[③]。美国的克里斯·安德森（Chris Anderson）在2008年曾提出大数据将改变传统的科学研究方法，指出很多理论将变得不再重要。《科学》杂志在2011年2月出版专刊关注大数据在科学研究中的应用[④]；同年，麦肯锡（McKinsey）也发布报告，分析了大数据在创新、竞争等方面的作用[⑤]。2012年1月的达沃斯世界经济论坛上，探讨了个人产生的移动数据与其他数据的融合与利用；同年4月，欧洲的信息学与数学研究协会出版了名为《大数据》的刊物，讨论了在数据密集型研究方面的进展[⑥]。2013年5月，联合

---

① ［美］阿尔文·托夫勒：《第三次浪潮》，黄明坚译，中信出版社，2006，第21—22页。

② Tony Cass. A handler for big data［J］. Science，1998（5389）：636.

③ Nature. BigData［EB/OL］. http：//max. book118. com data/index. html. 2012－10－02.

④ 王忠：《美国推动大数据技术发展的战略价值及启示》，《中国发展观察》2012年第6期，第44—45页。

⑤ 钱小聪：《大数据的发展和产业机遇》，《物联网技术》2013年第10期，第84—86页。

⑥ 黄明凯：《浅议大数据的分析与应用》，《中国新通信》2014年第5期，第84页。

国发布报告，讨论了大数据为发展中国家带来的各种机遇与挑战[①]。2015 年，美国国家标准与技术研究院（NIST）对多种大数据解决方案的体系架构共性问题进行了研究，提出了符合逻辑角色和商业应用的大数据参考架构[②]。美国专家艾杰里米·里夫金（Rifldn J.）（2012）曾提出，无论我们接受与否，数据技术已经深入到了政治、经济、社会、生活的各个领域[③]。美国学者艾伯特－拉斯洛·巴拉巴西（Albert-LúszlóBarabúsi）在《爆发：大数据时代预见未来的新思维》一书中表示，“大数据流动性强，而且每个人都是信息传播的媒介，因此既具有社会属性，也具有很强的个人属性”[④]。

（二）国内研究动态

2012 年 5 月，香山科学会议组织方以“大数据科学与工程”等内容为主题召开了专题学术研讨会[⑤]。2012 年 6 月，在中国计算机学会举办的论坛上开展了针对大数据的专题报告会，对大数据的技术、理论、应用等问题进行了深刻的讨论[⑥]。2014 年 4 月，九三学社中央委员会开展了“利用大数据技术提升政府治理能力”的调研，韩启德主席带队先后赴上海、广州、武汉和珠海等地，对 70 家企事业单位进行了调研，提出应把握大数据在提升生产效率、降低社会运行成

---

① 庞琪：《探讨大数据时代下电子商务的发展》，《管理观察》2014 年第 17 期，第 175—176 页。

② NIST Big Data Public Working Group（NBD－PWG）. NIST big data interoperability frame work：volume5，architectures white paper survey［R/OL］. http：//dx. doi. org/10. 6028/NIST. SP. 1500－5. 2015－08－25/2016－04－10.

③ Rifldn J.. The Third Industrial Revolution：How Lateral Power Is Transforming Energy the Economy，and the World［M］. New York：Palgrave Macmillan，2012.

④ ［美］艾伯特－拉斯洛·巴拉巴西：《爆发：大数据时代预见未来的新思维》，马慧译，中国人民大学出版社，2012，第 35—36 页。

⑤ 陈如明：《大数据时代的挑战、价值与应对策略》，《移动通信》2012 年第 17 期，第 14—15 页。

⑥ 李国杰、程学旗：《大数据研究：未来科技及经济社会发展的重大战略领域——大数据的研究现状与科学思考》，《中国科学院院刊》2012 年第 6 期，第 647—657 页。

本和提高政府治理效率方面带来战略机遇，建议将大数据等现代技术应用上升为国家战略。

涂子沛（2012）研究了美国数据开放和科技创新的历程，通过全球数据开放运动、云计算、脸书、推特、Web3.0 等经典案例，讲解了数据创新为政府、民众及社会各界带来的各种改变和问题。冯伟（2012）研究了大数据的概念和特征，介绍了大数据的重要价值，以及在信息安全方面的挑战，并就保障我国大数据信息安全提出了建议。马建光、姜巍（2013）研究并介绍了大数据的概念，讨论了大数据在规模、种类、处理速度、价值密码等方面的特点，介绍了大数据关联性分析、实时运算等功能。王劲（2013）对大数据时代的管理变革进行了研究，通过分析大数据的兴起历史与概念，阐明企业在发展过程中必须注重管理模式的变革。宗威、吴锋（2013）研究了数据质量的重要性，指出了其对利用大数据价值的作用，介绍了大数据的基本特征，结合中国当前现状，剖析了数据质量在流程、技术和管理方面应注意的问题。

二、关于政府治理的研究

从一般意义上讲，政府治理是指政府行政系统对社会公共事务的治理。在市场经济条件下，市场的运行机制和活动机制日趋复杂，社会结构的多元化及社会矛盾的多样化，要求政府治理科学化和高效化，因此要求重新定位国家与社会、政府与公民的关系，构建政府与公民多元协同合作的共同治理机制①。西方社会政府治理的关键问题，在于政府与社会的博弈与合作、治理主体权力的单一与多元、政府组织运转的孤立与协作。这也充分体现了在西方社会中，为了解决政治经济矛盾而对政府治理模式变革的需求。

① 王浦劬：《国家治理、政府治理和社会治理的基本含义及其相互关系辨析》，《社会学评论》2014 年第 3 期，第 12—20 页。

（一）国外研究动态

治理（Governance）一词最早多指控制、掌控之意。1989 年，世界银行第一次用“治理危机”一词描绘了当时非洲的境况，并明确指出，治理就是在进行公共管理和资源配置中行使权力的方法①。在这之后，“治理”的概念被广泛应用在西方的经济发展、社会发展和政治发展的研究与探讨之中。1995 年，全球治理委员会指出，治理是一种过程，在这个过程中，可以使不同的社会组织和公众共同参与其中，并相互影响。1996 年，联合国开发署曾提出可持续发展的治理理念，以及怎样对治理进行分工；同年，经合组织（OECD）指出，治理就是一种参与式治理，体现法治、人权、市场等原则的多元主义②。1997 年，联合国教科文组织出台了文件讨论了该组织与治理的关系③。这些国际机构和组织表现出了对治理的极大关注，这样一来，这些国际组织便能够通过“公共事务管理”的范畴来解决自己关心的政治问题。另外，“治理”也被很多经济学家和政治学家们所“偏爱”，用来解决自己关心的问题，他们根据自己的价值观和需求，不断对“治理”给予新的定义。

政府治理理论，受 20 世纪 70 年代欧美国家开展的新公共管理运动影响很大，主要是指政府组织的企业化及政府管理的市场化，特别是强调网络化和扁平化的政府治理。就理论的发展过程而言，通常包括 3 个层面④：一是重新认定政府和市场的边界，表现在政府对自身的职能定位上进行调整，并从治理的角度重新设计政府处理问题的方

---

① ［英］皮埃尔·兰德尔－米尔斯、［印］拉姆戈帕尔·阿加瓦拉、［英］斯担利·普利斯：《撒哈拉以南非洲国家从危机走向可持续增长》，《金融与发展》1989 年第 4 期，第 11—14 页。

② 李惠：《中国政企治理问题报告》，中国发展出版社，2003，第 4 页。

③ 揭昊：《经济全球化中的治理问题及其启示》，《经济论坛》2005 年第 23 期，第 47—49 页。

④ 包国宪、郎玫：《治理、政府治理概念的演变与发展》，《兰州大学学报（社会科学版）》2009 年第 2 期，第 1—6 页。

法和途径；二是制度主义的兴起，从而更接近于现实的经济模型，并对制度安排和奖惩激励等问题的分析研究提出了新的理念；三是政治学研究范式的改变，将政府机构、社会公众统筹研究，构建一个基于政府、公众、企业的动态分析框架，并以此重新看待政治学中的民主、公共物品、公共选择等问题。

贝利（Bailey）（1988）很早就围绕中央政府与地方政府的权力分配关系，对政府治理的具体问题进行过分析①。勃兰特（Brandt）（1992）则主张协作在治理过程的重要作用，治理可以不是一种正式的规章，更不是一种管控，而应该是政府与社会机构之间的一种相互协同。罗斯瑙（Rosenau）（1995）认为治理就是一种没有被正式授权的管理机制。与统治有所区别，治理被看作是拥有共同目标支持的系列活动，这些活动的主体很多时候都不是政府，更不用利用政府的管制来支撑②。斯托克（Stoker）（1999）围绕英国地方政府与公众之间的彼此联系，研究了不同阶段英国政府治理的不同问题。另外，斯托克（Stoker）（2006）还分别从不同时期的英国政府治理问题进行了探讨。钱德勒（Chandler）（2001）将英国政府治理的价值观作为研究对象，揭示了民主制度对政府的重要性。奥斯特罗姆（Ostrom）（2003）围绕美国地方政府的公共服务领域，研究与探讨了政府治理机制的构建。

社会的不断进步、公民意识的不断增强、公共服务需求的不断提高，促使政府加快治理能力的提升。在对政府治理重新认识的前提下，政府再造运动受到了更多人的关注，科学的政府治理模式成为政府和社会各界探求的目标。美国学者库伊曼（Kooiman）（1993）按照地方事务的性质将治理分为 3 种模式，即自我治理、共同治理和层级治理③；英国学者里池（Leach）（2001）认为地方政府治理有 3 种

---

① S. J. Bailey. The Reform of Local Government Finance in Britain [M]. London; Routledge, 1988.

② 俞可平：《治理与善治》，社会科学文献出版社，2000，第 2 页。

③ Jan Kooiman Modern Governance: New Government-Society Interactions [M]. London: SAGE Publications, 1993: 35 -48.

模式，即市场模式、网络模式和社区模式[①]；盖伊·彼得斯（2001）在其《未来政府治理模式》一书中基于诊断、结构、管理、决策和公共利益5个层面系统分析了市场式政府、参与式政府、弹性化政府及解制型政府4种模式的特征[②]；米勒（Miller）（2002）认为地方治理有4种模式，即地域保护型、私人利益型、社会参与型和强权统治型[③]；罗兹（Rhodes）（2011）认为治理的内涵应该被理解成一种新的规则，可以分为作为最小国家管理活动的治理、作为公司管理中的治理、作为新公共管理的治理、作为善治的治理、作为社会控制体系的治理5个层次[④]。西方发达国家经过多年政府治理实践与理论研究，已经出现了市场竞争式治理、企业式治理、网络式治理、弹性化治理等与科层式治理模式相并列的治理模式。具有代表性的政府治理理论主要有以下几种：

1. 科层式政府治理

科层式政府治理主要体现为垂直的、等级分明的组织结构，依靠政府单一的主体对社会进行管理，并独立承担社会服务[⑤]。在这种治理时代，由于处理数据的能力不高，政府主要靠上级管理者积累的经验来进行决策和治理。科层式的经验决策从18世纪末开始，包括获得经验并选择合适的经验重用，往往需要调整经验适应新的问题环境以解决新问题。这一时期的管理决策还没有摆脱小生产的影响。其不足是管理者的个人经验往往造成主观意向的偏差。

---

① Robert Leach and Janie Percy-Smith. Local Governance in Britain [M]. London: Palgrave Publishers, 2001.

② [美] B·盖伊·彼得斯：《政府未来的治理模式》，吴爱明译，中国人民大学出版社，2001，第16页。

③ W. L. Miller. Models of Local Governance [M]. NewYork: Palgave Publishers, 2002: 29.

④ Rhodes. Making Local Governance Work: Networks, Relationships and the Management of Change [M]. Hanpshire: Palgrave, 2011.

⑤ 兰莉：《社会福利供给中政府的职能及其实现途径》，《甘肃理论学刊》2010年第4期，第83—85页。

2. 竞争式政府治理

市场竞争导向的政府治理，首要出发点是政府部门要相信社会，以及市场自我适应、调整和完善能力，充分发挥市场作用，通过市场自我发展，构建政府治理机制，以公共领域为治理范围，充分整合市场的资源，来促进政府公共服务能力的提升；另外，将市场因素引入政府的治理机制中，可以显著提高政府效能。市场型政府治理的主要目的是建立公众直接参与的公共事务管理平台，对公共服务质量提出更高要求①。美国学者曼瑟·奥尔森（Mancur Olson）曾写过一本书叫《权力与繁荣》，书中提出要强化市场型政府，要重视竞争机制并尽力推动市场繁荣②。

3. 企业家式政府治理

20世纪末，西方国家传统的政府行政体制痹症突出，美国的戴维·奥斯本（David Osborne）与特德·盖布勒（Ted Gaebler）共同提出了“企业家政府”的理念。这一模式主要是提倡将“企业家精神”引入政府治理中来，按照管理企业的理念改变政府行政体制，重塑政府形象。这种模式包括政府只负责把控宏观方向，而不处理微观的具体事务；在公共服务领域中引入市场竞争机制；将行政权移交给社会机构；政府应按照企业家的标准要求管理人员、建立企业式的财务预算制度等特点③。

4. 网络式政府治理

随着社会治理需求的多元化，政府与企业、社会机构、公民个人将形成一种扁平式的网络，共同参与公共事务的治理。这种治理模式的前提是要在治理过程中明确公共利益。政府的治理结构将减少中间层级，呈现扁平化，社会各界都可以成为权力中心发挥治理主体作

① ［美］B·盖伊·彼得斯：《政府未来的治理模式》，吴爱明译，中国人民大学出版社，2001，第25页。

② 安然：《我国政府治理模式的转变与创新》，东北师范大学，2010。

③ 李惠：《中国政企治理问题报告》，中国发展出版社，2003，第32页。

用，具有共同参与、公平交流、快速反馈等特点①。

5. 弹性化政府治理

随着治理环境的复杂度越来越高，政府的治理方式和治理机制也随之日益灵活。弹性化的政府治理要具备应付急难险重任务的能力，并具备随着环境改变而变化的治理结构。常常为了完成某临时性任务，需要打破单位之间的壁垒，成立跨部门的项目推进小组或协调委员会，突破常规束缚，创新治理机制，通常能够取得较高目标的治理效果②。

（二）国内研究现状

在我国，“政府治理”一词是在20世纪90年代，随着“治理”概念的引入，逐渐进入公众的视野。目前，与欧美国家相比，各项研究成果尚很单薄，主要有以下研究：

薄贵利（1991）围绕不同的经济制度形式，对我国中央政府和地方政府在不同时期的权利分配关系进行了探析。辛向阳（1994）很早便对政府治理能力展开了探究，在其发布的《新政府论》这部作品里，第一次对政府治理能力的含义做出了定义，介绍了政府治理能力影响要素、具体内容、发展方向等，认为政府治理能力问题是我国行政制度变革的一项核心问题，社会各界应当对此充分关注③。谢庆奎（1998）研究了20世纪八九十年代以来，地方政府在治理工作中依然存在的突出问题，就我国经济制度对政府治理机制的影响进行了分析。何增科（2000）对我国政府与公民社会的关系进行了研究，讨论了如何促进公民社会发展等问题。俞可平（2000）对善治与治理之间的关系进行了研究，提出只有政府与社会、民众协同参与治

---

① ［美］B·盖伊·彼得斯：《政府未来的治理模式》，吴爱明译，中国人民大学出版社，2001，第59页。

② 李惠：《中国政企治理问题报告》，中国发展出版社，2003，第33页。

③ 辛向阳：《新政府论》，中国人民大学出版社，1994，第81—94页。

理，合作共赢，才能逐渐达到善治的要求。杨雪冬（2000）主要针对西方欧美国家，研究了社会治理中的主要理念，并建议将欧美国家行之有效的治理方式和办法，运用到中国的各项治理具体工作当中。郎佩娟（2012）认为中国的公共管理宜选择介乎干预模式和市场模式之间的“引导政府模式”，兼顾新旧体制的优点。徐晨光、王海峰（2013）梳理了地方政府治理结构和治理形态存在的问题，提出必须要考虑中央与地方政府间的权力关系，形成良性的“权力—市场—社会”关系，构建地方政府、社会及公众等多元主体参与合作的治理格局①。

自20世纪90年代末以来，国内学术界逐渐增强了对治理理论和实践的研究。从现有的研究来看，国内学者从不同的视角对地方政府治理模式进行研究，就研究的视角而言，主要包括以下3个视角：一是政府与社会的关系视角。这一视角主要关注政府如何与社会治理主体之间进一步加强互动、协作，推动合作共治。李超、安建增（2005）通过分析“以社会为中心”和“以国家为中心”这两种政府治理模式在中国的适用性，结合中国国情进而提出了“政府主导—合作型”模式②。邵宇（2011）通过分析转型时期现代性因素的影响，提出应该构建一种政府、社会和市场等多个主体的多中心治理模式③。杨宏山（2015）将地方政府治理模式划分为全能治理、自主治理、整合治理和协同治理4种，并指出我国是一种整合治理，存在政社之间的关系不平等、社会组织行政化等负面效应，应推进协同治理以矫正整合治理的潜在风险④。二是政府与公民的关系视角。要求政

---

① 徐晨光、王海峰：《中央与地方关系视阈下地方政府治理模式重塑的政治逻辑》，《政治学研究》2013年第4期，第30—39页。

② 李超、安建增：《论我国地方政府治理的模式选择及其对策》，《陕西理工学院学报（社会科学版）》2015年第1期，第24—28页。

③ 邵宇：《论转型时期我国地方政府治理模式面临的挑战与创新》，《岭南学刊》2011年第2期，第27—30页。

④ 杨宏山：《整合治理：中国地方治理的一种理论模型》，《新视野》2015年第3期，第28—35页。

府要以民众为中心，重视民众在政府治理中的作用，提升公民参与治理的积极性。孙萍和王秋菊（2012）认为随着网络时代的来临，传统的官僚行政模式显得力不从心，应该构建以公众为中心的“参与—协商型”治理模式[①]。王树文（2015）基于社会组织与公众参与程度的高低和政府治理程度的高低两个维度总结出政府治理模式的理论图，提出政府支配型治理模式、多方参与型治理模式、社会组织和公众支配型治理模式及贫乏型治理模式[②]。三是政府权力运行关系视角。燕继荣（2011）认为我国的政府治理包括上层的威权主义加下层的协商民主，是一种混合模式、一个过渡模式，或者说是一个不断变动的模式[③]。魏淑艳、英明（2015）认为当前中国政府治理模式的本质仍未完全脱离全能主义的模式，应该转变为一种限权、责任、民主和法治等多元价值并重的多维复合型治理模式[④]。

三、关于政府治理现代化的研究

政府治理现代化是对政府治理理念和治理体系的改革，以使其适应现代社会发展的要求。主要体现在政府与市场、社会、公众之间的合理关系布局，优化的公共权力结构，健全的民主法制环境。政府治理现代化是通过进一步改变政府体制，完善政府机构职能；不断动态调整各级政府的政务处理流程，构建多维度的治理结构。同时，依据政府处理事务的权力大小，制定科学的政府财政预算，增强政府的公共服务能力。政府通过简政放权、加强监管等手段，实现社会的公平

① 孙萍、王秋菊：《网络时代中国政府治理模式的新思考：“参与—协商”型治理模式》，《求实》2012 年第 4 期，第 60—62 页。

② 王树文：《网络时代社会协同政府治理模式构建——基于政务微信视角》，《学习与探索》2016 年第 3 期，第 54—59 页。

③ 燕继荣：《变化中的中国政府治理》，《经济社会体制比较》2011 年第 6 期，第 135—139 页。

④ 魏淑艳、英明：《国家治理现代化视野下的中国政府治理模式探讨》，《社会科学辑刊》2015 年第 2 期，第 57—63 页。

正义。

“现代化”是工业革命以来涉及经济、社会、生产、生活等多个方面变革的进程，在社会由传统向现代转变的过程中，总会有某种标志性特征的出现。政府治理现代化是现代化总进程中不可分割的重要单元，具有不可替代的历史性作用。在现代化进程中，要重新划分政府与企业、社会组织、公民个人之间的关系，重新分配社会资源。中外现代化进程可以表明，只有现代化的政府治理才可以推动经济与社会有序、健康地发展。所以，加快政府治理现代化步伐，必须顺应现代化建设的发展趋势，根据时代要求切实提高政府科学化治理的水平，着力实现民主化、分权化、科学化和法治化，这也是实现政府治理现代化的主要原则①。

英格尔哈特（R. Inglehart）曾指出，工业社会现代化的进程带来了社会物质、精神、文化需求的改变，即物质主义的价值由强调物质安全转向强调自我表现与生活质量，这种转型使民众更加渴求民主治理②。20 世纪 70 年代完成工业化后，在西方，改变了社会发展的方向，开始进入后现代社会，核心目标是以提高人们的生活质量和增加人类的幸福来替代单纯的经济增长。同时，不单单是西方社会遵循这样的方向发展，英格尔哈特提出中国也必将沿着这样一条道路向前发展③。因此，随着工业化的推进和社会文化价值观的转变，新的“现代化”不仅指经济的富足，也指提高民众幸福感的其他元素，这些元素包括自由、正义、平等、参与、合作等。因此，新的“现代化”不仅意味着生产力的解放，而且意味着人性的解放和平等。

在我国，“治理现代化”是 2013 年党的十八届三中全会提出国家治理现代化的战略目标后，围绕我国国家治理过程中存在的诸多问

---

① 薄贵利：《推进政府治理现代化》，《中国行政管理》2014 年第 5 期，第 52—57 页。

② ［美］罗纳德·英格尔哈特：《现代化与后现代化》，严挺译，社会科学文献出版社，2013。

③ 唐天伟、曹清华、郑争文：《地方政府治理现代化的内涵、特征及其测度指标体系》，《中国行政管理》2014 年第 10 期，第 10—14 页。

题，导致不能适应社会现代化各方面发展需求而提出的一个新理念。新中国成立之后，为了适应当时刚刚脱离战争状态不久的国家和社会，集中力量进行经济建设，国家建立起了高度集中的计划经济体制，政府是经济活动的主导和中心力量，直接参与着各项经济活动。在政治上，我国实行高度集中的行政管理体制，中央政府几乎包揽了社会发展各个领域的事务，地方政府作为中央政策的执行者而参与国家管理，权力自上而下单向度流动。这一时期，政府通过高度集中的政治经济体制，几乎垄断了全部社会资源，并把计划作为资源配置的唯一途径。政府成为整个国家的中心，实现了对整个社会的全面控制。我们常常把这一时期的政府称为“管制型”政府或“全能型”政府。

改革开放以来，原有的将计划作为经济调节及资源分配的计划经济体制越来越不适应社会的发展，我们开始探求更科学、更高效的经济体制。1982 年，党的十二大将陈云提出的“计划经济为主，市场调节为辅”确立为指导经济发展的原则。1992 年，邓小平南方谈话时进一步明确了市场与计划的关系，指出“社会主义也有市场，计划和市场都是经济手段”。紧接着，在党的十四大上，明确了我国要建立社会主义市场经济，强调要“使市场在社会主义国家宏观调控下对资源配置起基础性作用”。社会主义市场经济体制的确立改变了原有僵化的经济体制，使市场成为调节经济的重要手段，扩大了地方和企业的自主权。随着经济体制的改革及社会的发展，我国的社会也有了进一步成长。“民间组织的数量迅速增加，民间组织的种类大大增多，民间组织的独立性明显增强，民间组织的合法性日益增大”①。

市场经济的发展及社会的发展成为推动政府治理改革的重要因素。政府的改革进程先是从政府自身开始进行的，我国政府分别于

① 俞可平：《治理与善治》，社会科学文献出版社，2000，第 329 页。

1982 年、1988 年、1993 年、1998 年进行了 4 次大的机构改革，力求通过审视与解决自身问题来应对社会变化带来的挑战。这几次改革通过精简机构、废除领导干部终身制、明确政府与企业职能等方式，极大地提高了政府的工作效率，为进一步理顺政府与市场、社会的关系，实现政府职能转变打下了基础。

随着经济体制改革及政治体制改革进程的推进，政府在自身职能转变及如何处理与市场、社会的关系上进行了深入探索，“服务型政府”的理念应运而生。2000 年，中共十六大上，第一次把政府职能概括为经济调节、市场监管、社会管理、公共服务，并把公共服务作为政府的重要职能加以强调。2004 年 2 月 21 日，温家宝在中央党校与省部级领导干部的一次谈话中首次正式提出了“建设服务型政府”的口号。2005 年 3 月 5 日，温家宝在政府工作报告中正式将“建设服务型政府”确立为政府改革的目标，并提出要创新政府管理方式，“更好地为基层、社会和企业服务”。2006 年 10 月，党的第十六届六中全会通过了《中共中央关于构建社会主义和谐社会若干重大问题的决定》（以下简称《决定》），《决定》中进一步明确要“建设服务型政府，强化社会管理和公共服务职能”，并对如何建设服务型政府进行了系统论述。2007 年 10 月，党的十七大报告上再次强调要“加快行政管理体制改革，建设服务型政府”，并且提出了服务型政府建设的根本宗旨、执政理念、发展目标和重要内容。此后，服务型政府建设便一直作为我国政府的改革目标影响着政府治理的进程。

社会主义市场经济的建设揭开了中国经济发展的新篇章，党的十六大、十七大、十八大再次强调了市场在经济发展中的作用。党的十八届三中全会中明确指出“使市场在资源配置中起决定性作用”[①]。与此同时，各类社会组织数量持续增多，在处理社会问题上的专业性不断增强，在许多公共领域如教育、环保、弱势群体保护等方面发挥

---

① 《中共中央关于全面深化改革若干重大问题的决定》，中国政府网 2013 年 11 月 15 日，http：//www. gov. cn/jrzg/2013 – 11/15/content_ 2528179. htm。

着越来越重要的作用。同时，广大公民的自我意识及权利意识增强，信息时代的到来也为公民表达诉求提供了更多样的途径与更广阔的平台。市场、社会与政府一起成为治理国家的重要主体。社会现实的变化为政府治理提出了更多要求与挑战，政府不仅要提供“服务”，更要提供“好的服务”。如何促进政府治理随着社会现代化的进程而实现自身治理的现代化成为我们新时期必须要解决的问题。

2013 年，党的十八届三中全会指出要将“完善和发展中国特色社会主义制度、推进国家治理体系和治理能力现代化”作为全面深化改革的总目标，真正确立了国家治理现代化的重要地位。2017 年，党的十九大上再次强调“必须坚持和完善中国特色社会主义制度，不断推进国家治理体系和治理能力现代化”①。政府治理是国家治理的重要组成部分，政府治理现代化是国家治理体系和治理能力现代化的重要一环，推进国家治理现代化要求我们要同步推进政府治理现代化。提出国家治理现代化与政府治理现代化是符合社会主义现代化建设进程的必然选择，政府治理现代化的推进将会进一步促进国家治理体系及治理能力的现代化，有利于不断完善中国特色社会主义制度，为实现全面深化改革的目标打下坚实基础。

回顾 1950 年，我国提出了实现“四个现代化”的战略规划，主要指工业、农业、国防及科学技术的现代化，国家及政府的治理现代化可以认为是提出的第五个现代化②。“四个现代化”基本等同于工业化的特点，体现了工业社会和物质主义价值观；第五个现代化基于“四个现代化”，这是一个扬弃，反映了人们从关注经济的发展转向开始渴望政府有效治理，政府的价值由原来的过分关注经济建设成就转变成关注社会发展成就。“治理现代化”不但是一种治理理念，同

① 《决胜全面建成小康社会夺取新时代中国特色社会主义伟大胜利——在中国共产党第十九次全国代表大会上的报告》，新华网 2017 年 10 月 27 日，http：//www. xinhuanet. com/politics/19cpcnc/2017 - 10/27/c_ 1121867529. htm。

② 李景鹏：《关于推进国家治理体系和治理能力现代化——“四个现代化”之后的第五个“现代化”》，《天津社会科学》2014 年第 2 期。

时还是一种过程和结果，预示着中国政府的治理要适应中国特色社会主义现代化事业的发展要求，要建立与时俱进的现代化治理理念，全面促进和解放社会生产力，以提高人民生活质量和民众幸福指数。

唐天伟、曹清华、郑争文（2014）针对地方政府治理现代化，重点分析了其内涵与特征，突出治理体系和治理能力，讨论了测度指标体系的研究与应用。

李俊生（2014）提出了通过明晰政府间事权划分，来构建现代化政府治理体系，主张建设中央政府财政事权突出、省级政府功能清晰、地方政府责任自主的治理体系。

张欣（2014）研究了政府善治理论，分析了政府治理存在的问题，从善治的基本诉求出发，探讨中国地方政府达到善治的路径。

焦述英（2014）提出了在国家治理现代化视野下，政府治理现代化必须以更新价值理念为前提，以转变职能为引领，优化机构设置，创新政府治理方式，深化行政体制改革，推进政府治理现代化。

薄贵利（2014）提出了必须明确政府治理现代化的发展趋势，切实提高政府科学行政、民主行政、依法行政水平，并从分权化、民主化、科学化、法治化等方面，阐述了政府治理现代化的本质特征和亟待解决的主要问题。

何增科（2014）将西方国家政府治理现代化历程区分为两次现代化并加以分析。在此基础上，研究了新中国成立后，特别是改革开放以来中国政府治理现代转型的进展，探讨了我国在政府治理现代化过程中存在的问题，并就深化政府治理改革、推动政府治理现代化提出了构想。

安丽娜（2014）提出政府在社会建设领域的职能履行，要求政府治理的现代化，即政府治理理念与政府治理能力两个方面的现代化。

四、关于大数据时代政府治理现代化的研究

大数据将推动政府治理现代化的实现，运用大数据技术的政府治理可以为政府管理者提供和完善他们认知经验所缺乏的数据、信息、知识和智慧。

（一）国外研究动态

1. 政府推动大数据治理的动态

2012年5月，联合国“全球脉动”（Global Pulse）计划发布《大数据开发：机遇与挑战》的报告，阐述了大数据的应用，以及带来的机遇和挑战。美国在此之前已将大数据的理论及应用研究上升到了国家战略层面，制定了《支持数据驱动型创新的技术与政策》《大数据：把握机遇，守护价值》等一系列指导性的政策文件，对大数据的应用程度位于国际领先水平。奥巴马时期，美国政府将“大数据”的理念全面引入政府公共管理领域，于2009年颁发《开放政府指令》（The Open Government Directive），推出了“Data. gov”公共数据开放网站[①]，2012年3月，投资2亿美元，发布了发展大数据的倡议，并启动了“大数据计划”。同年5月，发布了《数字政府战略》（Digital Government Strategy），目的是使政府为广大公众提供的服务进一步数字化。英国制定了《英国数据能力发展战略规划》，通过数据信息化建设将政府的治理体系与公共服务体系结合在一起。2000年启动的“英国在线”网络，将公民通过网络与政府资源、社会资源联通。另外，英国政府还启动了6000多组网络中心的建设，加强基础设施建设，并建立了一系列政策法规作为制度保障[②]。欧盟也对科学数据基础设施投资上亿欧元，并在欧盟第七研发框架计划中专门推动关于大数

① 冯海超：《透视美国大数据爆发全景》，《互联网周刊》2013年第1期，第38—41页。

② 刘邦凡：《全球电子治理纵览》，《电子政务》2005年第4期，第115—131页。

据的研究项目[①]。2011 年 9 月，巴西、菲律宾、墨西哥、挪威、南非、印尼、英国、美国 8 个国家组成“开放政府合作伙伴”，并联合签署了《开放数据声明》。截至 2014 年 2 月，开放政府合作伙伴已发展为 63 个成员国[②]。日本于 2012 年 7 月发布“活跃 ICT 日本”，主要关注大数据政策。韩国也在 2014 年出台了《国家优先开放数据的计划》，逐步开放不动产综合数据及公共交通等领域的数据。

2. 学界研究动态

目前，关于大数据与政府治理之间的研究还很初泛，特别是运用大数据进行政府治理还是一个较新的课题，国内外直接研究该问题的文献也是凤毛麟角，因此在这里笔者将大数据、电子政务、网络等与政府治理、管理之间的文献研究一并进行分析。

克里斯托弗·胡德（Christopher C. Hood）等（2007）在《数字时代的政府工具》一书中指出数字技术将成为政府治理的重要工具，提出了由节点、权威、财富和组织所构成的 NATO 分析框架，介绍了数字时代政府工具的应用，以及政府治理变革的未来憧憬[③]。达雷尔·M·韦斯特（Darrell M. West）（2012）在《下一次浪潮》一书中提出了由数据技术驱动的社会与政治创新浪潮。数字技术将在政府管理与公共服务领域广泛运用。他认为政府及社会机构可以利用数据技术提高政务信息和政府运行的透明度，促进公众主动参与民主协作，推进多个领域管理创新浪潮[④]。马丁·克鲁贝克（Martin Klubeck）（2012）在《量化：大数据时代的企业管理》一书中探讨了如何从飞涨的数据中处理和挖掘出对企业管理有价值的信息。维克托·

① 杨京等：《大数据背景下数据科学分析工具现状及发展趋势》，《情报理论与实践》2015 年第 3 期，第 134—144 页。

② 耿亚东：《大数据时代政府治理面临的挑战及其应对》，《中州学刊》2017 年第 2 期，第 76—80 页。

③ Hood, C., Margetts, H.. The Tools of Government in the Digital Age [M]. London: Palgrave Macmillan, 2007.

④ ［美］达雷尔·M·韦斯特：《下一次浪潮：信息通信技术驱动的社会与政治创新》，廖毅译，上海远东出版社，2012。

迈尔·舍恩伯格（Viktor Mayer-Schönberge）（2012）在《大数据时代》一书中用三个部分讲述了大数据时代的思维变革、商业变革和管理变革。阿莱克斯·彭特兰（Alex Pentland）（2015）在《智慧社会》一书中提出了“数据新政”，倡导将公民自身数据的所有权、控制权、处置权或发布权归属给公民个人①。

总的来看，在过去的100多年里，在数据信息技术发展的影响下，政府治理迈向现代化的历程大致可以分为三个阶段：首先是20世纪初至20世纪80年代（1900—1980年），科层制组织下办公自动化阶段；其次是20世纪80年代至20世纪末（1980—2000年），适应新公共管理运动的政府上网阶段；最后是21世纪初至今（2000年至今），政府大数据阶段的数字治理。

（二）国内研究动态

1. 政府推动大数据治理的动态

我国也非常重视大数据及其应用，从国家层面制定实施了大数据战略。2015年7月，国务院出台了《关于积极推进“互联网 +”行动的指导意见》；2015年12月，国务院发布《促进大数据发展行动纲要》；2016年，“十三五”规划纲要中提出要实施国家大数据战略，指出大数据属于基础性战略资源，将有助于社会治理创新；2017年2月，国家工信部正式出台《大数据产业“十三五”发展规划》，全面推进大数据发展，建设数据强国；2017年10月，党的十九大报告中提出建设网络强国、数字中国及智慧社会，推动大数据、互联网、人工智能和实体经济的深度融合，引起人们的高度关注；2017年12月，习近平总书记在中央政治局第二次集体学习时强调，要运用大数据提升国家治理现代化水平；2018年1月，中央全面深化改革领导小组审议通过《科学数据管理办法》，强调要积极推进科学数据资源

---

① ［美］阿莱克斯·彭特兰：《智慧社会：大数据与社会物理学》，汪小帆、汪容译，浙江人民出版社，2015。

开发利用和开放共享；截至2019年底，我国31个省（自治区、直辖市）中，已设立专门数据管理机构的为22个，我国大数据战略进入了全面推进阶段。

2. 学界研究动态

就目前国内学术界的研究来看，主要是对大数据在政府治理现代化中的应用研究，集中体现在大数据在智慧治理、协同治理、合作治理、柔性治理，以及整体性治理、政府统计、行政决策、市场监管、公共安全、公共服务、应急管理、社会治理等方面的应用。

一是智慧治理的治理效果。智慧治理是一种通过现代信息技术以数据的方式对所有的事物和人类行为进行整体感知，做出前瞻性和预见性决策，为公众的个性化需求提供智慧化的服务，实现多元主体合作共治的治理模式。于施洋等（2013）研究了基于大数据的智慧政府门户的内涵、特征及建设思路，提出分别从智慧感应、智慧建站、智慧推送、智慧测评、智慧决策5个方面建设智慧政府门户，最终形成互联网善治的新格局①。高圆（2014）认为智慧治理是互联网时代政府治理方式的新选择，讨论了互联网时代政府治理的新方式②。杨冬梅（2014）提出大数据时代政府要实现有效的智慧治理，就必须应对大数据时代给政府治理方式、治理机制和基础设施等方面带来的冲击及新的变革需求③。刘叶婷、唐斯斯（2014）认为政府治理是一个动态的发展过程，大数据的社会属性改变政府组织模式和政府形态，以“智能化”再造政府治理模式，节省政府治理成本，提高政府治理能力，实现“智能”治理④。张海柱、宋佳玲（2015）认为大

① 于施洋、杨道玲、王璟璇、张勇进、王建冬：《基于大数据的智慧政府门户：从理念到实践》，《电子政务》2013年第5期，第65—74页。

② 高圆：《智慧治理：互联网时代政府治理方式的新选择》，学位论文，吉林大学，2014。

③ 杨冬梅：《大数据时代政府智慧治理面临的挑战及对策研究》，《理论探讨》2015年第2期，第163—166页。

④ 刘叶婷、唐斯斯：《大数据对政府治理的影响及挑战》，《电子政务》2014年第6期，第20—29页。

数据的广泛应用推动政府治理的技术、理念、职能和体制的全方位变革，将催生一种与现代社会科技理性高度彰显的智慧治理模式，其本质是精细化治理①。张峰（2015）认为大数据改变了传统的决策方式、集权治理模式和公共服务模式，政府治理将走向一种以智慧决策为前提，实现多元主体合作共治和服务方式更加智慧的智慧治理模式②。陈振明（2015）认为大数据与智能化改变人们的思维方式、认知方式及思想观念，增强人类行为可预测性，推动政府体制模式变革，因此提出要打造智慧政府或者数字利维坦，创新政府管理模式③。

二是协同治理的治理方式。大数据的迅速传播正在打破传统官僚制组织的集权治理模式，政府不再是唯一的信息资源掌控者。因此，为了提升治理效能，大数据背景下的政府治理应该是政府组织、市场组织和社会组织之间的协同治理模式。高奇琦、陈建林（2016）认为大数据的快速发展，使得政府内部各部门之间、政府与市民之间的边界变得模糊，政府各部门之间实现互联互通、内部数据共享、业务管理协同，政府治理模式将进一步走向协同治理④。耿亚东（2016）认为大数据打破了政府长期以来的控制导向行为模式，弱化了政府对社会的控制，促进社会网络结构生成，推动政府与其他社会治理主体合作，共同参与公共产品和公共服务的供给，合作治理时代来临⑤。冉飞（2016）认为大数据将打破各级政府及政府内部各部门之间的

① 张海柱、宋佳玲：《走向智慧治理：大数据时代政府治理模式的变革》，《中共济南市委党校学报》2015年第4期，第43—45页。

② 张峰：《大数据：一个新的政府治理命题》，《广西社会科学》2015年第8期，第133—138页。

③ 陈振明：《政府治理变革的技术基础——大数据与智能化时代的政府改革述评》，《行政论坛》2015年第6期，第1—8页。

④ 高奇琦、陈建林：《大数据公共治理：思维、构成与操作化》，《人文杂志》2016年第6期，第103—111页。

⑤ 耿亚东：《大数据对传统政府治理模式的影响》，《青海社会科学》2016年第6期，第77—83页。

"碎片化治理"状态，进一步加强彼此之间的相互沟通和联系，打破部门分割、相互掣肘、缺乏调度，形成一体化格局①。史军（2016）从信息流动与权力运行角度分析了大数据时代的政府治理机制变革，并指出由于大数据时代的信息传播机制改变，政府权威减弱，新闻媒体、专业机构、社会团体、公民个人、政党等各个主体之间信息流动自由、地位平等，政府治理是一种"多中心治理模式"②。邓崧（2017）认为大数据开放共享使得信息获取自由，公众与信息之间的层级被打破，政府权力分散流向公众和社会，协同治理成为一种可能③。

三是弹性治理的治理理念。大数据对治理方式的影响，反映了政府要以人为中心，减少控制性手段的使用，增加管理的灵活弹性，具备应付急难险重任务的能力。金江军、徐靖、王伟玲（2013）在论文《政府大数据发展对策研究》中提出发展大数据能够有效促进政务信息的开发应用，提升政府科学决策水平，提高城市管理精细化水平等。吴旅燕（2017）认为大数据技术的应用使政府治理的手段、方法和路径丰富多样，通过大数据技术可以全方位覆盖公民的利益诉求，实现治理的科学化、人性化和高效化，开启柔性治理新模式④。李丹阳（2013）提出大数据技术将深刻影响中国的政府决策机制，引发政府应急管理能力的提升。迪莉娅（2013）在论文《基于云计算的电子政务大数据管理研究》中对云计算和电子政务大数据管理进行了研究，重点构建了基于云计算的电子政务大数据的管理模式和管理策略。管鹏、孙家保（2016）在论文《大数据时代的政府治理

---

① 冉飞：《大数据时代政府治理的机遇、挑战与对策》，《人民论坛》2016 年第 17 期，第 65—67 页。

② 史军：《从互动到联动：大数据时代政府治理机制的变革》，《中共福建省委党校学报》2016 年第 8 期，第 56—63 页。

③ 邓崧：《大数据时代的地方政府治理研究——数据开放、流程再造、行政决策》，云南大学出版社，2017，第 14 页。

④ 吴旅燕：《以大数据提升政府治理能力》，《人民论坛》2017 年第 35 期，第 44—45 页。

机制创新研究》中提出政府治理理念应实现由传统管理向现代数据治理的转变，主要包括用数据说话、理解数据、应用数据、相信数据等方面。姚磊（2016）在论文《大数据时代政府治理方式转型研究》中提出政府治理方式的转型主要体现在治理基础、治理理念和治理模式等方面。

五、关于大数据时代政府治理现代化评价问题的研究

国外最早对治理问题进行综合评价的是世界银行建立的“世界治理指标”，包括“发言权和问责、政治不稳定和暴力、政府效率、管制负担、法治、贪污”6个子指标集。美国政府1993年颁布《政府绩效与结果法案》，提出了由多部门参与政府治理的评价机制。美国国际发展署的“民主与治理评估框架”则主要集中于法律、民主和责任政府体制、政治自由和竞争、公民参与4个方面对政府治理进行评估。主导澳大利亚政府治理评价工作的公共服务委员会（APSC）设立了涉及社会保障、教育、医疗卫生服务的治理评价体系，并根据其出具的评价报告提供相应的政策建议。传统的治理评估是目标控制导向的，主要衡量治理行动实现治理目标的程度。治理绩效的复杂性决定了这种单一的评估模式很难全面客观地衡量出真实的绩效。基于大数据的技术特征和社会属性，通过数据整合和信息加总，可以记录政府治理的轨迹和全景，不同数据之间交互印证，“全景评估”完全可能实现。政府要充分发掘大数据全面量化的技术潜能，实现对治理行为的全景留痕和数据化，通过智能数据采集系统和多元反馈机制，治理所涉及的主体、过程、方位、事件等全要素都可以被自我数据化，同时也可能被他人数据化。苏拉（M. Solar）（2012）等从规划及法律、数据技术、公民及企业3个方面提出了面向政府机构能力的评估模型。洛伦索（RP. Lourenco）（2013）用实体覆盖度、信息种类覆盖度、数据查找策略等指标来评估数据门户对提高政府治理透明

度的作用。萨亚戈（D. S. Sayago）（2014）等从数据操作方面和用户参与方面对政府数据开放程度进行评估。

如何评价大数据时代的政府治理现代化效果，如何构建评价模型等问题亟待解决。我国学者对政府治理的评价只是有了阶段性的研究成果，如俞可平（2008）提出以“公民参与、人权与公民权、党内民主、法治、合法性、社会公正、社会稳定、政务公开、行政效益、政府责任、公共服务和廉政12个方面”为指标的“中国治理评价框架”[①]。过勇、程文浩（2010）采用主客观相结合的方法，提出“参与、公正、有效、管制、法治、透明和廉洁”共7个维度的治理水平评价框架。中央编译局与清华大学提出了“中国社会治理评价指标体系”，其中包括人类发展、社会公平、公共服务、社会保障、公共安全和社会参与6个评价维度。徐勇（2014）提出了制度化、民主化、法治化、高效化和协调化五大标准[②]。李文彬提出治理能力现代化评估应该确立公民本位、社会复位和政府归位的“三位一体”评估理念等[③]。随着大数据时代的到来，数据治理技术的引入能够有效提升评估工作的科学性，重塑评估流程，提高评估准确率。刘力锐（2015）曾指出按照大数据的“关联性评估”，可以发现很多以前未曾关注的政府治理绩效盲点，如例外绩效、异常绩效等[④]。程广明（2016）曾针对大数据治理的成熟度，提出了初始级、基本级、定义级、管理级、优化级5个等级的评价模型[⑤]。邓亚当（2017）认为基于大数据的第四方评估使所有评估主体能够更加平等地沟通交流和对

---

① 俞可平：《中国治理评估框架》，《经济社会体制比较》2008年第6期。

② 徐勇、吕楠：《热话题与冷思考——关于国家治理体系和治理能力现代化的对话》，《当代世界与社会主义》2014年第1期，第4—10页。

③ 李文彬、陈晓运：《政府治理能力现代化的评估框架》，《中国行政管理》2015年第5期，第23—28页。

④ 刘力锐：《网络社会的合作治理：赋能的技术与能动的政府》，《中共杭州市委党校学报》2015年第2期，第50—56页。

⑤ 程广明：《大数据治理模型与治理成熟度评估研究》，《科技与创新》2016年第9期，第6—7页。

话，监督管理者也可以跨时空进行实时监督[①]。总的来说，目前我国大数据在政府治理评估领域的相关研究主要有应用于政府绩效评估，有效提升评估效率（解洪涛，李玉姣，2017[②]；顾萍，2018[③]；庄国波，时新，2019[④]）；应用于政策评估，革新了政策评估的方法和工具，使政策评估的结果简便易得（魏航，王建冬，童楠楠，2016[⑤]；谢明，刘爱民，2017[⑥]）；应用于精准扶贫项目评估，能够通过数字治理和数据治理技术实现对被扶贫对象的有效识别和动态跟踪，从而提升了扶贫项目评估的精准性（陈冠宇，张劲松，2018[⑦]；杜永红，2018[⑧]）。

六、已有研究的评述

目前，国内外关于大数据时代政府治理现代化评价问题的研究还是一个较新的课题。例如，对大数据时代的界定；大数据时代与之前传统时代相比具有哪些新特征，这些特征对政府治理现代化有哪些影响作用；基于大数据的时代背景怎样评价政府治理现代化的效果等一系列问题都缺乏系统的梳理，特别是评价方式方面大多停留在定性分

---

① 邓亚当：《大数据时代政府绩效评估研究》，中共广东省委党校，2017。

② 解洪涛、李玉姣：《大数据背景下的预算项目绩效评估改革构想》，《财政科学》2017 年第 6 期，第 64—70 页。

③ 顾萍：《大数据背景下提升政府绩效评估的机制与路径》，《中国统计》2018 年第 5 期，第 13—15 页。

④ 庄国波、时新：《大数据时代政府绩效评估的新领域与新方法》，《理论探讨》2019 年第 3 期，第 166—171 页。

⑤ 魏航、王建冬、童楠楠：《基于大数据的公共政策评估研究：回顾与建议》，《电子政务》2016 年第 1 期，第 11—17 页。

⑥ 谢明、刘爱民：《可行性及其路径：刍议大数据方法在公共政策评估中的运用》，《现代管理科学》2017 年第 1 期，第 6—8 页。

⑦ 陈冠宇、张劲松：《弥合数据、精准、扶贫之间的链接缝隙——精准扶贫第三方评估大数据运用及发展》，《上海行政学院学报》2018 年第 6 期，第 101—109 页。

⑧ 杜永红：《大数据背景下精准扶贫绩效评估研究》，《求实》2018 年第 2 期，第 87—96 页、112 页。

析之上。因此，本研究作为本土化的治理理念和实践新成果，还有待于在以下方面深化探索：一是进一步厘清“基于大数据的政府治理现代化”“大数据时代政府治理评价模型”等相关核心概念的内涵与外延；二是进一步将理论总结与实践探索紧密结合，围绕核心问题开展实地调研，立足调研情况构建评价模型；三是进一步加强解释，深化管理学视角的解读，提炼研究范式和研究方法。

第三节　研究内容与研究意义

一、研究内容

通过对大数据的特性和政府治理现代化的研究，分析出大数据技术对政府治理现代化的影响。总结出大数据“集量成智”的本质特征，提出并诠释“DW 神经系统型”的政府治理机制。研究大数据在政府治理现代化体系建设方面的支撑作用，构建对基于大数据的政府治理现代化的评价方法，提出大数据驱动下政府治理现代化的建设路径，以及需要采取的对策与建议。

为了实现研究目标，本研究重点研究以下 6 个方面内容：

1. 对大数据与政府治理现代化的相关概念进行了梳理，重点对政府治理现代化的内涵进行研究，提出大数据时代政府治理现代化的需求和必要性，并分析传统政府治理存在的问题。

2. 在文献研究和理论研究的基础上，提出了基于大数据的“DW 神经系统型”政府治理机制，这种机制将摆脱传统的“随机抽样”和从因果关系出发的研究范式，通过“全样本分析”和“相关性分析”等方法获得智慧，并被运用到政府治理的诸多领域，促使政府治理打破拉塞尔·阿克夫（Russell Ackoff）提出的“数据—信息—知识—智慧”（Data-Information-Knowledge-Wisdom）关系，形成一种

“信息—智慧”（Data-Wisdom）的新型关系。

3. 从大数据和政府治理体制改革的相关性分析入手，特别是对大数据的开放、共享和交互回应性、数据的相互关联性、样本等于总体、孤立点分析性等社会特性进行了研究，指出其特性与政府治理理论在“多元化、扁平化、协作化”等方面高度契合，并将革命性地影响政府治理在制度、结构、机制、工具、职能、管控6个方面的现代化进程。

4. 大数据时代政府治理现代化的评价体系包括政府治理体系和治理能力现代化。政府治理体系现代化主要包括政府治理制度、治理结构、治理机制方面的现代化，着力在政府治理制度方面，实现治理理念人本化，行政程序法治化、政策制定合理化；在治理结构方面，实现治理主体多元化、组织结构扁平化、治理客体复杂化；在治理机制方面，实现治理方式协同化、资源配置市场化、公众参与常态化。政府治理能力现代化主要包括政府治理工具、治理职能和治理管控方面的现代化，着力在治理工具方面，实现信息公开透明化、治理平台虚拟化、行政沟通网状化；在治理职能方面，实现公共决策科学化、社会治理精准化、公共服务高效化；在治理管控方面，实现危机预警智能化、权力监督无缝化、绩效考核数字化。

5. 从全国概况、中部六省份，以及郑州市等省会城市、鹤壁市等普通地市4个层次，针对治理制度、结构、机制、工具、职能、监控6个方面的评价指标，对大数据时代政府治理现代化评价进行实证调研分析。

一是构建大数据时代政府治理现代化指数评价公式，对河南、湖北、湖南、安徽、山西、江西中部六省份进行评价分析，并进行排名。

二是运用层次分析法和模糊综合评价法，确立等级评价机制，对郑州政府治理现代化的效果按照“优秀、良好、合格、不合格”进行评价。

三是探讨大数据时代政府治理现代化的效能评价方法，运用PEMSTI特征指标分析模型从人口、经济、工业、服务、交通和信息化6个维度对郑州市等省会城市、鹤壁市等普通地市的政府治理现代化情况进行评价分析。

6. 根据研究，提出应用大数据推动政府治理现代化建设的对策和建议。

二、研究意义

“治理”理论的核心观点是遵照伙伴关系，通过协同、合作、共享的方式，确定共同的目标，实现对公共事务的管理；涉及的核心问题就是权力多中心化，以及由此引发的治理主体多元化、结构扁平化、过程透明化和方式协调化的诉求。新形势下，大数据技术正在深入影响着政府、社会的运行方式，大数据已逐渐成为一种战略化的资源和社会化的资产，并不断渗透到政府治理的各项具体事务中，大数据治理已被国际上越来越多的国家提升到了国家战略层面。因此，研究大数据思维和我国政府治理现代化问题，将有助于了解大数据技术的基本特性和政府治理现代化的内涵，有利于加快我国政府治理理念的转变。探索大数据技术对我国政府治理范式创新的影响，推动政府应用大数据技术系统性地实现在治理制度、治理结构、治理机制、治理工具、治理职能、治理管控6个方面现代化水平的全面提高。

（一）理论意义

1. 从理论上研究了大数据与政府治理现代化的关联衔接，提出了大数据“集量成智”理论模型，认为该模型将摆脱“随机抽样”和“因果逻辑”的范式，通过“全样本分析”和“相关性分析”等方法获得智慧，并推动政府治理实现现代化。

2. 提出基于大数据技术的“DW集量成智”政府治理机制，将打破拉塞尔·阿克夫提出的“数据—信息—知识—智慧”（Data-Information-Knowledge-Wisdom）关系，形成一种“数据—智慧”（Data-

Wisdom）的新型关系。

3. 分析了大数据对政府治理的制度、结构、机制、工具、职能、管控6个方面的现代化影响，系统地提出了6个方面的评价指标，因此具有一定的学术价值。

（二）实践意义

1. 探讨了大数据背景下政府治理现代化的评价方法，构建了大数据时代政府治理现代化指数评价公式，设立了“优秀”“良好”“及格”“不及格”四级等级评价机制，并通过与传统方法的对比和改进，确定了以人口、经济、工业、服务、交通和通信6个维度为模型指标，提出了PEMSTI特征指标分析模型。

2. 从全国概况、中部六省份，以及郑州市等省会城市、鹤壁市等普通地市4个层次、4种视角选取样本进行了实证研究，对大数据时代政府治理现代化评价体系进行了实践检验，具有一定的应用价值和实践意义。

第四节 研究思路与方法

一、研究思路

遵循理论研究与实地调研相结合的研究思路，以治理评价为目标，以理论构建为基础，以问题意识为导向，以实践探索为支撑。首先，对参考文献进行梳理，罗列问题；其次，对相关理论和概念进行系统分析，构建课题研究报告的整体结构框架；最后，选取中部六省份、郑州市等地进行实地调研，开展问卷调查、访谈等工作，结合调研数据和从调研中收集的资料，进行综合研究与分析，形成最终研究成果。

研究思路框架详见图1－1。

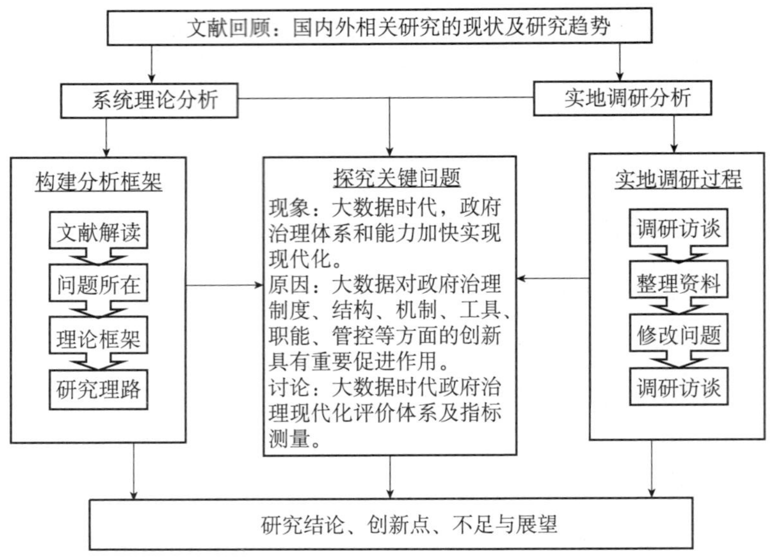

图 1－1　研究思路及论文框架

二、研究方法

（一）文献研究法

按照研究的内容，通过图书馆、网络等途径搜集各种相关文献资料，主要包括国内外的书籍论著、期刊论文、学位论文，并在此基础之上，搜集大数据、政府治理现代化相关的档案文献资料、各种新闻通讯及政策条文等，并力求有效、真实、客观，然后通过查阅、分析等方式对相关文献资料进行梳理，去伪存真。

（二）实地问卷调研法

通过实地访谈，开展问卷调查，分别以工作效率、便民程度、公共服务能力等指标进行满意度分析，采用求“几何平均值”的方式得出政府治理现代化的总体满意度。

（三）比较分析方法

在梳理大数据对政府治理现代化的影响中对大数据时代政府治理与传统的政府治理特征进行比较分析。

（四）层次分析法和模糊综合评价法

在对大数据时代政府治理现代化评价的实证研究中，运用层次分析法和模糊综合评价法，围绕“六项十八化”的内容指标，对郑州市政府治理现代化的效果按照“优秀、良好、合格、不合格”进行评价。

（五）PEMSTI 评估法和雷达图分析法

构建政府治理现代化 PEMSTI 评估模型，运用雷达图对郑州市、中部六省份政府治理现代化情况进行对比分析。

（六）实证分析与规范分析相结合

在已有知识储备和调研观察的基础上，倡导对具体问题的规范研究，理论联系实际。通过对政府治理中引入大数据的主要应用领域的实证分析，来充分论证其对政府治理现代化的支撑作用。

小 结

本章主要介绍了研究的背景，并对相关问题的研究动态进行了综述，简要提出了本书关注和研究的主要内容，阐释了研究大数据时代政府治理现代化评价体系的理论意义和实践意义。另外，本章也介绍了研究的思路与方法，以便帮助读者更加明晰地了解整书的框架，理解后续章节之间的逻辑关系。

第二章　基本概念与理论基础

大数据时代，探讨政府治理现代化的评价体系，需要厘清相关基本概念，对大数据、政府治理等概念的界定至关重要，这是顺利开展后续深入研究的前提和基础。同时，相关理论的基础和渊源，也是系统探究问题和研究假设的重要支撑。

第一节　基本概念界定

一、大数据

（一）大数据概念

大数据作为近年来出现的热点，正与人们传统的观念进行着激烈地碰撞。不同领域的学者从不同的视角出发均对大数据进行了深入的研究，但对于大数据概念的界定，目前仍没有统一的标准。

从定性研究方面看，如百度百科认为大数据为巨量资料，无法在有效时间内通过传统手段或主流工具使数据得到采集、处理和管理①；维基百科认为大数据是运用常规软件来采集、处理和分析数据所占时间超出能够忍受时间的数据集②；高德纳咨询公司（Gartner）认为大数据是一种新的信息资产，主要特点是高增长率和海量③；互联网周刊认为大数据是一种对海量数据进行采集分析，从而获取价值、提供服务的方式方法④。

从定量研究方面看，国际数据公司（IDC）认为大数据一般会涉

---

① 邹启立：《机器翻译与基于大数据语言服务技术的创新》，《西江月》2013 年第 23 期，第 253 页。

② 李京京：《大数据时代一卡通异构数据集成研究》，西安电子科技大学，2014。

③ 冯芷艳、郭迅华、曾大军等：《大数据背景下商务管理研究若干前沿课题》，《管理科学学报》2013 年第 1 期，第 1—9 页。

④ 万泽春：《大数据的应用与解决方案浅析》，《电脑知识与技术》2013 年第 27 期，第 6217—6219 页。

及2种或2种以上数据形式，超过100TB的高速、实时数据流；或者是从小数据开始，但数据每年会增长60%以上[①]。总之，通过对当前各种大数据定义分析来看，技术条件对于庞大数据集的难以处理性或应对性，成为各种定义偏好的侧重点[②]。

（二）大数据的基本特征及关键技术

通过研究，较为公认的大数据有4个基本特征，被称为“4V”特征。Volume，指数据体量大。一般规模要超过TB级以上，有的超过PB、EB级，甚至超过ZB级。例如，谷歌公司每月处理的数据量超过400PB。Variety，指数据类型多。大数据的来源非常广泛，理论上几乎涉及客观世界的所有人、机、物，目前除了以文本为主的结构化数据外，网络图片、影像、影音、地理信息等非结构化数据，已占整个数据量的80%以上，因此，数据处理和分析的方法也非常多样，例如，数据聚类、分类、关联分析、深度学习等方法。Velocity，指处理速度快。如今，互联网上每秒产生的数据量比1990年整个互联网所存储的数据量还要大，如果不能及时处理，部分数据将变得无效。Value，指应用价值大。通过对海量数据之间相互作用的分析，能够获取很多有价值的规律，指导工作生活中方方面面的实践。

另外，随着大数据在经济社会发展中的广泛应用和受关注程度的提高，其自身的安全问题也日益突出，并极易成为被黑客或不法分子攻击的目标，使数据信息或敏感隐私泄露。由此看来，大数据还应包含另外一个重要特性“Vulnerable”，即易受攻击性，构成“5V”特性（Volume，Variety，Velocity，Value，Vulnerable）比较合理，这5个“V”共同作用，构成了大数据的基本特征体系。

在具体的实践中，大数据不仅需要硬件支持，同样也需要软件支

---

① 黄晓斌、钟辉新：《大数据时代企业竞争情报研究的创新与发展》，《图书与情报》2012年第6期，第9—14页。

② ［日］城田真琴：《大数据的冲击》，周自恒译，人民邮电出版社，2013，第8页。

持，是一项非常复杂和系统的工程，涉及通信、网络、计算机科学、数据库等多个领域。大数据的关键技术主要包括数据感知技术、数据预处理技术、数据存储技术、数据分析技术、数据可视化技术及数据安全保护技术6个部分。

1. 数据感知技术

大数据应用的关键，就是从巨量无序的数据中，通过相关性分析来获得具有价值的数据信息。大数据的来源主要有3个方面[①]：一是人们通过互联网活动所产生的数据及留下的活动痕迹，常用的感知技术有网络嗅探、网页蜘蛛等；二是各种计算机平台或系统产生的数据，如日志数据等，常用Scribe、Kafka等开源的日志收集系统来收集数据；三是各种数字设备记录的数据，如传感器、RFID、GPS等设备记录的数据，不但有实时的流数据，也有类似产品交易信息的非实时数据，针对这些数据，可以用数据流处理系统、模数转换器等来感知和取得。

2. 数据预处理技术

在纷杂的大数据源中除了同构数据之外，还存在着大量的异构数据，因此目标数据常会受到噪声数据的干扰。为确保大数据质量，需要对原始数据进行数据去噪、数据集成、数据规约与数据转换等预处理工作。常用的去噪技术有数据一致性检测、噪声识别与平滑处理等。数据集成是指通过数据仓库技术等把不同来源、不同格式的数据集中成统一的数据集。数据规约是通过数值规约、数据压缩等技术对数据进行集约式处理。数据转换是将不同表示形式的数据转换成趋于一致的表示形式的数据。

3. 数据存储技术

目前，大数据存储形式主要包括分布式文件系统、传统关系型数

① LI GJ, CHENG XQ. Research status and scientific thinking of big data [J]. Bulletin of Chinese Academy of Sciences, 2012, 27 (6): 647 - 657.

据库、非关系型数据库和数据仓库。分布式文件系统的文件在物理上被分散存储在不同的网络节点上，逻辑关系上还是一个完整的文件，如谷歌的 GFS 等。非关系型数据库能够解决海量数据集合多重数据类型存储的问题，不用提前定义数据结构，可以根据已有数据的需求自由定义，如 NotOnlySQL、NoSQL 等。数据仓库主要是通过 ETL 等技术从操作型数据库中抽取集成的海量数据进行分析处理和存储，但不参与具体业务数据操作。

4. 数据分析技术

针对已知数据信息采取的大数据分析一般运用分布式统计方法来实现，使用聚类分析、差异分析等传统计算法进行分析和解释。例如，基于 R 语言的分布式计算环境 RHIPE 比较常用。针对未知数据信息的分析一般通过数据挖掘等技术来实现，主要是挖掘隐藏在海量数据中有价值的信息，常见数据挖掘方法有预测估计、相关分析等。

5. 数据可视化技术

大数据可视化技术主要是将数据以可视的图像形式呈现出来，满足对大数据分析结果直观的诠释，并便于通过人机交互对数据进行处理。大数据可视化技术有别于传统的数据可视化技术，能够从多个数据源提取多种类型的数据进行可视化处理，而且能够进行实时数据处理和交互式的数据处理，不必再局限于传统数据可视化分析的单一类型的静态数据处理。常见的大数据可视化处理工具有 Datawatch 等。

6. 数据安全保护技术

受大数据所创造的价值及利益影响，大数据的安全保护逐渐遭遇严重的威胁和挑战。由于大数据类型纷杂，而且大量数据源并不完全可信，因此传统的信息安全技术难以对大数据进行有效地保护。尤其是针对大数据的有效性、安全性和整体性。一般通过数据冗余技术，解决大数据有效性问题；通过数据校验技术，解决大数据整体性问题；通过访问控制和安全审计技术，解决大数据的安全性。

二、政府治理

20 世纪 70 年代，国外掀起了轰轰烈烈的新公共管理运动。在这一背景下，政府治理理论被提出。在此时期，西方国家面向政府的公司化运营与政府治理的市场化运行现状，衍生出了多中心治理、协同化治理、网络化治理等诸多的流派。学者们提出了两大主流观点，首先是国家中心论，其次是社会中心论。前者认为国家处在主导位置，治理是政府部门和社会各界协同拟定彼此认同的决策举措，进而实现政府预期目标的过程；后者强调政府和社会各界应当共同建立公平、和谐的合作关系，治理是一种活动过程中的协调管理制度，政府和社会协同负担治理主体的职责[①]。

从一般意义上讲，政府治理是指政府行政系统对社会公共事务的治理。在市场经济运行机制变幻莫测的条件下，尖锐的社会矛盾迫使社会结构不断调整，加快要求政府治理向科学化和高效化转变，因此必须重新定位国家与民众、政府与社会的关系，构建政府与社会及民众多元协同合作的共同治理机制[②]。

经过我国政府治理的客观实践证明，治理理论只有符合本土化的形势和规律，才能达到行之有效的治理效果。在中国政治语境中，政府治理的理论与概念必须与我国国情相吻合。根据中国治国理政的宗旨，“政府治理”是指在现代政治活动中，国家行政体制和治权体系遵循人民民主专政的国体，基于国家和人民根本利益的一致性，政府作为主要的政治组织者、行为者，与社会机构、公共组织、公司企业、社会群体及个人等共同构成治理主体，通过友好互助的合作关系，科学、公正地对国家的经济发展、社会生产、文化生活等进行管

---

① 施雪华：《政府权能理论》，社会科学文献出版社，1994，第 87—99 页。

② 王浦劬：《国家治理、政府治理和社会治理的基本含义及其相互关系辨析》，《社会学评论》2014 年第 3 期，第 12—20 页。

理，坚持以人为本和可持续发展理念，最终实现社会的和谐共进。治理对象包括政府自身、市场机构、公共组织及广大民众等。

根据上述对政府治理含义所做的界定可知，政府治理的内涵有3点：第一，政府在实施内部管理过程中，基于调整组织架构，转变管理模式与程序，加强管理能力，进而提升管理的实效性、科学性，积极承担自身的职责；第二，政府依附于“有形的手”对其自身职责进行转变，真正对市场经济进行调控，更好地开展各项经济管理活动；第三，利用构建完善的党政主导、政府负责、社会合作、民众参与的治理体系，发挥政府的治理主体作用，真正对各项公共事务予以管理。

政府治理与政府统治、政府管理主要有以下区别：

治理内涵已经与统治及管理存在越来越大的差别。统治往往体现的是权力由上而下的垂直单向运行；管理对应的是权威的作用，以及成员的参与，是权力在上下级机构间双向运行的线性活动；而治理要求权力进行网络状运行，是多向的相互运行。从本质上讲，治理可以被看作是统治和管理随着社会变革而与时俱进的一种新形式。治理理论提供了一种理念，需要理论与实践的结合，从理论坐标上指导实践，并从客观实践中提炼理论，进而获得新的见解①。

政府治理与传统的政府管理的关键差别主要是包括权力配置和行为方式的一种深刻的转变，重点强调多元主体管理，民主、参与式、互动式管理，而不是单一主体管理。表现在：

1. 权力主体的区别

政府管理主体是单一的政府或其他国家公共权力；政府治理的主体则是多元的，政府、社会及公众都能够做治理主体。

2. 权力性质的区别

传统的政府管理大多是强制性的；政府治理更多是协商的。

① 李惠：《中国政企治理问题报告》，中国发展出版社，2003。

3. 权力运行维度的区别

传统的政府管理的权力运行方向是垂直向下的；政府治理的权力更多是平行的。

4. 权力边界的区别

政府管理的边界通常是政府的行政权力能够触及的范围；政府治理范围则以公共领域为界限，后者的范围包含前者。

三、政府治理现代化

政府治理现代化由政府治理和现代化两个词语构成，想要理解政府治理现代化的内涵，必然要先理解现代化的含义。现代化是指18世纪以来人类社会发生的一系列深刻变化，它不仅包括“政治、经济、社会、文化各个领域从传统向现代的巨大转变”，也包括“人的全面发展和自然环境的合理保护”①。现代化是对人类社会变化的描述，是一个动态的过程。现代化是一个世界现象与国际潮流，它发源于西方发达国家，又逐步扩展到全球。我国最早提出现代化是在20世纪60年代，1964年12月21日，周恩来在第三届全国人民代表大会第一次会议上提出，要将“现代农业、现代工业、现代国防和现代科学技术”这“四个现代化”作为国家发展的战略目标。在国家建设的过程中，我国又逐步确立起了实现由政治、经济、文化、社会和生态文明构成的五位一体的富强民主文明和谐美丽的社会主义现代化强国的战略目标，明确了社会主义现代化建设所期望达到的目标状态。党的十八届三中全会提出的“推进国家治理体系和治理能力现代化”又进一步拓宽了现代化的内涵，从现代化的实现方式层面强调了国家制度体系与制度执行能力的重要性。

① 《现代化论坛宣言——首届世界现代化论坛的综合公告》，《科学与现代化》2013年第3期，第4页。

现代化是一个动态的过程，包含社会发展的各个方面。政府作为社会发展的重要主体，其现代化也是现代化总进程的重要组成部分。政府治理现代化是指政府治理领域的现代化，即政府治理从传统向现代的转变。

传统政府与现代政府的治理有诸多区别，我们在政府改革的过程中不断推动着政府治理现代化的进程：促进全能政府向有限且有效的政府转变，促进管制型政府向服务型政府转变，促进人治政府向法治政府转变，促进高度集权政府向合理分权政府转变等。有学者根据政府治理的这些转变归纳出了政府治理现代化的 4 个本质变化，即“政府治理的分权化、政府治理的民主化、政府治理的科学化、政府治理的法治化”①，并将这些变化作为政府治理现代化的本质内涵。

政府治理现代化中，政府和社会共同构成了多元的主体，因此治理的对象既包括社会，也包括政府自身。政府治理现代化应该是包括政府治理制度、政府治理结构、政府治理机制、政府治理工具、政府治理职能、政府治理管控 6 个方面的系统而全面的现代化，政府治理现代化主要有以下特征：

一是治理制度的现代化。政府治理需要以开放的姿态为前提，然后才能正确认识现代化的理念，逐渐摆脱彼此封闭的部门壁垒，互通信息，共享资源，积极推进政务公开和行政透明。另外，积极建章立制，依法行政，避免出现以少数人的主观意志来左右行政决策，祛除“人治”的环境与土壤，确保政府治理的法治化，并促进法律至上的现代化。

二是治理结构的现代化。政府治理现代化需要改进新的治理结构，强调多元的权力中心共同参与协作治理。市场及公民社会的主动性、创造性需要不断彰显，政府传统的垂直式统治模式将向扁平式治理模式转变，以民主、合作为基础，通过谈判协商而达成社会秩序。

三是治理机制的现代化。要认真剖析“全能型”政府“事必躬

① 薄贵利：《准确理解政府治理现代化的科学内涵》，《行政管理改革》2014 年第 9 期，第 41—42 页。

亲”“全包全揽”的问题，真正发挥治理作用，把属于市场的交给市场，把属于社会的还给社会，限制政府权力侵入和控制社会的每一层面，努力转型发展为“有限型”政府，保护公民的合法权益。根据经济社会的现代化发展需求，政府应减少对治理区域实行全面管理与控制，加强研究社会和市场的真实需求，向市场放权、向社会分权，增强服务意识，切实转变职能，构建“服务型”政府。

四是治理工具的现代化。政府治理工具是指政府为了解决公共问题而采用的行动机制。传统政府治理的工具主要在于通过强制性的手段来管控社会，大多数情况是自上而下的行政命令，要求治理对象的绝对服从。而现代化的政府治理是指政府更多地依靠市场机制和自愿组织来解决政策问题，实现行政目标。充分发挥信息技术、大数据技术等新技术的作用，不断优化信息工具，将数据作为政府治理的重要支撑。重视的是政府与社会组织、公共机构、企业和民众平等的对话和沟通，以提高治理的效率。

五是治理职能的现代化。要减少传统政府通过经验判断进行决策而带来的诸多问题，提高对实证数据的重视程度，使政府决策更加科学有效。应充分发挥政府在公共治理中的引导和统筹作用，通过定向治理，靶向发力，聚焦群众利益诉求，精准实施治理措施，提高解决群众现实问题的能力。要增强政府管理者的服务意识，提升公共服务能力，不断创新工作机制，尽最大努力维护好人民群众的公共权益。

六是治理管控的现代化。政府应提高及时预防突发事件发生和化解社会问题的能力，转变传统政府“事后处理”的被动局面，坚持预防为主、调解优先，积极研究各种调解措施，建立通畅的诉求表达机制，主动进行心理干预，及时将矛盾处理在萌芽状态。要加强对政府管理者的权力约束，使公共权力运行过程公开透明，接受公众实时的监督，通过公共责任的承担来保障公民合法权利。另外，对政府治理绩效的考核，除了传统的“定性”分析外，更加需要把政府法治建设、改革创新、危机应对、制度建设、科学决策等方面的能力进行

"定量"分析，并对上述能力的次级指标赋值，形成一套包含多级测量指标的考核体系。

四、大数据时代的政府治理现代化

大数据时代的政府治理现代化将在新公共管理、整体治理、数字化治理、网络化治理等多种治理理念的基础上，以"智慧化"重新塑造政府治理范式①。

在大数据时代，首先通过运用数据技术对海量的政务运行数据和社会民众行为数据进行分析，使杂乱的数据经过处理产生有价值的规律；其次，政府重塑治理结构，鼓励多元主体协作共治，运用大数据技术推进精准化决策和人本化的公共服务，加强大数据在网络监察、危情监控等公共领域对数据的应用，提高政府对公共危机的应急能力。基于大数据的政府治理现代化主要有以下基本表现：

（一）感知化

感知化主要是数据源获取进一步便捷。传感器设备与各种人和物相互连接，促成人们活动行为的普遍感知，使人们更加便捷、及时地感知到客观世界。目前，已经有大量的摄像头、感应终端等设备、智能电表被应用到人们平时的行为活动中，实时监测着各种反映活动痕迹的数据信息。在公共管理中，如交通事故救援，交通检测器全天候监控着车流、人流、路障、拥堵等数据，并随时监控车祸的发生，以便交通管理部门迅速采取应急预案，保护人民群众的生命财产。

（二）数据化

数据化是指数据信息存储、分析、展示方式的变化。移动电话、

① 刘叶婷、唐斯斯：《大数据对政府治理的影响及挑战》，《电子政务》2014 年第 6 期，第 20—29 页。

手提电脑、5G网络、数据中心、云平台等设备的应用已经在人们的日常活动中随处可见，人们的工作、生活、出行、就医等行为都以数据的形式被记载和运算处理。文字、图片、视频、音频等半结构化、非结构化数据可以同时存储和处理，政府可以通过这些数据进行科学决策，企业可以通过这些数据调研市场、监控生产状况，公众可以利用这些数据丰富自己的生活、提高生活质量。

（三）智能化

智能化主要是指数据使用方式的智能。当海量数据能够被实时处理分析时，便会产生智能作用，指导社会实践。在云计算技术的创新突破之下，分布在四面八方的电子传感器设备互联互通形成一个整体的网络，不同地域、不同产业领域的海量数据被集中存储，进行处理、推测和判断。智能化能够使冷冰冰的设备和机器通过对数据的处理分析而拥有“思想”。大数据等技术可以使政府减少工作人员数量，更加科学、准确地获取反映人们生产、生活情况的数据，对社会活动进行多维度、多层次地了解和观测，挖掘海量数据中反映的生产和生活中的规律，为科学行政提供有力的技术支撑。

（四）服务化

服务化指的是政府治理能力的提高和治理目标的转变。基于大数据技术的政府治理是在合理分配社会资源、充分发挥市场作用、提高公共服务能力的基础上，利用高新技术创新，实现服务型政府的过程。广大公众及社会组织的需求日益重要，政府逐渐由行政主体向服务主体转变。利用大数据技术能够增强公共服务手段，监控公共领域中的风险，分析公众的行为喜好，预测事务的发展态势，有针对性地提供各项优质服务。

第二节　理论基础

一、治理理论

在20世纪中后期，西方发达国家的政府管理开始从“管理”转变为“治理”。其中，市场、企业、非政府组织和民间社会在治理过程中的作用日益受到重视。公共治理的理念逐渐获得人们认可，治理理论的内涵也在不断丰富，并且在政府治理实践中不断深化扩展。许多学者已经思考并研究了治理的定义，罗斯瑙（Rosenau）将治理定义为一系列活动中的管理机制，这是一种由共同目标驱动的管理行为，这些管理行为的主体不一定是政府，也不一定是公权力的力量，它可以包括其他实体管理活动。俞可平提出，治理是指在一定范围内的官方或民间的公共管理机构，如政府，利用公共权力，以维护社会稳定和社会满足公民的需求为目标，在不同的制度关系之间进行引导、控制和调节，以协调公民的活动，最大限度地发挥公共利益①。还有观点认为，治理是各种公共和私营机构管理其共同事务的多种方式的总和，它协调各种主体的相互冲突或不同的利益，并采取联合行动使其协同合作，包括有权强制管束人们行为的正式系统和规则，以及基于共同利益的非正式制度安排②。

（一）西方治理理论的兴起与发展

英语中的治理（Governance）起源于古拉丁语和古希腊文，原意为“掌舵”，即一种操纵、引导和控制的行为方式，主要运用于国家

① 俞可平：《社会自治与社会治理现代化》，《社会政策研究》2016年第1期，第73—76页。

② 李维安：《国家治理与分类治理》，《中国高校科技》2015年第2期，第16—18页。

公共事务处理和政府的行政活动领域。在很长一段时间里，治理都与统治（Government）交叉使用。到了20世纪七八十年代，西方学界掀起了关于治理研究的热潮，西方学者开始赋予治理一词新的含义，而这些变化与学术理论的发展及社会实际的变化关系密切。

从学术发展的角度来看，在社会科学领域长期存在着两分法的传统思维方式，例如，经济学中的计划与市场，政治学中的国家与公民、民族国家与国际社会等。这样一种较为简单片面的两分法思想在社会发展的过程中越来越无法应对实际问题。而治理概念的提出有效地将原本对立的要素协调融合，为许多学科的发展建立了新范式。在政治学的角度，我们可以看到治理将政治国家与公民和社会放在一个相互协调、共同促进的位置，让国家、公民、市场三者的作用都得以发挥，在一定程度上克服了传统两分法思想的局限。

从社会实际的角度来看，国家与市场发展的局限性、社会组织的发展和经济全球化的发展都促进了治理理论的兴起。国家与市场发展的局限性产生了治理的需要。社会的发展对国家宏观调控及市场调节有了越来越高的要求，然而事实却是政府和市场本身的局限及两者之间的协调性不够，使它们无法适应社会的要求。就市场来说，市场能在资源配置的过程中发挥巨大的作用，却依然会造成市场失灵、贫富分化、失业等现象的产生。

就国家来说，这双“看得见的手”能在一定程度上弥补市场的不足，但其自身依然存在机构臃肿、行政效率低下、行政成本高等不足。而且随着社会的发展进步，在经济飞速发展的同时，社会的参与主体越来越多元化，社会发展的动态性越来越强，社会中出现的问题也越来越复杂，这都带来了仅仅依靠政府及市场的力量无法应对变化的社会现实。而治理理念的核心是促进各种力量有序且有限地参与到社会发展中来，打破了原有的凯恩斯主义及国家中心主义的传统发展范式，不仅为人们打开了政治学、经济学等领域研究的新思路，更在现实中打开了发展的新路径。

社会组织的发展为治理理论的兴起提供了基础。治理的发展离不开国家，更离不开公民。20 世纪七八十年代以来，经济的发展带来了社会的发展，越来越多的社会组织、社会团体在各个领域涌现，不仅包括专业的行业协会、促进人发展的兴趣协会，还包括专门从事消除贫困、性别平等、环境保护等工作的公益组织。公民以更加丰富的形式在更加广阔的领域参与到了社会的发展建设中，社会组织填补着政府与市场无法顾及的部分，在社会进步中起着越来越重要的作用。这成为治理理论发展的现实基础。

经济全球化的发展为治理理论的兴起创造了条件。“经济全球化”一词，最早由特·莱维（Levey）于 1985 年提出，现在已经是当代经济社会发展的重要特征。20 世纪 90 年代，随着经济全球化的发展及各国联系的日益密切，出现了许多国际性的组织，如大型的跨国公司、国际性的银行，还有致力于解决社会问题的一些社会组织。在新的社会主体诞生的同时，各国也越来越难以在本国范围内管理影响社会及自身发展的因素。与此同时，各独立的民族国家也开始面对生态环境恶化、恐怖主义等各种共同的问题，这些问题仅凭一个或几个国家往往难以解决。因此，能使人们在不同范围及不同领域上寻求到相对有序的管理方法的治理理念应运而生。

1989 年，世界银行在报告《撒哈拉以南的非洲：从危机到可持续增长》一文中首次提出了“治理危机”（Crisis in Governance）一词，并将其用于描述发展中国家的发展状况。报告中指出，有必要将市场经济引入当时的发展中国家，从而缓解其治理危机，使世界银行等机构对于非洲的援助起到实效。此后，“治理”一词开始越来越广泛地运用于政治学、经济学、管理学等各学科的研究之中。西方学者从治理主体、治理机制、治理结构、治理方式及治理效果评估等多个方面对治理做了系统而全面的研究，提出了多中心治理、数字化治理、民主治理、去国家化治理等多种治理理念。治理理论的兴起不仅是学术理论的创新，更在一定程度上影响着西方政府改革及政治发展的进程，成为当代社会重要的政治理念。西方治理理论的兴起是学术理论发展的必然趋势，也是应对变化了的社会现实的有效方式。治理理论从西方兴起和发源，并逐渐影响到整个世界。

（二）治理理论在中国的发展

治理理论在中国古代已有一定的思想渊源。老子在《道德经》中说道："治大国，若烹小鲜。"这里老子强调了在治国理政的过程中既不能操之过急，也不能松弛懈怠。孔子也提出了"仁政""德政"等思想。除此之外，一代又一代的封建君主也不断探索着治国理政的有效方法。然而需要注意的是，中国古代治理思想的一些因素是建立在封建统治者维护自身统治的基础上的，与我们现在所说的"治理"有着本质的差别。现代意义上的治理不是以维护统治阶级的利益为核心，而是把维护公共利益放在了促进社会发展进步的中心位置。

治理是一个具有其自身时代背景的概念，从治理的理论研究到现实实践都受到异质性的政治制度、经济制度、社会发展的影响①。20世纪90年代以来，随着西方治理理论的发展和传播，中国的学者也开始对治理进行了不断地深入研究。治理理论在发展过程中与中国的制度及现实相融合，形成了不同于西方的、具有中国特色的丰富内涵。

20世纪八九十年代，中国刚刚开始改革开放的进程，政治、经济等各领域改革也正处于起步阶段。中国社会也面临着与西方社会类似的问题，原有的"全能主义""管制型"政府的理念已经逐渐无法适应变化了的社会现实，原有的计划经济体制也由于不适宜社会发展而逐步被市场经济所取代，改革开放不仅在物质上丰富了人民的生活，更在精神上为广大人民带来了新思想、新文化，个人权利意识大大增强。在这样的社会背景之下，西方治理理论的出现为正处在转型

① 包国宪、郎玫：《治理、政府治理概念的演变与发展》，《兰州大学学报（社会科学版）》2009年第2期，第5页。

期的中国政府和社会打开了新的思路。

1995年，学者刘军宁首次将“governance”翻译为“治道”，并将这一概念与“行政”“政治”等概念区别开来，认为“治道”是“关于治理公共事务的道理、方法、逻辑”，是比行政、政治等概念“更动态、更具体”的概念。刘军宁还通过对政府与市场关系、公共部门的管理等方面的梳理，得出要实现从“政策治国”到“制度治国”的转变[①]。这是中国学者第一次把治理思想运用到中国。1998年，学者毛寿龙及其同事编写了《西方政府的治道变革》一书，更为系统、全面地梳理与解析了“governance”的内涵，毛寿龙在此也将“governance”翻译为“治道”，指出该书所说的“治道变革”指的是西方政府为了适应市场经济有效运行的需要而对自身角色的界定，强调将“市场制度的基本观念”引入公共领域，从而提升公共领域的有效性与开放性[②]。该书对西方社会正在发生的政府治理变革及治理理论的兴起进行了分析，指出要注意正确处理政府与市场的关系，更好地建立适应市场经济的政府框架，为我们了解西方治理理论，应对当时中国政府转型的现实情况提供了重要参考。俞可平对治理的研究开始于他对国外代表性文献的翻译与介绍，在《治理与善治》一书中，俞可平梳理了西方治理概念的提出与演进过程，并将十几位国外学者关于治理的文章译成中文，这些文章内容丰富，不仅包括关于治理的概念、治理的兴起、治理能力的论述，还包括治理与福利国家、治理与国际关系等方面的介绍。在该书的引论中，俞可平还进一步分析了“善治”（Good Governance）的有关内容，提出了合法性、透明性、责任性、法治、回应、有效六大善治的基本要素[③]。俞可平是国内治理研究的先行者，此后他更是凭借对研究的持续性与

---

① 刘军宁、王炎、贺卫方：《市场逻辑与国家观念》，三联书店，1995，第74页。

② 毛寿龙、李梅、陈幽泓：《西方政府的治道变革》，中国人民大学出版社，1998，第78—79页。

③ 俞可平：《治理与善治》，社会科学文献出版社，2000，第9—11页。

独到的见解而成为这一研究领域的权威。

进入21世纪以来，越来越多的学者关注到了“治理”这一学术研究领域，有关治理的学术成果如雨后春笋般出现。治理理论是兴起于西方社会的理论，它是否适宜中国社会的发展，我们能够在多大程度上、在哪些方面借鉴学习西方的治理理论成为我们探索的重点。而这些问题的解答必须要放到真正的社会实践中去加以运用，才能得到真正科学有效的答案。中国的政治改革在很大程度上就是一种治理改革①。

我国治理理论的发展与政治经济改革的过程相辅相成。21世纪以来，社会主义市场经济蓬勃发展，政府由原来的“管制型”政府向“服务型”政府转变，“依法治国”理念的提出与落实，各类民间组织兴起并在社会发展中起着越来越重要的作用，这些变化都在一定程度上归功于治理思想的影响，而这些变化又反过来促进着我国治理理论的创新与发展。党的十六大提出“党领导人民治理国家”，十七大又提出“党要保证人民有效治理国家”，十八届三中全会上更把“完善和发展中国特色社会主义制度，推进国家治理体系和治理能力现代化”作为全面深化改革的总目标。“治理”从学术词汇开始写入国家政策文件，这说明我们对社会主义现代化建设的规律有了更为全面的认识，治理成为我们应对社会转型危机的有力武器。

二、新公共服务理论

20世纪七八十年代，随着信息技术革命影响的不断深入，西方国家普遍经历一个政治、经济、社会发展的黄金时期。与此同时，政府所面临的各种公共问题及政府运作的行政环境都更加复杂，这对政府的行政管理职能提出了新的挑战和更高的要求，使各国迫切地需要

① 俞可平：《论国家治理现代化》，社会科学文献出版社，2014，第78页。

展开政府重塑运动。于是，在西方国家掀起了声势浩大的“新公共管理”运动。随后，新公共管理运动迅速成为整个西方公共管理改革的主导方向。美国以罗伯特·B·登哈特、珍妮·V·登哈特为代表的一些管理学领域的学者认为，“新公共管理”把“3E”（Economy，Efficiency，Effectiveness）作为自己价值的基础，忽视了公共管理中人对公平愿望的要求，无力担负起公共行政捍卫民主与公平的政治责任，也无法实现道德水准的责任。公共服务的消费者不仅仅是“顾客”，更重要的是“公民”，进而提出了新公共服务理论。

新公共服务理论是从市场和经济学的角度重塑行政的理念和价值，从而建立了一整套全新的行政发展架构的理论体系，是在对新公共管理进行批判和反思的基础上，提出的新理论。该理论指出，政府治理应当遵循以人为本的原则，关注个体的权利，政府不应当过度控制权力，也不应当单一地扮演服务者角色，而是应当将保障民众的利益当作治理的终极目标。新公共服务管理遵循以下原则：强化服务意识；维护公共利益；要对治理的方式积极创新，让更多的人参与到治理中去；应该以公民的利益为主；应该承担更多的责任；政府需要提高治理效率；企业要配合政府的治理，提高参与治理的热情①。

（一）理论起源②

1. 民主社会的公民权

亚里士多德在《政治学》中首先提出了公民权。卢梭把公民界定为把社区利益放在心上的人。美国总统林肯在葛底斯堡演讲中的“民有政府、民治政府、民享政府”（Government of the people，by the people，for the people）这一句话充分说明在美国政治生活中对公民

① 马德勇：《善治视角下我国政府治理问题研究》，硕士学位论文，中国海洋大学，2016。

② ［美］罗伯特·B·登哈特、［美］珍妮·V·登哈特：《新公共服务理论》，中国人民大学出版社，2004。

角色的重视。桑德尔（Sandel）认为，政府的存在就是要有一定的程序（如投票程序）和公民权利，从而使公民能够根据自身利益做出选择。金和斯迪沃斯主张行政官员应当把公民当作公民来看待，而不只是把他们看作投票人、委托人或顾客；公共管理者应当寻求更有效的回应，相应地提高公民的信任度。这种观点直接为新公共服务提供了理论基础。

2. 社区和市民社会

普特纳姆（Putnam）主张美国的民主传统以存在活跃的公民为基础，他们活跃于各种团体、协会和政府机构之中。这些小型团体聚合起来就构成了“市民社会”。只有在这里公民才能够以个人对话和讨论的形式共同参与进来，而这种方式便是社区建设和民主本身的实质。金和斯迪沃斯认为，政府在创建、促进和支持公民与社区之间联系的过程中能够起到重要的决定性作用。

3. 组织对话理论

在现代主义的视角中，公共行政被建构为一种科学，一种技术，一种阐释；而在后现代主义的视角中，公共行政欲通过对“想象”“解构”“非领地化”和“变样”的强调来掀起一场变革官僚制的革命。

（二）理论主要内容

1. 服务，而非掌舵

登哈特（Denhardt）认为“服务，而非掌舵”原则是众多原则中最突出的原则。公共管理者的重要作用并不是体现在对社会的控制或驾驭上，而是在于帮助公民表达和实现他们的共同利益。新公共服务理论强调政府的职能是服务，而非掌舵。在新公共管理理论中，基本原则之一便是“政府是起催化作用的，要掌舵而不是划桨”，也就是说，新公共管理理论倡导的政府职能更侧重于政府决策层面，而非执行层面。新公共服务理论的提出者登哈特认为，行政官员不能只单单关注“掌舵”，不能只关注成为一个更倾向于日益私有化的新政府的企业家，而应该把政府的工作重点放在服务上。

2. 公共利益是目标，而非副产品

公共利益是管理者和公民共同的利益和责任，是目标，而不是副产品。新公共服务提出，建立社会远景目标的过程并不能只委托给民选的政治领袖或被任命的公共行政官员。政府的作用将更多地体现在把人们聚集到能无拘无束、真诚地进行对话的环境中，共商社会是应该选择的发展方向。

3. 战略地思考，民主地行动

新公共服务理论认为，符合公共需要的政策和计划，只有通过集体努力和协作的过程，才能够最有效、最负责任地得到贯彻执行。为了实现集体的远景目标，在具体的计划实施过程中，依然需要公民的积极参与，使各方的力量集中到执行过程中去，从而迈向预期的理想目标。通过参与和推动公民教育计划，培养更多的公民领袖，政府就可以激发公民自豪感和责任感。

4. 服务于公民，而不是顾客

新公共服务理论认为政府与公民的关系不同于企业与顾客的关系，因此政府服务的对象是全体公民，顾客的需求有先后之分、利益有长期和短期之分，而对于公民，政府必须关注其需要和利益，要以公平和公正为原则为他们提供服务，因此没有先后之分，政府要关注的是全体公民的公共利益，而公共利益产生于关于共同价值观念的对话中，故政府必须要努力在其与公民的关系中建立信任与合作关系，注重公民的呼声。

5. 责任并不是单一的

新公共服务要求公务员不应当仅仅关注市场，他们也应该关注宪法和法令，关注社会价值、政治行为准则、职业标准和公民利益。新公共服务理论意识到了这些责任的现实性和复杂性。

6. 重视人，而不只是生产率

新公共服务理论者强调通过人进行管理，公共组织及其所参与的网络要在尊重所有人的基础上，通过合作和分享领导权来运作。如果要求公务员具有责任心、奉献精神和公民意识，那么公共管理机构的管理者首先要善待这些公务员。公务员既不是只需要保障和组织的一种官僚职业的雇员，也不只是市场的参与者，他们希望自己与别人有所区别，要求得到承认和支持，希望能够实现自身价值。在新公共服务理论者看来，如果要求公务员善待公民，那么公务员本身就必须受到公共机构管理者的善待。

7. 超越企业家身份，重视公民权和公共事务

新公共服务理论明确提出，公共行政官员并不是其机构和项目的业务所有者。企业家注重的是最大限度地提高生产率和增加企业利润，而公共行政官员绝对不能采取这样的行为和思维方式，他们不是公共机构的所有者，政府的所有者是公民。公共行政官员有责任通过担当公共资源的管理员、公共组织的监督者、公民权利和民主对话的促进者、社区参与的催化剂及基层领导等角色来为公民服务。因而，公共行政官员必须将其在解决和治理公共问题的角色定位为负责任的参与者。

（三）新公共服务理论的创新

新公共服务理论是对新公共管理理论的补充和完善，它在理论上有诸多创新之处，高度重视公民权和公共利益，提出了适合现代公民社会发展的新理论，也提供了一种新的政府管理模式，对于指导公共服务的实践具有重要意义①。

1. 强调尊重公民权利

新公共服务理论将公民置于首位，强调对公民的服务，并将权力授

① 赵莹莹、李思妍：《浅析新公共服务理论》，《商品与质量》2011年第S3期，第48页。

予公民。新公共服务理论家们相信公共组织如果能在尊重公民的基础上通过合作和分享的过程来运行，就一定能获得成功，所以提出政府必须要真正了解公民在关心什么，必须对他们的需要和利益做出回应。

2. 呼吁维护公共利益

新公共服务理论的核心价值理念是追求公共利益，公共利益是一种共同的事业，源于公共对共同价值准则的对话协商，关键是所有的公民能够参与其中，只有公民参与其中，对公共利益的关注程度才会超过对自身利益的关注，当他们能够根据公共利益去行动时，社会的广泛利益才能统一起来，最终惠及每个人的利益。

3. 重新定位政府角色

新公共服务理论批判新公共管理将政府的职责放在“划桨”或“掌舵”上，它看到当今政府不再仅仅是处于控制地位的掌舵者，同时也是重要的参与者，它认为公共管理的本质是服务，政府或公务员的首要任务是帮助公民明确表达并实现他们的公共利益，而不是去控制或驾驭社会，即主张努力构建一个具有完整性和回应性的公共机构。

总之，新公共服务理论的“亮点”是最大程度地考虑和维护了公民的基本利益，重视民主的价值。它基于目前的治理现状，为政府指明了清晰的治理方向。该理论维持了原有公共治理理论的有益内容，对其不足之处进行了修正与补充，它是和现代管理现状相契合的新型理论。更为关注民主、治理成效与人们的利益问题，指出政府应当重视人们的利益均衡与协调，将民主精神彰显出来，整合社会各界力量，使越来越多的人能够参与社会治理活动。

三、国家治理体系与治理能力现代化理论

国家治理体系和治理能力现代化，是十八届三中全会以来党中央持续推进的重大战略任务，更是被十九届四中全会提上了重要议事日

程。毫无疑问，推进国家治理现代化是一个系统工程，需要全方位的努力。国家治理现代化，是国家治理体系现代化和国家治理能力现代化的有机统一。这就要求我们先搞清楚，什么是国家治理体系和治理能力，什么是国家治理体系和治理能力的现代化①。

（一）国家治理体系和国家治理能力

国家治理体系是一个极其复杂的系统，从不同的角度去考察，我们可以看到不同的体系结构。例如，国家决策体系、执行体系、监督体系，这是一种梳理；国家立法体系、行政体系、司法体系，这又是一种梳理。党的十九届三中全会之后，我国通过党和国家机构的改革，进一步健全了党和国家机构职能体系、党的领导体系、政府治理体系、武装力量体系、群团工作体系。党的十九届四中全会仅仅就国家治理体系中的制度体系，就为我们勾勒出根本政治制度（人民代表大会制度）、基本政治制度（政治协商制度、民族区域自治制度、基层群众自治制度）、基本经济制度（公有制为主体、多种所有制经济共同发展，按劳分配为主体、多种分配方式并存，社会主义市场经济体制）、各项重要制度（经济、政治、文化、社会、生态文明和党的建设等各领域的体制机制、法律法规）这样一个庞大的制度体系，并且对其中 13 个方面制度的坚持和完善做出了具体部署，而每一方面的制度都是一个由许多更具体的制度构成的制度体系。例如，党的领导制度体系，就包含不忘初心、牢记使命的制度，坚定维护党中央权威和集中统一领导的各项制度，党的全面领导制度，为人民执政、靠人民执政的各项制度，提高党的执政能力和领导水平制度，全面从严治党制度。总之，正如习近平总书记所指出：“国家治理体系是在党领导下管理国家的制度体系，包括经济、政治、文化、社会、生态文明和党的建设等各领域体制机制、法律法规安排，也就是一整套紧

① 周文彰：《数字政府和国家治理现代化》，《行政管理改革》2020 年第 2 期，第 4—10 页。

密相连、相互协调的国家制度。”

国家治理能力则是运用国家制度管理社会各方面事务的能力，“各方面的事务”包括改革发展稳定、内政外交国防、治党治国治军等各个方面。

国家治理体系和治理能力是一个有机整体，相辅相成，单靠哪一个治理国家都不行。国家治理体系是讲国家的制度，国家治理能力是讲制度执行的能力。一方面，有了好的国家治理体系，才能提高治理能力；治理国家，制度起根本性、全局性、长远性作用。另一方面，提高国家治理能力，才能充分发挥国家治理体系的效能；没有治理能力，再好的制度也难以发挥作用。不是国家治理体系越完善，国家治理能力自然而然就越强。习近平总书记指出，各国都有其治理体系，而各国治理能力差异很大，甚至同一个国家在同一种治理体系下，不同历史时期的治理能力也有很大差距。正是考虑到这一点，我们才把国家治理体系和治理能力现代化结合在一起。

（二）国家治理体系和治理能力现代化

国家治理现代化是现代化时代的客观要求。世界现代化进程可以分为两大阶段：第一次现代化是从农业经济向工业经济、农业社会向工业社会的转变；第二次现代化是从工业经济向知识经济、工业社会向知识社会的转变。有人主张，第二次现代化的过程应该称为“后现代化”。

现代化发端于科学技术的发展及应用，其很快引发并带动了各方面的现代化：生产现代化、运输现代化、管理现代化、人的现代化，直至国家治理现代化。新中国诞生不久，党和国家就瞄准了现代化。1954 年召开的一届全国人大一次会议明确提出，要实现工业、农业、交通运输业和国防四个现代化。最鼓舞人心的是，1964 年，周恩来总理在三届全国人大一次会议的政府工作报告中，把“全面实现农业、工业、国防和科学技术的现代化，使我国经济走在世界的前列”，作为20世纪内的奋斗目标。国家治理现代化是党的十八届三中全会提出的。习近平总书记指出：“我们讲过很多现代化，包括农业现代化、工业现代化、科技现代化、国防现代化等，国家治理体系和治理能力现代化是第一次讲。”深刻理解和准确把握这个总目标，是贯彻落实各项改革举措的关键。外国有人称之为中国的“第五个现代化”。在他们看来，如果说“四个现代化”所要面对的是中国长期一穷二白的现状，旨在大力发展生产力，那么“第五个现代化”则是从上层建筑的层面来减少“四个现代化”在新时代的发展障碍。应该说，这个看法是合理的。

改革开放伊始，我们党就提出了改革党和国家制度的任务。1980年8月，邓小平同志指出：“党和国家现行的一些具体制度中，还存在不少的弊端，妨碍甚至严重妨碍社会主义优越性的发挥。如不认真改革，就很难适应现代化建设的迫切需要，我们就要严重地脱离广大群众。”他用朴实无华的语言论述了制度的极端重要性：“制度好可以使坏人无法任意横行，制度不好可以使好人无法充分做好事，甚至会走向反面。”

国家治理体系和治理能力现代化的含义是，国家治理体系要随社会的发展进步而不断改革调整；国家治理能力要随日益复杂的发展状况而不断优化提升。国家治理现代化，也就是国家治理体系和治理能力不断适应现代化建设和发展需要的过程。说国家治理现代化是一个过程，在于强调现代化的指标是动态性的，是随着时代车轮的前进而不断调整的。但不变的是，国家治理现代化就是使国家治理体系制度化、民主化、法治化、科学化、高效率，使国家治理者善于运用这套治理体系治理国家，把制度优势转化为治理效能。

制度化，是指国家权力运行和治理行为具有完善的制度安排和规范的程序，权力无法任性，任性的权力无法持续，权力被紧紧关在了制度的铁笼里。民主化，即保障主权在民、人民当家做主，权力运行和政策制定体现人民的意志和人民的主体地位；实现好、维护好、发展好人民群众的根本利益，成为国家一切治理行为的出发点和落脚点。法治化，即宪法和法律具有至高无上的权威，在法律面前人人平等，任何组织和个人不得有超越法律的权力；法无授权不可为、法定职责必须为、法无禁止即可为，成为国家治理方方面面所遵循和体现的法治精神。科学化，是指国家机构设置科学、法律法规和各项政策科学，即都合乎国家治理的客观规律和客观要求；同时指国家运用科学手段实施治理。高效率，即国家机构高效运转，反应和处理问题快捷，企业和个人办事方便，国家治理具有很高的效能。

四、大数据时代的政府治理理论

十八届三中全会正式启动了“全面深化改革”的伟大历史进程，指出深化改革“必须切实转变政府职能，深化行政体制改革，创新行政管理方式，增强政府公信力和执行力，建设法治政府和服务型政府”。这为创新学术界对政府治理的认识提出了新要求。在随后的学界讨论中，有关政府治理的认识得到不断地深化，大体上出现了本体论、核心论和功能论 3 种解释路径[①]。就本体论而言，王浦劬认为，政府治理是指政府行政系统作为治理主体，对社会公共事务的治理。就其治理对象和基本内容而言，其包含着政府对于自身、市场及社会实施的公共管理活动[②]。就核心论而言，何增科认为，政府治理在国家治理中处于核心地位，是整个国家治理体系中最为重要的一个子系统。政府治理现代化是现代化整体性变迁进程的一个重要组成部分，同时又是现代化的重要推动力量[③]。张小劲和李岩从功能论视角认

① 孟天广、张小劲：《大数据驱动与政府治理能力提升——理论框架与模式创新》，《北京航空航天大学学报（社会科学版）》2018 年第 1 期，第 18—25 页。

② 王浦劬：《国家治理、政府治理和社会治理的含义及其相互关系》，《国家行政学院学报》2014 年第 3 期，第 11—17 页。

③ 何增科：《国家治理及其现代化探微》，《国家行政学院学报》2014 年第 4 期，第 11—14 页。

为，政府治理所强调的是通过对政府自身的改革而改善政府治理，通过政府治理的现代化而实现整个国家治理的现代化，其功能所向一是市场，二是社会，因而有市场治理和社会治理的分野[①]。尽管三种主张都具有一定的张力，但根本上又具有共同点。这三种解释实际上都强调，政府治理既包含了关于治理主体的认定，也涉及了治理的功能领域、治理内容及治理方式的确认；而在全面深化改革的意义上讲，涉及政府治理的全面深化改革，既强调以政府自身的改革求得政府治理的改善，又关注政府对公共事务的治理实现优化和改善。当前中国面临着经济发展模式的转型任务，面向着城镇化迅猛发展的艰巨挑战，面对着“互联网 +”环境下大数据资源和技术空前多样化，更处在以互联网基础上全球化发展的全新环境之下，因此，必须全面而深刻地认知这些变化并根据这些认识寻求对政府治理及其走向现代化的道路。

毫无疑问，大数据已经成为国家重要的资产密集地带，也是国家最重要的创新突破方向。因此，确立大数据发展的国家战略，完善大数据发展的全面布局，建立大数据发展的安全保障，发展大数据发展的基础设施，从而建立数据强国，实施数据治国，提升数据能力，便是未来一个时期中国政府和社会面临的重大任务[②]。大数据将重塑政府治理的功能边界、重建政府治理的主导机制、重组政府治理的互动样式和重构政府治理的基本能力。正是时代的变化和发展的挑战，要求政府治理必须实现转型和改革。具体说来，这些改革的要求涉及理念创新、体系变革、机构调整和职能优化四大维度。

政府治理的理念创新，强调的是要确立服务型政府的理念，要为市场主体和社会主体有序而积极地参与和发挥作用提供基础性条件和法治环境的坚实保障。政府治理的体系变革，主张的是要在全面深化

---

① 张小劲、李岩：《从语义图解到模式理解：〈关于全面深化改革若干重大问题的决定〉中关于治理问题的论述》，《当代世界与社会主义》2014 年第 1 期，第 11—18 页。

② 陈潭：《大数据时代的国家治理》，中国社会科学出版社，2015。

改革总体方向的指引下综合考量各级政府的职权划分，各就其位，各尽其责，建立高效而灵便的政府体系。政府治理的机构调整，主要是指要按照治理现代化的要求，对政府机构进行梳理，依据科学合理的原则精简、合并和撤除冗赘的机构或部门，向第三方社会组织或市场机构移交功能。政府治理的职能优化，主要是指从中央到地方各级政府应当实现高效廉洁，实行简政放权，从而最大限度地激发市场主体和社会主体的活力，实现中国经济的持续发展和社会的持续进步。总之，大数据时代的政府治理就是全新时代的政府治理理念，涉及政府对公共行政发展规律的新认知，涉及公共管理与服务理论的新实践。

大数据时代的政府治理理论渊源包括以下三大理论视角：国家能力、科技进步与治理模式、治理理论。基于这三大理论视角，人们可以深入挖掘作为科技进步的大数据资源和技术，如何通过科技进步与治理模式的互相影响，以提升国家的强制性权力和渗透性权力。

第一，国家能力的视角。作为国家治理现代化的必要条件，国家能力是国家将自己的意志、目标转化为现实的能力，尽管学术界对国家能力有多样性观点，但均认为国家能力对于国家治理水平至关重要①。一般而言，国家能力包括国家汲取财政的能力、调控能力、合法化能力及强制能力②，也有人将其分为强制性权力和渗透性权力。政府作为国家治理的核心角色，国家能力很大程度上反映为政府能力。国家能力是国家权力之特定构成，源于一国特定的政治制度、国家社会关系、政治经济关系等。大数据资源和技术不仅扩大了国家能力的范畴，将国家的边界扩展到虚拟空间，而且为国家能力的强化提供了新途径和新工具。

第二，科技进步和治理的视角。互联网和大数据等科技进步对治

① 薛澜、张帆、武沐瑶：《国家治理体系与治理能力研究：回顾与前瞻》，《公共管理学报》2015 年第 3 期，第 1—12 页。

② 王绍光：《国家汲取能力的建设——中华人民共和国成立初期的经验》，《中国社会科学》2002 年第 1 期，第 77—93 页。

理模式和机制产生影响。科技水平与治理能力、治理方式之间的互动关系一直是科技哲学、管理哲学领域的经典研究议题，而大数据及其相关技术则为这一议题带来了新的考查视角：一方面，以数据为驱动的政府治理有望利用科技手段实现在传统社会及技术条件下难以落实的价值理念；另一方面，大数据不仅是一种现实技术，而且是一种构成性的话语体系，有助于人们开拓科技与治理之间良性互动的新可能与新空间。数据驱动的政府治理及其相关领域知识的积累，有望为公共部门工作带来革命性变革，完善政务信息资源数据库，推动数据资源的统一、共享和开放，提高宏观调控决策科学性，提升公共服务资源配置效率和服务效能。

第三，治理理论的视角。大数据为从绩效导向的治理走向过程导向的治理创造了技术条件和社会动力。近来，治理理论的新发展正在从绩效导向的治理走向过程导向的治理，对“政府质量”的学术兴趣大幅提高，这为政府治理能力提出了新理解、新要求和新方向。作为治理能力的重要维度，政府质量的核心是公正性，即执行政府权威的机构的公正性。民主并非衡量政府质量的充分标准，政府质量的核心价值是公正地行使公共权力。与传统治理理论对民主存在意识形态化依赖不同，政府质量理论认为公共权力合法公正运行比代议制民主更能塑造政治合法性。“政府质量”强调公共权力行使的质量之于治理的重要性，反对“结果导向”的流行治理理论，“结果导向”治理模式的理论基础是理性选择，假定公民是结果导向的，基于短期物质福祉的结果来形成政治反馈，相应的治理模式是“基于结果的治理模式”。政府质量采取“过程导向”的治理模式，认为公民与政府之关系的重点在于过程的公正性。

五、数字政府理论

党的十九届四中全会明确要求，“建立健全运用互联网、大数据、人工智能等技术手段进行行政管理的制度规则。推进数字政府建设，加强数据有序共享”。政府治理现代化呼唤数字政府。运用大数据等前沿技术推动政府治理手段、模式和理念创新，建设数字政府，是推进政府治理体系和治理能力现代化的必由之路。我国数字政府建设正面临难得的历史机遇，处于关键历史节点。数字政府作为数字中国的有机组成部分，不仅是推动数字中国建设、实现经济高质量发展的重要支撑，更是推动政府治理现代化的重要动能。

（一）数字政府的主要特点①

1. 数字政府是信息化政府

2016 年 4 月 19 日，习近平总书记在网络安全和信息化工作座谈会上明确指出：“信息是国家治理的重要依据。要以信息化推进国家治理体系和治理能力现代化……更好用信息化手段感知社会态势、畅通沟通渠道、辅助科学决策。”信息化政府就是运用现代信息技术，在经济、社会、环境等各个领域，广泛获取信息、科学处理信息、充分利用信息，并使之数字化，用于优化政府治理，形成“用数据对话、用数据决策、用数据服务、用数据创新”的现代治理模式，以全面提升政府的履职能力。

2. 数字政府是管理网络化政府

政府用数字化的信息构成一个规模庞大的信息网络体系，原本分散开来的单体被组建成一张系统的管理网络，避免了管理的死角和盲点。在这个网络中，各种管理资源被整合在一起，实现跨层级、跨地域、跨系统、跨部门、跨业务的协同管理和服务。网络的根本特征不在规模，而是资源共享，消除资源孤岛。习近平总书记在上海调研时强调，要抓一些“牛鼻子”工作，抓好“政务服务一网通办”“城市

① 周文彰：《数字政府和国家治理现代化》，《行政管理改革》2020 年第 2 期，第 4—10 页。

运行一网统管”。近年，各地政府牵头，开通“政府12345市民热线”，把省、市、区、县、街道纳入一个数据系统，实现5级联动。上下贯通的网络让上级部门随时了解全局情况，让承办的单位及时处理相关问题。监控、反馈、督办，一网通达。

3. 数字政府是办公自动化政府

凡是采用网络信息技术设备从事办公业务，都属于办公自动化。电子政务就属于办公自动化。在办公自动化条件下，文件从起草到下发全过程均在网上进行，不再需要经过拟稿、打印、送审、印制正式文件、文件交换等烦琐过程，公文运转效率大大提高，急件随时可以办妥，手机等移动终端使得办公在任何场合都可以进行。办公自动化（OA）工程，使中央和地方党政机关建立了各种纵向和横向的内部信息办公网络，政府站点与政府的办公自动化连通，变成便民服务窗口，让公众足不出户完成到政府部门的办事过程。

4. 数字政府是政务公开化政府

公开透明是法治政府的基本特征。数字政府全面推行政务公开，决策、执行、管理、服务、结果全过程都通过网络让全社会知道，让权力在阳光下运行。同时，政府加强政策解读，让公众不仅知道是什么，还知道为什么、怎么做，增强政策执行的自觉性。政务公开不仅仅是信息单向发布，而且是政府和公众进行双向信息交流、互动反馈，政府随时能听到群众意见和建议，及时回应公众关切，让群众参与决策。企业和居民申办事项，随时可以在网上查询办理进度，就像今天查询网购商品、快递包裹的送达行程那样。这是保障公众知情权、参与权、表达权和监督权，增强政府公信力、执行力，提升政府治理能力的制度安排。

5. 数字政府是运行程序优化的政府

优化调整政府内部的组织架构、运作程序和管理服务，进行政府流程再造，是数字政府最显著的特点。例如，大规模取消和下放审批事项，加强事中事后监管，减少前置审批，规范审批程序，规范中介服务；需要多部门审批的由串联审批改为并连审批，实现网上办理和审批，等等。数字政府能有效改变传统政府部门自上而下的单向度管理模式，建立起以公共服务为核心的现代管理模式，建设服务型政府。这是建设数字政府的根本目的。

可以肯定地说，数字政府的特点绝对不止以上这些，数字时代才见端倪。数字政府建设，如果从 1998 年我国第一个电子政务网——青岛政务信息公众网算起，也才 22 年历史。因此，对数字政府的上述描述，只能是初步的、探索性的。

（二）数字政府对于治理现代化的意义

从数字政府的特点已经可以看到，数字政府对于推进国家治理现代化，特别是政府治理现代化，绝对不是可有可无，而是非建不可；意义是绝对重大，非同一般。甚至可以断定，没有数字政府，就不可能有国家治理现代化。数字政府对于国家治理现代化至少具有以下作用和意义：

1. 数字政府使决策走向科学化

决策科学化是国家治理现代化的目的，也是标志之一。政府在经济政治生活中的地位和作用，决定了它的任何决策都不能失误，因为决策“差之毫厘”，实践“失之千里”。如果掌握的信息不充分、不真实，决策自然不精准，甚至发生失误。那种凭“感觉”、按“愿望”“拍脑袋”决策而导致的错误决策，让我们蒙受了难以数计的损失，令人至今痛心疾首。数字政府通过大数据、人工智能、区块链等信息技术，掌握了大量第一手信息或数据，使决策建立在坚实的基础上。数据是对过去的纪录，同时，“数据就是对未来的研判”。运用现代数据技术采集、分析、研判数据，让政府建立起较为精确的决策机制，就能大大提高决策的精准性、科学性和预见性。建设数字政府是改变传统决策方式、提升决策能力的重要路径。

2. 数字政府使社会治理实现精准化

精准化治理是国家治理现代化的又一重要特征。这里的“社会”，无论从广义还是从狭义去理解都是可以的。广义的“社会”即“五位一体”，包含经济、政治、文化、社会和生态环境在内；狭义的“社会”就是“五位一体”中的“社会”那一位。数字政府大幅度提高了社会治理精准化程度，例如，对食品可以实现生产、运输、储藏、销售、加工等全流程的监管，食品安全更有保障；人车行踪处处留痕，社会治安管理和交通疏导更有依据、更加便利；对空气、土壤、水体、企业排污等进行跟踪监测、适时监测，使生态文明建设可以随时找到症结所在，及时对症下药；各种社会指标的统计数字更加精确；大数据能够发现公共服务和社会治理中的“堵点”“痛点”和“难点”，为社会治理提供着力点和突破口；公共服务可以从“大水漫灌”变为“精准滴灌”，问题治理可以从“一人生病普遍吃药”变为“因病施治”“一把钥匙开一把锁”；系统治理、依法治理、综合治理、源头治理更容易实施、更有成效，整个治理工作……总之，建设数字政府，精细化治理成为现实，传统的粗放式管理变成了历史；系统协作式治理得以实现，单兵作战式管理不复存在。

3. 数字政府使公共服务达到高效化

现代化的国家治理一定是以方便高效的公共服务为追求，数字政府就能做到。数字政府通过公共服务平台，提供“一站式”“一体化”整体服务，做到简化办、网上办、马上办，传统的繁文缛节、推诿扯皮的作风失去了存在空间，人们办事不再“跑断腿”“挤破门”“急死人”。我国多地政府已在人才引进、高龄津贴申请、企业注册、网约车驾驶员证申办等成百个事项上实现“秒批”，而且纳入“秒批”的事项还在快速增加中。马克思当年对巴黎公社的赞美，在中国通过数字政府正在成为活生生的普遍事实：“它和人民群众的利益是一致的。公社的工作人员，不是压迫人民的官老爷，而是社会的公仆。”

4. 数字政府使政府治理体现民主化

我国是工人阶级领导的、以工农联盟为基础的人民民主专政的社会主义国家，发展社会主义民主政治就是要体现人民意志、保障人民权益、激发人民创造活力，用制度体系保证人民当家做主。数字政府与千家万户的网络连接，可以让公民随时查询政府信息，反映情况，提供建议，参政议政。政府可以通过网络进行民意调查、征求意见、网络听证。保障了人民知情权、参与权、表达权、监督权。全民参与、群策群力，就能集中群众智慧，接受群众监督，提高政府治理水平。政府和人民、干部和群众的关系更加密切，人民拥护政府、群众支持干部工作也会蔚然成风。

5. 数字政府使官员腐败失去条件

表面看来，数字政府建设是个技术问题，实质上是对权力的态度问题，是如何用权的问题。大数据技术促进了政府运行程序的优化，加快驱动政府为适应互联网时代、运用数字技术进行自我革命，主动对原有组织架构、对自身权力大动“手术”。在越来越多的事项上，数字政府使审批事项大量削减，把大量事项由见面求情办理变成网上自主办理，申办双方不见面，审批过程按数字程序进行，“机控”取代了“人控”，避免了人为干预，既保证了公平公正，也使“吃拿卡要”、权钱交易等“寻租”现象难以发生；数字政府使权力运行处处留痕，数据监督取代了靠人监督、过程监督取代了事后监督、整体监督取代了个体监督，权力被关进了“数字”的笼子里；滋生推诿扯皮、拖沓怠工、任性随意、官僚主义等官场病的土壤随之消失，风清气正、公正廉洁的政府形象就会越来越饱满。

6. 数字政府使应急管理能力智能化

防范和化解各种风险、维护社会繁荣稳定是政府的重要职责，应急管理也就成了政府的重要工作。习近平总书记指出，要依靠科技提高应急管理的科学化、专业化、智能化、精细化水平。要适应科技信息化发展大势，以信息化推进应急管理现代化，提高监测预警能力、监管执法能力、辅助指挥决策能力、救援实战能力和社会动员能力。数字政府正是新兴技术特别是信息技术与政府治理相结合的产物，数字政府建设将有力提升政府应急管理能力。当前，在新冠肺炎疫情防控中，大数据等信息技术被广泛运用于人员流动轨迹描绘、病毒基因分析、医疗卫生资源调配、区域疫情发展趋势预测等工作中，对地方各级政府疫情防控的决策、组织、动员等工作发挥了强有力的支撑作用。杭州市充分运用信息技术推行“数字治疫”，得到了习近平总书记的充分肯定。同时，各级地方政府通过网络平台提供“不见面”服务，不仅满足了群众正常需求，更降低了人员流动、接触而导致的病毒感染风险。

（三）加快数字政府建设的策略①

数字政府对于国家治理现代化的重要作用和意义，要求各级政府自觉加快数字政府建设。党的十八大以来，党中央国务院为推动“互联网+”和数字政府建设花费了大量心血，出台了许多文件，做了十分细致的工作。各级政府也投入了不少人力、物力、财力，数字政府建设已经让我们初步看到它的治理效能。但总的说来，数字政府建设还处在起步阶段，需要加快步伐、提高水平、扩大涵盖范围。如果考虑到各地数字政府建设的不平衡，加快建设步伐就更加紧迫了。

1. 数字政府建设需要怀有“以人民为中心”的施政理念

政府之所以不断进行自我革命，建设数字政府，是为了变“群众跑腿”为“信息跑腿”，变“群众来回跑”为“部门协同办”，让群众方便，叫群众满意，这就是“以人民为中心”，是党的宗旨在政府治理中的具体体现。习近平总书记提出的“以人民为中心”的内涵和要求是：奋斗目标奔人民而去，手中权力为人民所用，根本利益为人民所谋，心中位置数人民最高，工作好坏依人民而定，干部是人民公仆。只有坚持“以人民为中心”，才能自觉地想人民之所想，急人民之所急，把互联网、大数据等现代科学技术引进政府治理，建设

---

① 黄其松：《充分发挥数字政府作用，着力提升治理现代化水平》，《光明日报》2020年4月13日第6版。

数字政府，为人民提供方便、高效的政府服务。

2. 数字政府建设需要主动的数字治理意识

数字政府的基础是数字，没有海量数字，数字政府无从谈起。数据采集、数据存储、数据共享、数据开放、数据分析、数据运用等，需要政府具有足够的数字治理头脑（或意识）和强大的数字治理能力。数字治理头脑是说，要懂得在大数据时代，数据是政府治理的重要资本和重要依据，政府对数据的治理是政府治理现代化的前提。数字治理能力是大数据时代对政府治理提出的新要求，这种能力就是采集存储数据、开发应用数据、规范管理数据的能力。对传统的文件管理，政府已经积累起一整套行之有效的管理制度和运行机制，而数字治理则是政府面临的新课题。许多地方既缺乏数字治理头脑，也缺乏数字治理能力，集中表现在不重视数据，缺乏数字治理的顶层设计；对内数据共享、对外数据开放的进程缓慢，“信息孤岛”如同“信息堡垒”般坚固；决策不知道请大数据管理或经营机构提供咨询意见等。显然，要建设数字政府，就要增强数字治理意识，提高数字治理能力。习近平总书记指出，善于获取数据、分析数据、运用数据，是领导干部做好工作的基本功。各级领导干部要加强学习，懂得大数据，用好大数据，增强利用数据推进各项工作的本领，不断提高对大数据发展规律的把握能力，使大数据在各项工作中发挥更大作用。数字政府建设要求我们把习近平总书记的要求变成实实在在的行动。

3. 数字政府建设需要加快政府职能转变

习近平总书记指出：“以互联网、大数据、人工智能为代表的新一代信息技术日新月异，给各国经济社会发展、国家管理、社会治理、人民生活带来重大而深远的影响。”近年来，以大数据、云计算、人工智能等为代表的新兴信息技术迅猛发展，不仅对人们的生产、生活、思维方式产生了重大影响，也对政府的管理模式、运行机制和治理方式提出了新要求。建设数字政府是政府运用互联网、大数据、人工智能等信息技术解决公共问题、提供公共服务、实施公共治理的过程和活动。就其本质而言，数字政府就是政府的数字化、智慧化。因此，数字政府建设是当前推动政府治理体系和治理能力现代化的着力点和突破口，是推进“放管服”改革的重要抓手，是促进政府职能转变的重要动能。在相当长的一段时间里，政府决策不科学、服务水平不高，尤其是行政审批程序烦琐复杂、行政效率不高，民众办事跑腿多、满意度低，是我国各级地方政府治理存在的主要问题。同时，随着经济社会快速发展，公众对政府服务需求越来越高，政府需要解决“管什么、如何管、管得好”的问题，这涉及政府的职能。以数字政府建设为引领，强化政府服务、提升行政效能，是推动政府职能转变的重要抓手。当前，各级地方政府将“互联网+政务服务”作为推进数字政府建设的关键，积极搭建公共服务在线平台，为公众提供“一站式”和“一体化”整体服务。数据显示，截至2018年底，全国32个省级网上政务服务平台提供的28105项省本级行政许可事项中，87.92%的事项已经具备网上在线预约预审功能；68.90%的事项通过网上受理、现场核验，实现“最多跑一次”；24.39%的事项可以通过网上受理、平台核验、快递送达，实现事项的不见面办理。通过数字政府建设，有力地推动了政府数字化转型和服务型政府建设，政府治理行为变得更加规范、透明，行政流程更加优化，行政决策更加科学，行政效能显著提高，行政成本大幅降低，公共服务质量得到有效提升。

4. 数字政府建设需要推动政府治理模式转型

当前，新一代信息技术与生产、生活领域相互渗透、深度融合，深刻地改变了人们的生产生活方式和社会组织模式。政府治理是特定环境下的政府行为，深受时代的影响，时代的发展成为推动政府治理转型的根本动力。数字政府建设顺应时代发展，是推动政府治理转型的重要突破口。首先，推动治理理念创新。技术的发展改变了生产、生活方式，进而改变了社会环境，也改变了人民群众与政府之间的关系，政府越来越多地需要通过与社会和民众的合作来开展工作。这要求政府必须坚持以人民为中心的理念，树立服务导向和人民至上观念，努力建设服务型政府和责任型政府。通过数字政府建设，创新政府治理理念与模式，政府能够更及时感知人民群众的需求，能够更及时回应社会关切、提供公共服务，能够实现更敏捷、灵活、高效的政府治理。其次，推动治理方式变革。依托数字政府建设，政府治理方式获得极大的拓展和创新。综合运用大数据、云计算、区块链、人工智能等技术手段，推动新技术在民生服务、社会安全、灾害预测、应急管理等领域的应用，促进政府治理方式更为多元与合理。再次，推动治理结构重塑。第四次工业革命推动了信息社会的深入发展，政府治理结构必须改革以适应变化了的社会。通过数字政府建设，尤其是随着政府数据的开放与共享的逐步推进，治理结构更加开放。为了适应信息社会的政府治理，一些组织机构合并了、撤销了，一些组织机构建立了，政府治理结构得以重构。最后，推动治理流程再造。建设数字政府，要求政府治理过程与行为必须与信息运行规律相适应，必须遵循信息获取、存储、分析、运用的内在逻辑与要求，这就要求再造政府治理流程。当前我国各级地方政府在积极推进“放管服”改革中，通过数字政府建设来优化审批流程，降低审批门槛，减少办理环节，压缩办理时限，让数据多跑路，群众少跑路，政府治理流程再造成效显著。

5. 数字政府建设需要培育全民数字素养

当今社会，数字素养成为越来越不可或缺的生存技能和知识资产，它是一种在工作、学习、娱乐及社会参与中利用数字化工具和数据资源理解现象、解决问题的能力与素养。联合国教科文组织指出：“数字技术是高效参与日常生活和工作很多方面活动的基础，利用数字技术所必需的技能和本领在今天比过去任何时候都更是必不可少。”当前，人们赖以生存的环境越来越数字化，要适应这个时代的生活、工作和学习，必须具备一定的数字素养，世界大多数国家也高度重视社会大众的数字素养培育与养成。数字政府建设要取得成功，不仅要求提升政府工作人员的能力与素质，尤其是数字能力与素养，还需要社会大众必不可少的适应能力和运用能力。因此，数字政府建设与社会大众数字素养是相辅相成、互为支撑的。以数字政府建设为依托，推动政府数字化进程，不仅可以提升政府工作人员数字素养，同时，数字政府建设是政府治理的全面变革和全新革命，势必会给全社会带来积极影响，也必将促进全社会数字素养的提升，从而积极推动社会进步与国家发展。

（四）建设数字政府的主要路径①

在宏观战略层面，进一步明晰建设数字政府的战略架构。一是加强党的全面领导，明晰建设数字政府提升政府治理能力的战略思维。健全总揽全局、协调各方的党的领导制度体系，把党的领导落实到数字政府建设各方面、各环节。树立运用新一代信息技术创新行政方式，建设人民满意的服务型政府的战略思维，尤其是领导干部要不断加强学习大数据、物联网、云计算、区块链等新一代信息技术相关知识，切实把握信息时代的历史机遇，不断提升治理现代化水平。二是明晰建设数字政府，促进政府职能转变的改革目标。充分运用新一代信息技术推进政府职能转变，不断完善政府公共服务、市场监管、社会治理和环境保护等职责，不断完善决策权、执行权、监督权等运行体制机制，不断提高政策决策的精准性、科学性和预见性，创新行政方式，提高行政效能，建设人民满意的服务型政府。三是运用新一代信息技术搭建政府角色转变的创新平台。优化政府机构设置、职能配置、工作流程等，通过快速、精准、高效的电子信息化办公流程和政务服务新模式，建立起以公共服务为核心的现代管理模式，将管理融入服务之中，不断提高政府的行政效能和服务水平。

在中观制度层面，需要进一步建立健全建设数字政府的体制机

① 陈加友、吴大华：《建设数字政府提升治理能力现代化水平》，《光明日报》2019年12月9日第6版。

制。一是运用新一代信息技术建设智慧政府。建立健全运用大数据提升政府治理能力的管理体制，整合大数据、物联网、互联网、云计算、人工智能等先进技术，提高政策决策的精准性、科学性和预见性，不断提升政府的决策能力、管理能力和服务水平，建立智慧政府。二是运用新一代信息技术建设责任政府。建立健全运用新一代信息技术提升政府治理能力的管理体制，推进各部门数据共享和逐步开放机制，尤其是不涉及国家安全和政府机密的数据源逐步向社会、企业和公众开放，为社会民生提供便捷服务，不断提高社会公众的满意度，建立责任政府。三是运用新一代信息技术建设法治政府。建立健全运用大数据提升政府治理能力的管理体制，充分运用大数据管理好公共权力、公共资金、公共资源和公职人员，加强对权力运行的制约和监督，把权力关进“数据铁笼”。对数据的采集、存储、利用和开放进行立法规范，为数字政府建设提供法治保障。

在微观措施层面，需要进一步完善建设数字政府的支撑体系。一是加强信息设施建设，为提升政府治理能力提供支撑。加大对数字政府的信息基础设施建设，尤其要加大对电子政务服务设施的体系建设，完善云计算运行环境，优化信息存储与信息使用安全环境，为采集、存储、开发和利用大数据提供可靠的数据源，从而为政府提升决策能力、管理能力和服务能力提供保障。二是加强数据资源整合，为提升政府治理能力提供平台。打破信息壁垒，构建完整的、系统的、多层次的云计算平台，使各部门的数据资源能快速汇聚、集中分析处理，更好地为社会民生、企业、市场服务，不断提高电子政务服务水平。三是加大数据价值挖掘，为提升政府治理能力提供服务。加强对数据资源价值的挖掘，充分利用好数据的价值资产，为政府提升决策能力、管理能力和服务能力提供服务。四是加强数据安全保护，为提升政府治理能力提供保障。建立健全数据安全保护机制，把涉及数据资源流动和交换的环节作为重点保护领域，尤其是对涉及国家安全和个人隐私的数据源在跨部门、跨区域中的流动频度、交换规模、运行速度等领域要加大管控力度，确保数据在采集、存储、流动、交换过程中安全运用，不断提升政府的公信力和治理能力。

小　结

本章主要对大数据、政府治理、政府治理现代化等概念进行了界定，特别是对大数据时代政府治理现代化的含义进行了阐释。以便于读者更加清楚本研究核心关键词的定义范围，更好地理解后续的理论阐述。同时针对治理理论、新公共服务理论、国家治理体系与治理能力现代化理论、数字政府理论等经典理论进行了陈述和解析，能够让读者更容易理解本研究的论点与论据，明白后续研究内容的理论支撑。

第三章　大数据与政府治理现代化的关联分析

政府治理可以看作是政府在社会进步中对自身作用的重新定位，是解决发展中难题的一种应对策略。政府治理仍然是以政府为主导，同时调动社会各界广泛参与，以解决社会矛盾，应对公共危机，提升公共服务，实现科学执政。大数据时代赋予了政府治理新的历史使命，当政府的治理能力落后于社会生产力发展的时候，就需要依靠科学技术的创新，对治理范式进行变革。通过对大数据技术的应用，能够有效支持政府治理迈向现代化，重新构建政府与社会的和谐关系，促进社会生产力的进一步解放，满足最广大民众的根本需求。

第一节　大数据时代政府治理走向现代化的需求分析

伴随着现代社会由传统的分层社会向数据社会的演进，基于大数据技术的网络压力，以及由此引发的社会管理技术基础的改变，已经成为影响政府治理现代化的一项重要因素，这对当前政府治理的运行机制提出了新的挑战与需求，它要求行政决策实现精准科学，社会公众方便参政议政，网络舆论得到正确引导，重大危机能够及时预警，急难险情可以快速反应，公共服务实现以人为本。政府治理现代化的新要求需要依靠大数据技术的支撑，面对大数据，过去一些被认为是“垃圾”的数据都能够变成有价资源，各类业务平台、网站、客户端都可以是数据的来源，数据信息传输、分析和处理渠道呈现扁平化和即时性，因此政府需要应用这些新理念推进治理创新，通过数据关联分析推动决策科学化，通过数据实时处理推动管理精细化，通过数据透明公开推动行政法治化。大数据时代，政府只有将数据化工作与客观现实的具体政务工作充分结合，才能适应社会及民众与日剧增的现代化需求。

一、新时代国家大数据战略对政府治理现代化的客观要求

党的十八大以来，以习近平同志为核心的党中央在全面深化改革的进程中，高度聚焦“治理”问题，着力突出“现代化”引领，积极彰显“大数据时代”特征。新时代，站在新的历史方位，习近平同志就深入实施国家大数据战略，以及运用大数据提升国家治理现代化水平，阐明了其中深刻的大数据观。2013 年 7 月，习近平视察中科院时指出，大数据是工业社会的“自由”资源，谁掌握了数据，谁就掌握了主动权；2015 年 12 月，习近平在第二届世界互联网大会上指出，要大力实施网络强国战略、国家大数据战略；2016 年 10 月，习近平在主持中央政治局第 36 次集体学习时指出，要建设全国一体化的国家大数据中心，推进技术融合、业务融合、数据融合；2017 年 10 月，习近平在党的十九大报告中指出，要推动大数据和实体经济深度融合；2017 年 12 月，习近平在中央政治局第二次集体学习时强调，要运用大数据提升国家治理现代化水平，明确提出“要建立健全大数据辅助科学决策和社会治理的机制，推进政府管理和社会治理模式创新，实现公共决策科学化、社会治理精准化、公共服务高效化。”① 由此可见，习近平同志从时代发展潮流和国家宏观发展的高度出发，将大数据和国家治理现代化相结合，清晰地勾勒出我国推进国家大数据战略和国家治理现代化的宏伟蓝图，同时，也为运用大数据推进政府治理现代化的实施明确了方向和要求。主要体现在以下 6 个方面：一是要明确路径，就是要以推行电子政务、建设智慧城市等为抓手，着力做好数据集中和数据共享工作，推动技术数据与业务的相互融合。二是要搭建平台，破除信息壁垒的障碍，统筹建设覆盖领域广阔、接入标准统一的共享数据平台。三是要增强协同服务能

---

① 《习近平在中共中央政治局第二次集体学习时强调审时度势精心谋划超前布局力争主动实施国家大数据战略加快建设数字中国》，《人民日报》2017 年 12 月 10 日第 1 版。

力，构建横跨地区、行业，纵跨层级、部门的全国数据协同管理体系，提高信息协同服务效率。四是要防范数据安全风险，运用大数据技术科学分析安全风险因素，提升对安全风险的预防和把控能力。五是要多元参与，加强政企合作、多方参与，加快数据共享在公共服务领域中的应用，有效整合对接社会数据资源，多元合作提升社会治理能力。六是要规范内容，通过管理和引导，优化互联网内容建设，构建互联网信息综合治理平台，营造清朗的网络空间。

二、大数据时代的政治诉求

伴随着大数据技术在社会中的应用日益广泛和深入，政府行政权力的运作机制和人们的行为活动都将受到极大的影响，并随之产生一系列变化，大数据时代新的政治诉求不容忽视。

（一）政府组织的虚拟化诉求

大数据已经对经济社会产生了重大影响，它形成了一个公共的巨大虚拟数据空间，能够使人们在其中创造自我生活体验。在虚拟的数据网络空间中，人们可以通过虚拟身份在空间中活动，扩大了人们交流互动的范围，有利于人们彰显自己的个性，张扬自我意识。公众通过数据虚拟平台产生的需求和影响力打破了政府传统的运行模式，网络化的虚拟政府正逐渐与客观世界融合为一体。政府需要在虚拟空间上整合资源，建立信用担保机制，其余各个社会主体在虚拟空间中可以自由地应用数据信息来实现自我价值。另外，虚拟化的政府能够充分利用各种数据资源，并减缓与政府旧体制之间的矛盾。例如，网民“屠夫”利用虚拟化的名字在“邓玉娇案”中起到了至关重要的推动作用①。他在网络上的呼吁间接变成了对政府的无形压力，政府迫于

① 谢光辉：《网络意见领袖作用机制研究——以凯迪社区“超级低俗屠夫”在“邓玉娇案”中的舆论引导为例》，学位论文，华中师范大学，2011，第1页。

虚拟世界的诉求，从而加快了对事件的处理效率。类似事件使得政府治理必须增强虚拟平台的建设，以及时回应来自网络民众的各种需求。

（二）应对网络政治监督的诉求

我国公众通过网络数据平台已经不再简单满足于对政治的单纯关注，而是已经逐步转向了政治干预和现实监督。不少网民为寻求公平正义的公共环境，已经开始有组织地通过新媒体技术不断向政府发出声音，针对政府在公共事件的处理、政府官员的行为举止、公务用车、公务接待等方面进行全方位的监督。在十八大以来政府的很多反腐倡廉活动中，因网络曝光而落马入狱的腐败官员数不胜数。例如，在 2009 年“杭州飙车案”中，在强大的网络质疑声下，警方向社会民众进行了道歉①。中国网民已经开始通过网络媒体与新闻媒体的强力传播对政府部门施加影响；通过网上听证会和网上征求网民意见等渠道进入政府日常程序，实施对政府权力的监督权，以及通过网络公知、大 V 的支持进而影响政府决策。

（三）权力运行的精细化诉求

大数据时代，广大公众的物质文化需求不断提高，对政府的社会治理能力和公共服务能力的要求也不断提高。政府传统的全能型管理模式已经很难满足公众的个性化需求，多元的民众需求不断要求政府提供更加精准的服务。但如何精简机构、提高行政效率是摆在政府面前的一大难题。利用大数据技术，数据共享、政务公开等工作使得政府简政放权变成现实。政府需要尽快掌握大数据技术的“相关性分析”“孤立点分析”等技术，积极推进实现智能化决策机制，了解公民在交通、医疗、教育等方面的个性化需求，制定精细化的措施，回

① 《杭州飙车案警方所称 70 码成最热网络新名词》，2009 年 5 月 14 日，http：//news. sina. com. cn/s/2009 - 05 - 14/104817813574. shtml。

应公众的各项诉求。

三、大数据时代公民权利的现实压力

（一）中国网民比例不断增高

大数据时代，互联网、移动互联网等网络与广大公民的一举一动息息相关，所以公民的主体可以称之为“网民”。我们对大数据时代政府治理现代化的研究就不得不重视网民的人员组成结构和诉求。根据中国互联网络信息中心第45次互联网发展状况统计报告（2020年4月）最新数据，2019年我国已建成全球最大规模光纤和移动通信网络，行政村通光纤和4G比例均超过98%，固定互联网宽带用户接入超过4.5亿户。截至2020年3月，中国网民规模为9.04亿，互联网普及率达64.5%，我国在线教育用户规模达4.23亿，较2018年底增长110.2%，占网民整体的46.8%；在线政务服务用户规模达6.94亿，较2018年底增长76.3%，占网民整体的76.8%①。中国网民中“平民阶层”的比例越来越高，网民话语权也越来越重。由于网民参政议政的程度日益深入，通过网络反映整体民意的可靠性也日渐增强。这就要求政府治理过程中要重视大数据及网络技术的应用，深入掌握广大网民的社会心理，从中折射出现实公众的心理活动，找准广大公民的政治诉求，有的放矢，提高政府治理的能力与效果。

（二）公众通过虚拟平台的自我呈现感增强

自我呈现通常指个人活动时自我展现的行为。网络的虚拟性能够让个人随意、随性地表现自我，这个虚拟的自我往往比现实中的自己更加率真、个性更强，甚至塑造一个完全不同于现实中的自我。这个现象正如美国学者马斯洛（A. H. Maslow）（1943）提出的需要层次

① 中国互联网络信息中心：《第45次互联网发展状况统计报告》，2020年4月。

理论[①]，通过网络的虚拟世界，每个人都拥有一个相对独立的领域，使自己敢于亮明自己的观点和立场。由于现实生活中，公众的个人诉求往往困难重重，彰显自我个性的平台往往少之又少，因此，很多社会民众都寄希望通过网络手段争取自己的权益，发出自己的声音。政府只有正确认识网民的自我呈现感，通过技术手段转变治理方式，才能与网民建立良好的对话平台，及时了解、解决民众的诉求，达到社会治理的目的。

（三）公众通过技术手段进行非理性宣泄增多

随着大数据技术的发展，视频、音频、图片等数据的传播变得非常便利，公民个人可以通过手机或电脑随时发布视频图像或个人言论。由于部分社会矛盾得不到及时处理，会使当事人产生很多非理性的情绪，并通过网络手段不负责任地发泄个人的怨气与不满，例如，泄露他人隐私、发布恶意造谣视频、利用黑客手段攻击网站等行为。因此，要求政府必须重视大数据技术的应用，并使之在政府治理中发挥良性作用，积极引导民众正确判断谣言、防范公共领域的技术犯罪、保障广大公民的正当权益、减少危害社会的公共事件发生。要通过大数据技术不断提高政府治理的能力，建立公共问题预警系统，及时预判有可能发生的问题，快速制定措施进行有效防范；要建立良性的互动平台，及时告知公众客观真实的消息，增强公众对政府的信任感，使政府和公众相互协作，达到共治的效果。

四、中国传统政府治理模式问题突出

尽管中国在政府治理方面取得了长足的进步，但距离现代化的社会发展需求及人民的期待还有着一定的差距，仍旧存在着很多问题。

---

① ［美］亚伯拉罕·哈罗德·马斯洛：《动机与人格》，许金生等译，华夏出版社，1987，第11—12页。

例如，传统的政府治理主要采取单向封闭式管理，习惯于依靠经验并通过定性分析进行决策，失误率较大；在公共服务方面往往是被动的、程序化的，很难做到根据群众的差异化需求进行主动的、个性化服务；在社会治理措施上主要以政府为主体的一元管制为主，缺乏多元协同治理的环境，社会及群众参与治理的渠道不畅；在政务运行方面，现代化手段应用水平不高，政务运行成本总是高居不下；在公共危机应急方面，往往采用“事后处理”的办法来缓解资源紧张和解决各种问题，有效防范能力较弱。因此，传统治理方式的弊端已经明显不能适应我国当前改革攻坚期的国情需要，应用大数据推动政府治理走向现代化已经势在必行。具体分析如下：

（一）科层制的组织结构影响行政效能

我国传统的政府组织结构可以看作是以科层制理论为基础的，开放性较差，主张不同部门职能分工明确，上下级职位之间等级森严，地方服从中央，下级服从上级，重视纵向的领导，忽视横向的协作。作为政府高层很难掌握基层的真实情况；作为中间层的政府部门也往往缺少横向对接，认识问题片面，难以有效发挥承上启下作用；而作为最基层政府部门，面对上级的各项命令，必须是无条件落实和执行，可谓是“上边千条线，下边一根针”，官本位、僵化、低效等问题成了各级政府的通病。这种垂直的政府组织结构已很难跟得上市场瞬息万变的节奏和人民日益多元化的需求，急需向扁平结构转变，将权力扩散到人民手中，让人民直接参与到各项治理工作当中。

（二）政府治理决策仍属于“有限理性”

目前，在我国政府治理当中，金字塔式的治理结构依然在很大范围内存在，政府主要依靠行政管理者的经验判断进行决策，往往因管理者的个人偏好和主观偏见降低了决策的正确性。虽然近几年逐渐将市场的竞争激励机制和企业的管理手段引入公共部门，减少政府规制，激发市场活力，但往往需要通过“合意”的过程来平衡多方群体利益①，决策过程错综复杂，效率低下。另外，由于统计技术的广泛应用，政府决策时往往运用采样调查、统计分析等方法来进行量化分析②。但这毕竟还是小数据分析的范畴，采样的数据毕竟有限，很难反映出整个事物的信息，甚至由于丢失细节而得出错误的结果。

（三）公民参与治理的程度较低

受传统政治文化思潮的影响，公民主体意识的树立比较迟缓，无论在思想观念、价值理念，还是行为活动中，公民参政议政的环境和氛围缺失。公民参与治理的制度建设仍不完善，人大、政协及信访等制度虽然已经存在多年，但在很多地方具体实施的过程中，还存在着一些形式主义，广大公民的真实诉求在一定程度上并未得到有效回应与解决。公民参与治理的渠道还不通畅，一些地方政府推行的公民听证、现场办公、市长热线等措施往往在执行过程中比较僵化，有时只是为了舆论宣传服务，并没有以解决实际问题为导向，广大社会公民认可度不高。

（四）政府单一治理主体格局问题严重

由于我国还处于社会主义市场经济的转型期，各级政府在很大程度上仍旧习惯扮演“家长”的角色，未能完全适应从“政府管理”到“政府治理”的理念转变，依旧在很多不该管也管不好的事务上大费周折。目前，在我国基本上还是由政府承担着治理的主体角色，甚至很多时候管控着本应由市场调配的资源，直接或间接地干预或控制着各种民营企业、社会团体及公民组织的内部事务。这种权力集

---

① 何增科：《政府治理现代化与政府治理改革》，《行政科学论坛》2014 年第 4 期，第 1—13 页。

② 金江军、徐靖、王伟玲：《政府大数据发展对策研究》，《中国信息界》2013 年第 9 期，第 62—64 页。

中、无所不包的“全能政府”，已经严重阻碍我国当前经济社会发展的步伐。另外，中国的社会组织、公共机构发展仍不健全，例如，我国的行业协会、商会均需要政府民政部门批准才能成立，很多业务都是在政府的委托下进行的。律师事务所、会计师事务所等中介服务机构发展严重不均衡，特别是偏远贫困地区的类似机构几乎是形同虚设，缺乏参与治理的平台与手段。国内的企业、社会团体及民众参与治理能力的不足，造成多元治理主体的作用难以发挥。

（五）政府治理监督机制不够完善

在传统政府治理中，决策的制定和实施的过程往往是不公开、不透明的，只有政府内部少数的高层管理者才了解某一政务工作的整个计划。因此，政府治理的决策与实施很容易被某些人暗箱操纵，社会组织及普通公众只能被动地遵从政府的决定，自身的合法权益被忽视；社会及公众的知情权与参与权均无法得到保障，更无法有效地对政府治理进行监督。因此，急需通过某种技术或措施，将政府治理过程展现在“阳光之下”，加大政务信息公开和数据开放力度，实时接受社会与公众的监督，确保政府治理过程的廉洁高效。

第二节　大数据“集量成智”的本质特性与“DW 神经系统模型”

人们对大数据技术的应用对政府治理模式转变具有深刻的影响。在大数据治理时代之前，历经“经验管理时代”和“小数据治理时代”。“经验管理时代”由于对数据价值的认识不足，以及收集处理数据的能力欠缺，政府主要采用经验总结的方式开展管理。在“小数据治理时代”，虽然对数据量化分析逐步重视，但主要依靠统计采样分析的结果来进行治理。这两种理念实际上都还是以“有限理性”

为基础来制定治理的方案。大数据的“全样本分析”“相关性分析”等特性将取代传统的“样本采样”和“因果关系”，为政府开展现代化的治理方式提供了支撑①。

一、从系统科学视角对大数据进行定义

随着互联网技术的飞速发展，在人和人、物和物、人和物之间产生了无处不在的联通，使数据信息可以广泛传递并实时交互共享。由于互联网的自我扩展特性，数据的产生应用迎来了爆发式的增长，一个活跃的、动态的、庞大的数据世界呈现在面前，大数据正在以始料不及的速度改变着人们探索世界的方式方法。无论是从大数据的5V特性，即 Volume（大量）、Variety（多样）、Velocity（高速）、Value（价值）、Vulnerable（易受攻击性），还是从“大数据是数据量大到无法用常规软件在可忍受的时间内分析处理的数据集”② 的定义看，均只是一种静态的、宏观的概述，都只是起到了描述性作用，并不能反映其任何价值取向，也很难揭示其本质属性。因此，从系统科学的视角对大数据进行分析归纳，提出一种系统的、动态的、开放的定义来结束这样的概念失语以及无标准的状态具有重要的意义。

从整体性原理看，大数据是由海量的单个个体数据共同构成的一个整体，大数据中的每个单个数据不是孤立存在的，而是有机地结合在一起。如果把单个的数据从整体中割裂开来，个体数据的应用价值将不复存在。同样，大数据作为整体，又离不开各个个体数据，如果没有这些个体数据，也就不存在所谓整体的大数据。例如，我们每个人的就医买药数据，如果割裂地去看，这些个人数据只会是凌乱的，

① 牛正光、奉公：《应用大数据推动政府治理现代化的 SWOT 分析》，《电子政务》2016 年第 1 期，第 97 页。

② 孟小峰、慈祥：《大数据管理：概念、技术与挑战》，《计算机研究与发展》2013 年第 1 期，第 146—169 页。

如果把每个个体数据放在一起看，就会发现某种高发疾病，或是流行病，或是地方病。但是传统的小数据分析往往是随机抽取的，相互之间是孤立割裂的，分析的精确性与随机性关系密切，而与数据的整体数量大小关系不大。

从开放性原理看，大数据要分析的是与某事物相关联的所有数据，趋近于全样本数据。这是一种遵循开放、动态地看待事物的理念，本质上是将待研究的数据视为一个开放的系统，数据的增减变化一直处于变动中，研究对象与其所处环境之间进行着信息和价值交换，数据永存，反复使用①。而小样本数据体现的是一种封闭、静态地处理事物的理念，阻断了研究对象与有关其他事物之间的联系，妨碍了研究对象在动态演化过程中重塑自身的可能性，数据用完即弃。

从层次性原理看，大数据研究对象的构成是多层次的，可灵活调整，将其作为母系统或子系统，而这些数据区分的层次之间都是相对而言的，相对区分的各个不同层次之间的数据又是相互关联影响的，不单单是相邻的上下两层之间的数据相互影响、相互制约，而是多个层次之间的数据相互作用、相互联系。而“小数据时代”经典统计学的基本要求是数据方向单一，数据功能单一，数据来源渠道单一。

从自组织性原理看，大数据系统可以自己走向有序结构，各要素之间发生非线性相互作用，并引起系统朝着新的方向演化。大数据系统处在自发运动、自发组织、自发成型的过程之中，遵循相关性原理，全样本确保了研究对象的客观性②。而小数据分析割裂了研究对象，只是选取了某个片面的样本进行研究，按照预先设计的理论强加

① 宋海龙：《大数据时代思维方式变革的哲学意蕴》，《理论导刊》2014 年第 5 期，第 88—90 页。

② 朱江涛：《关于大数据的系统哲学思考》，《中国高新技术企业》2016 年第 4 期，第 17—18 页。

给研究对象，带有很强的主观规定性，强调因果关系。

综上，通过从系统科学视角对大数据内涵的梳理，在这里我们对大数据重新进行定义，即认为大数据是由海量的、分层次的、相互纠缠的全数据集组成的具有自组织性的、动态的、开放的大系统数据集（如图 3－1 所示）。那么大数据到底有多大？答案就是每次解决目标问题所需的相关的足够全的数据。

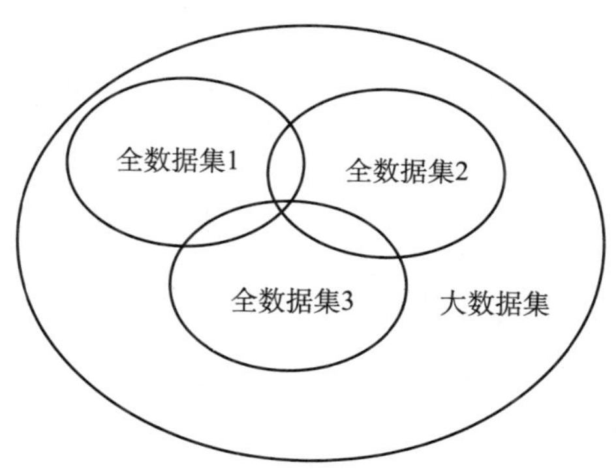

图 3－1　大数据集模型

二、基于大数据的“DW 神经系统模型”

大数据时代，无论是政府机关、工矿企业，还是社会机构、民众个人，都成为数据的产生者，形成了一张巨型的数据网覆盖在社会的每一个角落，这对传统时代依靠经验进行治理的模式和依靠采样分析进行治理的模式均提出了亘古未有挑战，急需一种新的范式来满足大数据下的治理需求。图灵奖获得者吉姆·格雷（Jim Gray）在 2007 年曾提出，数据密集型科学正在从计算科学中分离出来，成为科学研究的第四范式①。而以计算科学为代表的仿真研究被人们称为第三范

① 王元卓、靳小龙、程学旗：《网络大数据：现状与展望》，《计算机学报》2013 年第 6 期，第 1—11 页。

式。另外还有两种范式，一种是以理论分析为代表的定性研究，另一种是以实验为代表的经验研究①。第四种范式与传统的三种范式不同，可以收集接近全数据的样本进行分析，而不再依赖随机采样。这种范式只需关注数据间的相互关联性，不用再苛求数据的精准性，也不用在意数据之间的因果逻辑，为新的政府治理方式提供了研究的前提。

为了突破治理中“有限理性”的束缚，人们开始重视大数据在治理中的应用，努力从数据海洋中寻找出有价值的规律来作为治理时能产生作用的智慧。20 世纪 40 年代，美国“研究与发展”项目（RAND）成立了最早利用数据分析为政府决策提供服务的非营利性机构。20 世纪 60 年代，IBM 公司的 360 计算机使管理信息系统名声大噪。如今，由于云计算等技术的发展在一定程度上降低了“数据”的成本，数据成为社会各界推进治理现代化的着力点。20 世纪 80 年代，拉塞尔·阿克夫（Russell Ackoff）提出了“数据—信息—知识—智慧”（Data-Information-Knowledge-Wisdom）关系的“金字塔”模型②，首先人们在获取到大量的数据后需要对其整合分析，提取出来有用的信息，并将信息归纳总结成理论知识，最后在应用当中产生指导实践的智慧。“DIKW 金字塔”模型在传统数据时代，能够较好地说明“采样分析”情形，但是面对不计其数的大数据时，传统采样分析等统计方法将不再是最有效的方法，因果逻辑关系隐藏在数据系统当中，成了一种彼此关联的相关性，因此只要有相互关系的数据，就能发现过去的科学方法发现不了的新规律。

大数据具有追求全样本、接纳混乱性、关注相关关系等特点。当采集的数据多到接近于研究目标的全部样本数据时，利用数据之间的

---

① 牛正光、奉公：《基于大数据的公共决策模式创新》，《中州学刊》2016 年第 4 期，第 9 页。

② Ackoff R. . From data to wisdom [J]. Journal of Applied Systems Analysis, 1989 (16): 3 –9.

相互关联性便能寻找到很多隐藏在数据中的有价规律，可以让人们不再探究“因为啥”的逻辑，而是直接获取“这是啥”的智慧。大数据时代，面对全样本数据解决问题时，已不必再严格遵循拉塞尔·阿克夫（Russell Ackoff）曾提出的“金字塔”式的机制，“数据—信息—知识—智慧”的逻辑关系变得不再重要。人们不用再对特定的数据进行采样来收集有用的信息，也不用再针对这些信息建立数学模型来分析获得知识，更不用将知识反复实验校正才能拥有指导实践的智慧；而只是针对待解决问题，直接通过分析全样本数据中隐藏的相关性，就能智慧地发现“直截了当”解决问题的新规律。因为从大数据技术的视角看，数据与数据之间存在着一种相互纠缠的相关关系，并替代了传统所谓的“因果关系”。海量数据集聚和相互作用的过程，正是实现数据创造智慧的过程，即“集量成智”。“集”是指通过互联网等技术对海量数据的收集、存储和集聚；“量”对应的是数据量的大、类型量的多、速度量的快；“成”对应的核心是大数据的分析处理过程所引发的质变；“智”就是解决问题的智慧。“集量成智”是一个从量变到质变的过程，当数据未集聚时，也许无人能懂这些“碎片”数据所隐藏的信息；但随着数据的集聚与积累，特别是临近与某一待解决问题相关的整体量时，这些“碎片”数据整体所呈现的规律就会自动显现出来，并成为指导解决问题的依据。

正如我们熟悉的生命体的神经元系统那样，当对单个的神经元进行分析时，其功能普通无奇，但当庞大数量的神经元组成整体的复杂网络时，却能够表现出强大的功能①。大数据与神经元一样，具有自组织、自适应、自学习的本领，并通过高度非线性的动态过程，实现了“集量成智”的质变飞跃。另外，产生的这些智慧也将转化成新的数据，并与之前的其他数据一同再次作用，产生新的智慧，我们称之为“数据—智慧”（Data-Wisdom）的“神经系统”

① 牛正光、奉公：《应用大数据推动政府治理现代化的 SWOT 分析》，《电子政务》2016 年第 1 期，第 98 页。

模型，并且认为DW神经系统模型将替代传统的DIKW金字塔模型（如图3－2所示）①。智慧是数据互联协同作用的结果，数据是互联的数据，互联是数据的互联，大数据是广泛互联、作用，并不断产生智慧的海量数据。当然，这种“智慧”并不是解决所有问题的“万能钥匙”，因为“智慧”与数据量，以及收集、处理数据的技术有着密切的关系，即大数据的“大”是相对的，是与所关注的问题相关的足够大的数据。

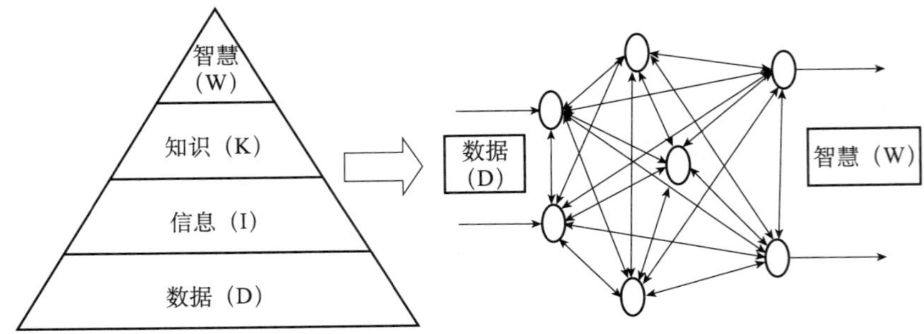

图3－2　DIKW金字塔模型向DW神经系统模型的转变

第三节　大数据的社会价值属与政府治理现代化的价值关联

近年来，数据种类和规模与日俱增，海量数据被集中存储、处理已经成为趋势，政府及社会对大数据技术的需求越来越大，数据已经成为一种不可或缺的资产。分析大数据的特性，能有效促进政府治理在多元化、扁平化、协作化等方面的发展，并逐渐在政府治理现代化过程中承担起越来越重要的作用。

---

① 牛正光、奉公：《基于大数据的公共决策模式创新》，《中州学刊》2016年第4期，第7—11页。

一、大数据的社会价值属性

（一）数据的开放、共享和交互回应性

大数据时代，信息公开、数据开放、数据共享的程度不断提高，各类数据在经济社会生产生活中的应用更加广泛。数据已成为一种重要的资产和资源，任何组织或个人都可以拥有数据所有权，进行交互、共享。大数据时代，搜索平台、论坛、微博、微信等社交媒体在当前应用广泛，能够实时传播大量数据，并双向传递信息，甚至多方进行数据共享，实现多方交互性①。

（二）数据的相互关联性

利用大数据技术对社会机构和民众生产生活的行为数据进行分析，能够发现数据之间紧密的关联关系，然后通过相关性分析找到事物发展的规律，进而预测未来②。在大数据时代，我们不用再纠结事物之间的因果逻辑，只需要了解事物之间相互关联的关系，就能指导社会实践。相关关系虽然不能够精准地解释事情发生的原因，但是它会告诉我们某事将会发生或正在发生。大数据将告诉我们“是什么”，而不是“为什么”。

（三）数据的全样本性

大数据技术能够对海量数据进行集中、实时地处理和分析，能够针对目标问题采集足够全的数据作为样本一起处理，具备处理和分析近乎全部数据的能力，这种全样本性可以避免传统采样分析丢失信息

---

① 唐斯斯、刘叶婷：《数据治理推动政府治理创新》，《中国发展观察》2014年第5期，第32—34页。

② 刘叶婷、唐斯斯：《大数据对政府治理的影响及挑战》，《电子政务》2014年第6期，第20—29页。

细节的弊病，从整体相关性角度进行一种智能化的预测。因此，人们可以利用大数据技术轻松地掌握目标对象的细微活动轨迹，并对与这些反映轨迹的海量数据进行及时处理和分析，得出重要的价值信息。

（四）孤立点分析性

孤立点分析就是从大数据集中找出和期望值有显著变化的离群数据，孤立点分析得出的意外规则有较高的置信度。譬如，对某品牌食品在不同超市的市场价格进行分析和监管，如果发现某超市出售的价格明显低于其他大多数超市的价格时，我们可以从中判断该超市出售的食品极有可能是伪劣产品。

二、大数据的社会价值属性与政府治理现代化的关联关系

大数据的时代特征构成了现代政府治理的外部环境，大数据技术的很多特性已被广泛应用到政府治理领域当中，两者之间存在着先天的价值关联，并越来越引起学界的关注和重视。概括而言，主要有以下几个方面：

（一）大数据的“共享交互性”与治理工具的“理性”

大数据的“共享交互性”主要表现在网络技术广泛、便捷的应用性，特别是云计算、物联网技术、5G 移动技术的发展，使网络技术的实用性进一步增强，无论是政府机构、社会组织，还是普通民众都能够很方便地使用网络，进行视频通话、网络监控、传递信息、发表言论、分析数据，并被网络连接在一起，成了一个整体。政府运用大数据工具，可以将自由、平等、互助、合作的价值观念融入政府治理当中，通过优化政府治理工具，达到创新政府治理机制、提高决策水平、提高公共服务能力的目的。大数据技术的发挥，正是政府治理工具的“理性”体现，也为政府治理应对扁平化的治理对象提供了

坚实的技术保障。

（二）大数据的“全样本性”与治理范围的“模糊边界”

大数据的“全样本性”表现为大数据技术处理的数据样本能够接近样本的总体数量，这样使得研究对象的范围达到一种“无边界性”。大数据技术能够通过对尽可能全的数据进行综合处理分析，借助数据之间的相互关联关系，挖掘出隐藏在数据中的规律性结论。而政府治理理念正是要将社会机构、公共组织、工厂企业、广大公众统一纳入一张扁平的网络中进行协同治理，治理边界逐渐模糊。应用大数据进行政府治理，显而易见能够使政府治理的对象显著扩大，遍布所有需要公共管理和公共服务的领域，实现政府、社会及个人共同参与治理的目的。大数据技术为政府治理提供了基础性的技术支撑，加快了治理理念由理论层面向实践层面的迈进。

（三）大数据的“多中心”与治理主体的“多元性”

政府治理有别于政府管理的标志性特征就是治理主体的多元化，政府治理将摒弃传统政府从上至下的垂直管理结构，构建政府与社会及公众多向互动的扁平状治理结构。政府和社会机构及公共组织都可以成为治理主体，治理组织的建立依靠各个治理主体的共同参与，治理决策需要通过多方的自由磋商，各个成员都有参政议政的机会。大数据作为一种资源，无论是谁拥有了数据的所有权或使用权，都可以拥有话语权，成为权力的中心。大数据时代，政府可以充分利用数据网络平台，让社会各界都发出自己的声音，为政府提供广泛而真实的意见和建议。政府不再是唯一的权力中心，社会各界及公众都可以在治理中占有席位，并发挥权力中心的作用，形成民众与政府间更为便捷和紧密的互动效果。

（四）大数据的“自组织性”与治理机制的“契约性”

大数据可以被看作是由海量数据无序组成的一个集合，其中的每个数据既独立存在，又与其他数据相互影响，数据之间有着很强的自组织性，在对大数据集合进行分析时，有相关性的数据会自动相互组合，呈现出具有价值的规律。政府治理也是一种政府与社会各界相互合作的理念，需要各个主体之间通过合意达成一种契约性的共识，并成为大家共同遵守的准则。因此，大数据与政府治理都需要使内部的个体自觉遵守规则，既各自发挥作用，又相互组团发挥作用，达到合作的默契。政府治理的主体与对象，可以通过数据网络进行互联互通，通过治理机制，使大家自觉建立起一种规则，以达到共同参与、共同受益的效果。

（五）大数据的“个体性”与治理资源的“彼此依赖性”

在数据互联的平台上，只需要通过简单的注册，任何组织或个人都可以成为成员。在当前复杂环境的背景下，由于不同的行为主体拥有不同的资源，单独一个行为主体很难做好一个较大的公共服务工作。因此，在公共领域的政府治理对各种不同资源产生了较强的依赖性，需要政府、社会组织、广大民众相互协作，形成一种“共同治理”的形式。大数据时代的个体性源于这样一个多元、平等的平台，并在上面更便捷、更直接地相互传递数据信息。当打造服务型政府日益成为现代政府重要的执政目标的时候，治理就成了一种政府与社会各界资源的合作，在“彼此依赖”的共治中实现最大的社会效益。

第四节　大数据对政府治理现代化的影响

在大数据时代，政府、社会组织及广大民众均可以有效利用数据资源进行处理，通过对动态的、相互关联的海量数据进行分析，实现数据的智能化利用；政府通过加大数据开放力度，构建多元合作治理，推进精准化管理和人本化的公共服务，利用数据进行科学化绩效评估，提升政府组织运转和人员工作的效率，进而节省成本，实现政府的科学治理。但与此同时，机遇与挑战并存的大数据时代给政府治理现代化带来的风险同样不容忽视。

一、大数据对政府治理现代化的支撑作用

政府治理主要包括治理制度、治理结构、治理机制、治理工具、治理职能和治理管控等方面，大数据将为政府治理这 6 个方面的现代化提供重要的支撑作用。

（一）促进治理制度更加规范

传统的政府管理主要应用强制性的公权对各方面进行控制，更多表现的是管制。治理则是社会各界通过协商、意合手段来建立共同遵守的规则。大数据技术，可以及时了解公共社会运行的实时数据，提高政府公共服务的针对性，建立服务型政府，推动以人民为中心的治理格局，各级政府和官员树立民本位、社会本位、权利本位的思想，营造服务至上、公正公平的治理氛围。大数据推动的政务公开将进一步精简行政审批中的各项事项，最大限度减少和规范项目审批的各项前置手续，促使政府依法行政，减少个别政府官员“吃拿卡要”的机会。大数据支撑的信息平台，有利于政府在制定各项政策、法规的过程中，主动号召公民参与，广泛利用信息媒体进行听证和征求意见，确保政策制定的合理性。因此，大数据技术有利于促进规范的治理制度，使治理理念从“管制”走向“服务”，行政过程从“人治”走向“法治”，政策制定从“保守”走向“合理”。

（二）促进治理结构更加优化

政府治理结构是协调政治委托人与代理人之间的责、权、利关系

的一系列制度安排[①]。当前，构建政府、社会组织、社会公众多元主体共同治理的结构已基本成为共识。在大数据背景下，大众媒介已成为公众诉求的重要表达渠道，公民除了通过听证会、意见簿等方式，还可以通过手机、电脑、微博、政府门户网站、市长电子邮箱等电子手段表达自己的诉求，在政府治理中发挥作用。同时，政府也利用网络技术及时与公众互动，掌握公众反映的问题，出台相应的办法解决问题，从客观上实现公众发挥治理的主体作用，使传统的政府单一治理主体逐步向公众及政府多元的治理主体转变，治理客体也更为复杂，涉及了政府部门、社会组织、民营企业、各类群体及公民个人。在横向的公众、社会组织、企业等均能够发挥治理主体作用的情况下，将打破政府传统的金字塔式的垂直治理结构，逐渐使治理结构向扁平化发展。因此，大数据技术有利于促进优化治理结构，使治理主体从“单一”走向“多元”，治理结构从“垂直”走向“扁平”，治理客体从“简单”走向“复杂”。

（三）促进治理机制更加完善

政府治理机制是规范政府和公民在治理过程中行为的规则和程序的总称。大数据有利于构建合作的网络结构，形成多元主体的共同治理体系；有利于拓宽与其他社会组织广泛合作的渠道，加强民间组织自身的能力建设，发挥民间组织的协调作用，使协同合作成为政府治理现代化中的新常态。大数据将加快促进市场资源的配置，进一步处理好政府与社会的相互关系，让市场承担起分配资源、平衡权利的作用，促使政府分权于市场、分权于社会。政府向社会放权，着力解放社会生产力和释放社会活力，扭转政府在公共治理领域过度揽权的机制，把宜由社会团体组织承担的职责转移出去，积极培育中介组织、民间组织在公共治理中的作用。另外，政府通过网络开通的市长信箱

① 吴金群、耿依娜：《政府的性质：新制度经济学的视角》，《浙江大学学报（人文社会科学版）》2008 年第 2 期。

等平台，可让个人发表自己作为公民的意愿或建议，也可以让民众起到对政府治理监督的作用。政府利用网络平台通过一定程序听取公众的诉求，这样也让公众参与到公共治理中的合法性在一定程度上得到承认。同时，杜绝在政务信息封闭的情况下，政府因某个人的意志而篡改、隐藏关键信息，做出违法、违规的决策。因此，大数据有利于促进政府完善的治理机制，使治理方式从“强制”走向“协同”，资源配置从“政府”走向“市场”，公众角色从“服从”走向“参与”。

（四）促进治理工具更加先进

政府治理工具是为实现政府对社会治理目的而采取的行动方法。大数据技术可以为政府政务公开提供技术支撑，使政府能够向社会发布最初始的数据。广大民众也可以利用现代化的网络技术手段及时获取这些数据，作为自己行为的参考依据。大数据时代，信息加工能力方面的限制被最大限度地减弱了，传感器的广泛应用和数据处理能力的提升为数据决策提供了大量实时而精准的数据，云计算技术为巨量的数据处理提供了空间。尤其值得关注的是，网络和数据平台使用的便利性在社会中被广泛应用，使政府通过数据了解更多社会民众的活动动态，更加及时地发现问题，更加精准地进行决策和处理问题。同时，政府治理不再受传统科层制的影响，不再是必须一级一级传达、一级一级上报汇总才能与社会民众建立联系，而是同步与社会建立起有效的沟通机制，使原来相对封闭的政府行政变得公开和透明。因此，大数据有利于促进治理工具更加先进，使治理信息从“封闭”走向“透明”，治理渠道从“经验”走向“数据”，行政沟通从“被动”走向“主动”。

（五）促进治理职能更加科学

政府治理职能是反映政府履行自身职能的能力，如公共决策能力、宏观调控能力、行政指导能力等，政府各部门拥有庞大的数据，也组建有专业的人才队伍，并在处理运用数据方面具有专业能力。例如，发改部门拥有经济社会运行的各项指标和数据，商务部门拥有外经、外贸、资金引进的各项动态指标数据，民政部门掌握社会民生的相关数据等。政府可以利用这些数据分析出各个领域出现的问题，及时做出客观的公共决策，并针对具体问题制定精准的措施。政府也可以从数据中发现即将发生问题的趋向，针对社会治理中民众的差异化需求，主动出击，提供精准的个性化服务，提升公共服务的整体层次和水平。因此，大数据技术有利于促进科学的治理职能，使公共决策从“主观”走向“客观”，社会治理从“粗放”走向“精准”，公共服务从“迟缓”走向“高效”。

（六）促进治理管控更加精细

政府治理管控包括政府各项监管和防控工作，涉及危机预警、权力监督和绩效考核等任务。政府运用大数据技术，可以对各项治理工作的过程进行实时监测，海量数据的计算可以帮助政府对治理的多项环节同时进行监测，实时预防危机发生，并针对突发事件进行精准的应急管理。同时，大数据支持的政务公开和公共管理者个人财产公示、公务消费报销监管等措施有力地加强了对权力的监督，使公权在阳光下运行，有效地推动了反腐倡廉工作。另外，政府对数据定量的分析将有利于增强政府绩效考核工作的准确性和科学性，大数据技术可以实现对数据的实时记录，杜绝了在评估工作中弄虚作假的可能性，保证了考核工作的公平与公正，有利于政府部门切实提高治理水平和效率。因此，大数据有利于促进精细的治理管控，使危机预警从“定时”走向“实时”，权力监督从“局部”走向“全面”，绩效考核从“定性”走向“定量”。

二、应用大数据推进政府治理现代化的风险与挑战

目前，大数据本身的发展仍处于初级实践阶段，很多关于大数据的

理论与特性还需要在不断实践中进行检验。将大数据纳入政府治理现代化体系，同样需要在探索过程中客观审视、全面分析，特别是由于大数据自身技术伦理引发的相关治理问题和治理风险，更需要加强重视。

（一）数据异化容易引发政府治理失效

大数据时代，社会活动和公民行为可以通过数据来反映，政府依靠数据进行治理逐渐成为一种常态。随着大数据在政府治理中应用的广泛和深入，势必加大政府对大数据技术的依赖程度，出现“数据异化”现象。虽然人是数据信息的创造者，但是当人们对数据信息过度依赖时，将被数据所控制，由数据的主体变成数据的奴隶。当政府越来越崇信数据智能为政府治理带来的便捷，越来越习惯于把一切治理过程都交给数据时，新的治理风险将剧增，大数据技术的一点点故障便可能导致政府治理体系的“失效”。一旦数据出现问题或被病毒侵入，将通过网络迅速向其他电脑主机传递，造成与该数据有关的所用应用发生故障，并且具有很强的无序性和不确定性。例如，众所周知的“千年虫”问题，在20世纪很多网络软件的年份日期都仅用两位十进制的数字表示，当跨世纪的年份变更时，年份“2000”全部变为了“00”，数据发生混乱，造成了国际上多地区、多行业的瘫痪，很多国家的政府工作系统失效，政府治理受到了严重影响。

（二）信息失真容易导致决策失误

大数据时代，面对巨大的数据量和繁杂的数据种类，数据的真实性很难甄别。虽说大数据技术本身就具有一定的模糊性，不再要求数据的绝对精确，但由于目前网络传递的速度极快，一些假数据信息会在一定时间内造成广泛的错误影响，并且会引发很多错误的规律，造成决策者错误的判断。另外，由于数据的开放性，我们难以确认受虚假数据影响的受害者，从而难以完全消除虚假数据带来的影响，并形成持续发酵的态势，危害时间较长。特别是在政府治理过程中，某些政府部门或官员为了政绩对数据进行瞒报、虚报，很多数据难以反映实际情况，却被官方大肆传播，并作为重大决策的参考指标，危害性极大。另外，在自媒体时代，很多个人缺乏职业道德约束，恶意造谣或发布虚假信息，而普通网民缺乏专业分辨信息真伪的能力，对一些虚假信息误信、误传，害人害己。往往一个虚假疫情的谣言就能让一个地区的多家餐饮门店倒闭；一条虚假的养生信息，就能让民众跑到超市哄抢绿豆或大蒜。这些问题都给政府治理带来了极大的困扰和难题。

（三）数据垄断导致权力寻租

大数据时代，数据已经成为一种价值巨大的资源和资产，谁占有大数据，谁就拥有对数据的使用权和买卖权，就能够将这些数据以资产的方式进行处置，并获取数据中蕴含的商业价值和收益。因此，数据资源的不均衡分配，容易引发一系列的社会问题。目前，对于不同地域、不同群体，其占有、使用数据的机会和挖掘数据利益价值的能力具有很大的差距，“数据巨人”和“数据侏儒”之间的“数字鸿沟”显著拉宽。虽然政府、企业、社会组织和民众个人都是产生数据的主体，但真正能够具有大数据分析和挖掘能力的机构或公司却屈指可数，政府虽然拥有大量数据的所有权，但自身专业处理大数据的能力低下，大多需要依靠第三方运作。民众个人拥有的数据资源既少又散，竞争力很低。所以，真正创造市场商业价值的往往是拥有数据云存储能力的数据垄断企业。无论是技术依赖，还是政府官员受贿，都很容易形成数据垄断企业“绑架”政府的局面，使政府在决策或制定政策时偏袒于某些大数据企业，造成权力寻租。

（四）数据安全隐私泄露风险较大

随着互联网媒体的发展，人们的工作、生活与网络的关系日益密切，网络支付、网络社交等都需要填写个人信息，人们的大量个人信息和隐私存储在网上，很容易被黑客攻击窃取。中国互联网信息中心

（CNNIC）发布的《2014 年全球中文钓鱼网站趋势分析报告》称，2014 年中文钓鱼网站达到 55063 个，给社会安全和公民隐私带来了极大风险[①]。应用大数据推动政府治理现代化，前提必然是要构建起尽可能全的公民数据库，因此，广大公民的很多活动将通过数据信息形式被实时记录监控。例如，安装在各个交通路口及公共场所的监控摄像头，虽然是为了预防事故和打击犯罪，但也在无时无刻地监视着无辜民众的行踪。民众的个人信息被监控的现象无处不在，使广大民众无形中处于“全景监狱”之中[②]。然而，政府在通过大数据技术对社会各界进行监控的同时，自身也面临着数据安全方面的隐患。另外，部分私人监控采集的信息也进行了数据联网，私人电话监听也时有发生。如果对公共监控处理不当，或肆意使用监控数据，很容易侵犯民众的个人隐私。而且，不法人员完全可以从海量的、看似散乱的、无关联的数据中，挖掘分析出涉及个人隐私的关联信息，从事非法活动。正如 2017 年 5 月爆发的“勒索病毒”事件，不法分子利用美国国家安全局泄露的危险漏洞“EternalBlue”对病毒进行传播，造成至少 150 个国家受到网络攻击，已经影响到金融、能源、医疗等行业，造成严重的危机管理问题。这给大数据时代政府信息安全工作敲响了警钟，但目前政府在规范政府采集应用数据、保护公民数据隐私等方面的政策法规还未出台，急需尽快完善立法，切实重视和加强数据隐私的保护工作。

小　结

本章主要介绍了大数据与政府治理之间的衔接关系，探讨了大数

① 周琳、张永刚：《大数据时代下政府治理现代化研究》，《生产力研究》2016 年第 5 期，第 112—115 页。

② 黄新华：《整合与创新：大数据时代的政府治理变革》，《中共福建省委党校学报》2015 年第 6 期，第 4—10 页。

据时代对政府治理现代化的需求，包括政治诉求，以及公民权利给政府带来的现实压力，梳理了传统政府治理过程中存在的问题。提出了大数据“集量成智”的本质特性与“DW 神经系统模型”，剖析了传统政府治理存在的问题，分析了大数据的社会价值属性与政府治理现代化的价值关联，阐释了大数据对实现政府治理现代化的影响作用，以及面临的风险问题。

第四章　大数据时代政府治理现代化的基本形态

大数据时代，数据技术不仅深刻改变着人们的思维理念和生活方式，也倒逼着各级政府对传统治理方式的革新，加快推进政府治理现代化进程，促进经济社会各个领域的转型发展。在此背景下，不断加强大数据对政府治理现代化形态影响的研究，既是各级政府应该做出的创新选择，也是值得理论界关注的一项重大课题。

第一节　大数据时代政府治理现代化的基本特征

政府治理现代化以开放的数据中心等设施建设为基础，以大数据处理与分析机制为支撑，以政府与社会各界组成的自组织系统的协同治理为核心，根据阶段性的治理目标，不断提高以人为本的政府治理能力。主要具有以下特征：

一、数据开放

大数据技术将有利于政府打破旧的科层制中的数据孤立、信息封闭、部门各行其是的现象，通过数据共享降低政府与社会各界的交流成本，利用数据的高速传递提高政府治理的效率。数据开放有利于促进政府的政务公开，使政府机构之间、上下级部门之间、行政区域之间共同利用数据资源，增强多方协作的机会，提高政府在公共领域的服务能力。

二、自组织运作

大数据技术实现了政府部门之间、政府与社会各界之间的有效关联，多方经过合意协调，形成一个自组织系统。政府发挥宏观指导作用，制定大政方针和方向，其他社会组织按照各自领域的运行规则自主运转，遵照市场精神和契约精神，形成大家共同认可的公共规则，保证各项治理工作有序、健康运行。

三、以人为本

大数据技术打通了广大民众与政府之间有效沟通的渠道。每一个个人能够方便地参与到政府治理当中，民众的个性化需求成了政府治理目标中的重要组成部分。以人的需求为出发点，也成了政府治理现代化的典型特征。只有真正实现以人为本的根本目标，政府治理现代化工作才能得到社会各界的支持，才能受到广大民众的拥护，才能可持续地发展下去。

四、循序渐进

政府治理现代化是科技不断进步的结果。纵观国外发达国家的政府治理现代化建设，也都是伴随着技术水平的发展而日渐成熟。当前，我国的数据基础设施建设还不完善，大数据技术、信息网络技术的核心竞争力优势还不明显，因此，中国的政府治理现代化建设要尊重客观事实，立足技术基础和发展需要，制定阶段性目标，既要有短期计划，还要有长远规划，循序渐进、稳步发展。

第二节 大数据时代政府治理现代化的平台构架

基于对政府治理现代化的理解，概括出政府治理现代化的层次可以由“数据感应平台、数据处理平台、智慧决策平台、应用服务平台及运营保障平台”5 个部分构成（如图 4 – 1 所示）。

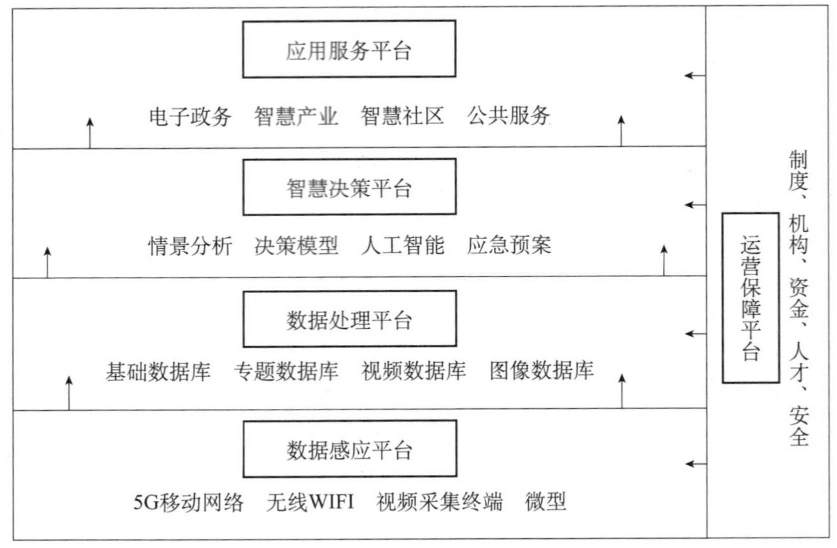

图 4－1 层次构架示意图

一、数据感应平台

数据感应平台主要包括数据感知单元和数据传递单元两部分。数据感知单元是指模式识别装置、视频采集器及音频传感器等数据采集装置与技术，通常称之为感知层；数据传递单元主要指摄像头、传感器、互联网、5G 移动网络、无线 WIFI 等设施。这些设备共同组成了政府治理现代化的数据来源，与社会基层紧密相连。

二、数据处理平台

数据处理平台主要包括数据储存、数据挖掘、数据处理与分析等环节。通过建设数据中心，提供运算大数据的硬件基础，然后通过数据库技术、云计算技术等对数据进行管理，针对不同的需求，进行个性化的处理与分析。这个平台为政府治理的现代化运行提供了技术支持，是政府治理现代化关键技术核心。

三、智慧决策平台

在数据处理分析的基础上，通过相关性分析、孤立点分析、数据痕迹抓取等技术手段，得出具有价值的规律，并通过可视化技术转化成人们可识别的信息，帮助政府进行智慧化决策，提高政府科学决策水平。

四、应用服务平台

针对政府治理的对象、应用领域和具体事宜，通过大数据分析，得出大数据决策的结果，制定有效的政府治理措施。例如，提高电子政务水平、提供智慧化社区服务、打造智慧产业、监控企业生产状况、处理应急突发事件等领域。通过应用服务平台，使政府治理现代化的目标得以实现。

五、运营保障平台

运营保障平台是数据感应平台、数据处理平台、智慧决策平台、应用服务平台发挥作用的前提，是政府治理现代化建设顺利实现的重要保证。运营保障平台主要包括制度的健全与完善、技术人才的培养、组织机构的设立、充足的资金支持、安全保护体系的建立等方面，构建完善的运营保障平台，是政府治理现代化持续开展的坚强后盾。

第三节 大数据时代政府治理现代化的数据技术管理体系

大数据为政府治理现代化提供了一种宝贵的实用性资源，政府治理当中所涉及的业务都可以通过数据信息来反映。对数据资源的利用管理，主要包括对数据记录、保存、传送的硬件设施管理和运算、分析的应用软件设施管理。另外，要建立数据开放共享的平台和机制，以扭转政府及社会机构间的信息封锁局面，使数据资源在治理过程中得到充分的应用。

一、数据信息技术基础

政府治理现代化将在政府、城市、社会信息化的原有基础上发展，因此，大数据成了支撑政府治理现代化的关键技术，融合了云计算、物联网、感知系统、互联网通讯、DSP 系统、模式识别等技术领域。通过建立算法模型，对产生的相关数据整体进行分析，实现与庞大数量实物建立联系，以便对治理中的具体工作产生作用。参与政府治理的各个单位可以根据自身需要，接受“大数据网”中的资源共享服务，以实现降低整体数据资源利用的总成本，提升政府治理的整体效率。因此，大数据技术是政府治理现代化建设发展的必要技术支撑，是存储数据、分析数据的核心措施。

二、主要特征表现

对数据信息的管理，是政府治理工作的重要前提，是实现治理现代化的必要载体。只有解决了数据收集的广泛性、数据分析的便利性、数据管理的有效性，才能保证政府治理现代化工作的系统性和可靠性。

（一）遍布城市角落的数据采集手段

由于各类感应器、记录仪等新兴数据采集设施的广泛应用，与人类生活息息相关的领域中，种类多样的信息数据无时无刻不被采集记录，数据量非常庞大，数据类型异常丰富，信息及数据的收集管理在各类数据库中交换中转，又彼此影响和作用。

（二）庞大数据信息的存储能力

多元信息库和终端采集技术的创新发展，捕获了海量数据信息，由于数据来源纵横交错，总量异常庞大，因此，只有具有超强的存储能力才能使这些数据被充分利用，发挥自身应有的价值。数据信息管理就是在原有存储方法和技术手段上，创造出功能强大的“云储存系统”。未来，储存能力将会是大数据时代和终端信息领域的必备要素之一。

（三）系统化的数据分析方法

数据信息管理体系需要运用大数据技术来处理和分析这些海量的数据，以获得研究目标蕴含的内在规律。当基于大数据的规律和价值挖掘变成一种主流思维，需要动员社会民众一同来开发数据资源，最大程度提高数据利用价值，将这些碎片化的数据系统化，在无序的数据和信息世界里寻找有序的连接，挖掘到可应用的价值。

（四）可视化的数据呈现方法

除了获得数据信息外，政府治理下的信息管理体系还承担了为公众开发知识，并使公众能够理解运用数据及知识的任务，使数据能够充分发挥其价值。随着数据可视化及可视分析技术的推广使用，数据信息管理体系在政府治理过程中，既要保证数据真实客观，还要从多维度通过分析、推理等方法为决策者提供服务。

第四节　大数据时代政府治理现代化的政务体系

政府治理的政务体系要在行政理念、组织结构、治理机制和管理程序上进行深入而全面的转变。治理主体、组织结构及流程设计是必须重视的环节。

一、治理主体

在政府治理现代化过程中，政府机构、社群组织及广大民众都起到了治理主体的作用，它们有着不同的职责与分工，却又相辅相成，政府承担着政策主导者的角色，社群组织和民众主要是治理需求的诉求者，这三者形成一个整体性的网络结构，如图 4－2 所示。

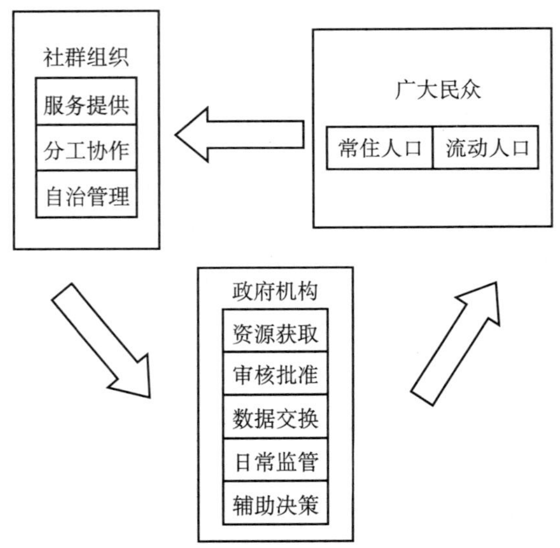

图 4－2　政府治理主体模型

（一）政府机构

在政府治理中需要具有统筹协调、高效服务、引导监督的特点，具体有以下功能：

1. 资源获取——用来与社群组织和广大民众进行互动对接，汇总社会各界的诉求和了解各种资源分配的状况；

2. 审核批准——对公众及社会组织的申请进行合法性审核、批准；

3. 数据交换——根据需求，对各部门之间的数据进行汇总、交换；

4. 日常监管——对整个社会的日常运行情况进行动态监管，提高政府部门工作效率；

5. 辅助决策——通过数据分析辅助政府部门进行决策，引导社会有序发展。

上述各功能模块的责任权限相对清晰，信息获取、审核批准、动态监管、辅助决策等功能协同运作，相互制约。

（二）广大民众

广大民众是需求提出的主体，是政府部门服务的主要对象。广大民众是数据信息的源泉，需要建立完整的常住人口基础信息库和流动人口信息数据库，并与地理空间信息平台融合共享。

（三）社群组织

治理环境日趋复杂，以往金字塔式的政府机构已经远远满足不了现有的政府治理职能。这就需要各类社群组织充分融合、通力合作，为政府部门补充和完善公众数据信息，提供更加优质便捷的服务。

二、组织结构

根据高效的数据处理原则，政府治理现代化可以看成“网络系统”结构。网络系统主要有两方面作用，一是能够迅速捕捉事件的发生地点，并查询事件相关信息；二是通过政府延伸到社会基层终端的触手来方便市民办事，使政府与市民的接触更直接。政府治理部门的具体组织结构如图 4－3 所示。

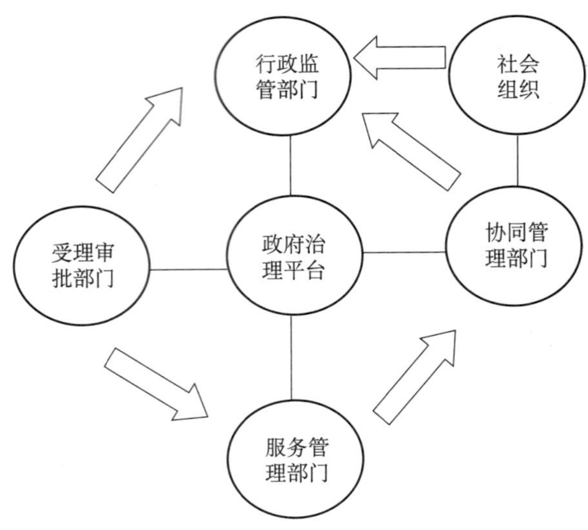

图 4－3　组织结构图

可以看到，在政府内部主要分为受理审批部门、服务管理部门、行政监管部门、协同管理部门四大核心部门。

（一）受理审批部门

主要职责是作为各部门业务受理窗口，受理和分析政府治理中的各类事件，对相关行政事务审核批准，并对与审批相关的事务流程进行管理。

（二）服务管理部门

主要职责为对政府服务行为进行分析管理，统一处置公众的服务要求，做好各类公共服务分配管理工作，并协调社会组织完成公共服务。

（三）行政监管部门

主要职责是对政府治理过程实施动态监督和对问题信息实时采集，对政府治理中出现的问题进行监督管理。

（四）协同管理部门

主要职责是统一处置服务管理部门所产生的服务要求，并协调社会组织来完成公共服务。

这些中心都是同级的，相互之间通过政府平台来协同工作；这些中心都是以事务为主线，面向事务对象在中心内部设置若干小组来进行管理。

三、流程设计

从图4－3可以看出，在上述组织结构中，政府在治理现代化的背景下，承担的是数据信息归集、交换，连接平台的中介作用。实现自主治理，需要缩短信息在政府内部管理部门之间的流通时间，简化政务处理流程，并利用行政监管部门对每个处理结点的相关情况进行监督管理，具体如图4－4所示。

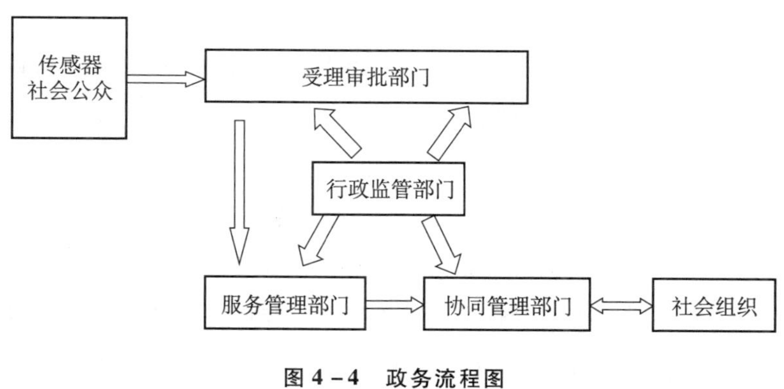

图4－4　政务流程图

第五节　大数据时代政府治理现代化的主要驱动要素

政府治理现代化可以看作是数据技术变革的产物，也将会深深影响到人们的物质文化生活。目前，政府治理现代化已经进入了公众的视野，政府、企业、科研院所都对这一新课题和新领域报以极大的兴趣。但政府治理现代化的理论构架和具体实践都还在起步时期，因此，关于政府治理现代化建设的驱动要素研究变得极为迫切。政府治理现代化的驱动要素大致分为三个方面：一是投资驱动，二是创新驱动，三是服务驱动。

一、投资驱动

大数据技术的处理与应用，不仅包括基础设施等硬件的建设和处理分析等软件的开发，还包括治理体制和组织结构的重塑，在成本和难度方面均存在较大挑战，需要投入大量人力、物力、财力。基于大数据的政府治理现代化建设由谁主导投资、如何投资，成了政府治理现代化建设避免不了的路径选择。除了政府之外，企业、社会组织等自治主体在资本实力和应用大数据技术方面均具有各自的独特优势。政府唯有加强与企业、社会组织等之间的合作，共同承担资金投资，共享数据资源，共同开发数据价值与红利，才是推动大数据时代政府治理现代化建设的根本出路。因此，可以得出一个共识，那就是投资模式既包括政府部门单独的投资，也包括政府与企业合作投资，如BT模式、PPP模式等；另外，还包括企业单独投资等方式。政府单独投资的领域主要是机房、数据中心和网络中心等基础设施建设；政府与企业合作投资主要是针对产业智能化领域；企业单独投资主要是大数据技术及个性化产业服务的领域，如表4－1所示。政府投资，主要是为了指方向、引路子、打基础，而企业投资可以激活市场化运作，使建设机制更加灵活[①]。

---

① 邹佳佳：《智慧城市的建设途径与方法研究》，硕士学位论文，浙江师范大学，2013。

表 4-1　投资驱动型路径

投资主体	领域	主要内容
政府投资	公共基础设施建设	包括网络基础设施、IDC 基础设施、一站式空间信息采集系统、云操作系统服务平台、政务信息资源库整合、政务地理空间信息资源共享与服务平台和灾备中心
	绿色园区板块	包括数字化城管系统、地下管网、园区环境监测等
	平安园区板块	包括园区应急指挥和安监应急管理等
政府与企业合作投资	园区服务板块	包括园区科技统筹服务系统、园区企业征信服务系统等
	社会民生板块	包括智慧社区专项工程、医疗卫生服务系统、园区公众信息服务门户、智能交通系统等
企业独立投资	产业服务板块	包括园区个性导游服务系统、园区企业服务系统等

二、创新驱动

依靠创新驱动的政府治理现代化建设也是一种重要的要素。首先，要在大数据技术及信息技术应用的基础上，加强创新机制的建设。一是在基础设施建设方面的创新，重点做好科技创新孵化平台、教育培训基地、情报信息中心等设施的建设；二是在治理服务机制方面的创新，重点做好服务理念、服务工具、服务模式的创新等；三是在人才队伍方面的创新，重点是对人才引进机制的创新和人才培育模式的创新。

其次，政府要引导各类治理主体合理有效地参与数据技术的创新和数据价值的开发。在协同治理中，政府的主要作用是担任好服务者的角色，积极转变角色，主动开放数据，为其他治理主体提供数据信息公开平台，以引导他们准确、客观地传播信息，使政府自身既成为公共数据信息平台的建造者，又成为数据传播秩序的维护者、网络和舆论走向的引导者。其他每个治理主体都要充分发挥其自主能动性，各自承担好相应的创新职责。政府可以采取外包或者购买的方式，激发企业、社会组织及个人的数据研发与创新能力，加快大数据价值的挖掘，以大数据技术创新驱动政府治理走向现代化。

总之，政府要以平等的身份与其他治理主体建立合作伙伴关系，充分发挥创新驱动方面的作用，加快推动政府治理结构的优化、产业层次的升级、生产效率的提高，增强经济社会发展的核心竞争力。

三、服务驱动

该要素需要做好两个层面的工作，一方面是面向社会治理来讲，利用大数据技术及现代信息技术平台，不断完善政府治理的各项职能，提升政府行政水平，使政府治理措施更智能、更便捷、更高效；另一方面是对公共服务来讲，指的是利用大数据基础设施和技术服务网络，解决普通民众的生活起居、寻药问诊、就业上学等问题，提升公共服务水平，使民众生活更加舒适便利，使幸福指数进一步提高。因此，服务驱动主要是围绕公众的实际需求，不断创新政府治理机制，提升公共治理能力和公共服务能力，使民众成为政府治理现代化的最大受益者，如图 4 –5 所示。

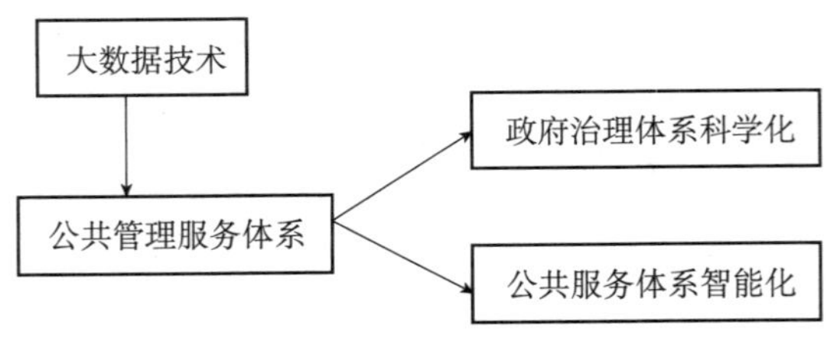

图 4 –5　服务驱动政府治理现代化

小　　结

本章主要讨论了大数据影响下的政府治理现代化的含义，以及数据开放、自组织运作、以人为本、循序渐进等基本特征。基于大数据的政府治理现代化主要表现在政府治理结构、治理机制、治理职能、治理工具、治理能力和治理评估等方面的现代化。在基于大数据的政府治理现代化建设过程中，需要综合考虑投资主体、经济基础、创新实力、服务需求等各个方面。研究了大数据影响下的政府治理现代化的基本平台构架，提出了数据感应平台、数据处理平台、智慧决策平台、应用服务平台及运营保障平台五大平台。阐释了基于大数据的政府治理现代化的数据信息管理体系及政务体系。政府治理现代化的建设路径主要包括投资拉动、创新驱动、管理服务等方面的路径。目前，我国地方政府治理现代化建设的主要思路大多是以上几种途径的综合，其总体思路是以大数据技术为支撑，以政府投资拉动为主体，以制度创新和服务创新为导向，以提升公共服务能力为目标，加快推进政府与社会协同发展的治理体系。

大数据时代政府治理现代化评价体系
Chapter 5

第五章　大数据时代政府治理现代化评价体系的理论框架

大数据技术能够大幅度降低政府治理的运行成本，提高政府治理的能力和效率。通过数据信息的联通，能够有效促进政府与社会团体的共同参与，重建政府与社会各界之间的合作关系，推动政府在治理制度、治理结构、治理工具、治理机制、治理职能、治理管控6个方面的创新，加快达到现代化水平。因此，大数据时代对政府治理现代化的评价，同样需要着力于对治理制度等6个方面系统的评判，特别是要明确评价体系和指标测度。

第一节 国内外治理评价指标体系的分析与比较

科学化的治理评价体系有助于政府治理现代化进程，而治理评价科学化的关键在于评价指标的科学化。因此，对中外现有的一些治理评价指标体系案例进行分析与比较，将有助于总结和梳理大数据时代政府治理现代化评价体系的构建。

一、国外治理评价指标体系

（一）世界银行治理评价指标体系

世界银行组织自1999年开始，组织相关专家进行世界范围内的治理体系评价指标构建研究，截至2012年，“The Worldwide Governance Indicators”（简称“WGI”）[①] 已经运行近15年，这套评价指标主要从6个维度对国家治理进行评估，一级指标体系主要包括问责制和公民话语权、社会稳定和犯罪预防、政府有效性、公共服务质量、法制和防止腐败。在此一级指标体系下，二级指标的评价侧重点主要

① World Bank. The World Governance Indicators, 2013 Up-date [EB/OL]. http: // www.govindicators.org, 2014 - 02 - 16/2016 - 07 - 31.

由两大部分构成，首先由专家团队对公民自由和权利受到尊重与否、政治暴力对政府的影响程度、公共服务的质量、是否存在不公平竞争现象、司法反应速度与公正和政治腐败进行评估；其次再对企业和个人就选举公平程度、恐怖主义对企业的影响、政治行为是否干预公共服务、商业活动开展的难易程度、政治行为是否干预司法活动和非正式支出在销售额中的比例进行调查①。

但需要指出的是，这套 WGI 评价指标体系的运行和评价主体并不是世界银行组织，其操作主体主要由其他国际组织、研究机构及一些知名学者构成，然后根据这些主体所做的调查和统计建立数据库。这些数据并非一些可测量的客观性指标，而是以受访者对相关领域的主观感受为基础，也就是说，相对于科学的“客观指标”而言，这些调查结果的主观意味更加浓厚。WGI 的调查机构主要由以自由之屋、透明国际为代表的一些 NGO 组织组成，也包含一些知名学者或其他研究机构；调查对象主要以某领域专家（含企业经营者）为主，也会将一般民众考虑在内；调查的主要方式是采访或问卷调查，主要问题是请受访者对相关国家的某一个治理领域水平做出主观评价。这种调研方法的同一性和可信度值得思考②。

（二）联合国治理指标体系

“WGS”（World Governance Survey）治理指标体系是由隶属于联合国的联合国大学研制的一套针对世界治理调查范畴的指标体系，这套指标体系共涉及 6 个一级指标，分别是公民参与政治活动的程度、社会各利益方在政治过程中的意见整合方式、政府作为维护系统的整体性、政策执行效率、国家和市场的关系、争议处理及司法系统争议处理。一级指标均对应设置了 5 个二级指标，共 30 项二级指标，见表 5 - 1。

① 萧鸣政、张博：《中西方国家治理评价指标体系的分析与比较》，《行政论坛》2017 年第 1 期，第 19—24 页。

② 马得勇、张蕾：《测量治理：国外的研究及其对中国的启示》，《公共管理学报》2008 年第 5 期，第 101—108 页。

表 5 - 1　　联合国 WGS 治理评价指标体系[①]

公民参与政治活动的程度	言论自由度
	集会与结社自由度
	政治生活中歧视的程度（种族、性别等）
	重大决策听证制度
	法制意识（交税、投票等）
各方的利益表达	议员能够代表社会的程度（妇女或少数群体）
	政治权利的竞争真实与否
	政策制定与公众偏好的权衡
	（议会或人大）立法职能与影响政策内容的程度
	议员或议会对公众要求的反应情况
政府作为维护系统的整体性	个人安全水平
	提高公民生活水平的贡献度
	政府领导人的战略意识
	军队听命程度
	冲突和矛盾的处理能力
政策执行效率	政策制定过程中公务员的参与程度
	公务员录用准则的建设
	公务员的负责程度
	决策的清晰度
	公共服务的公平程度
国家和市场关系及调节机制	财产权意识
	企业享受经济法律法规的平等程度
	开办商业过程中的腐败程度
	公共机构和私有组织间咨询沟通的程度
	政府在出台政策时的全球眼光
争议处理（含司法系统争议处理）	法律援助、诉讼等司法服务的普惠程度
	司法判决过程的清晰程度
	司法官员的负责度
	人权
	非司法程序在公平解决冲突中的位置

① 萧鸣政、张博：《中西方国家治理评价指标体系的分析与比较》，《行政论坛》2017 年第 1 期，第 19—24 页。

这套 WGS 评价体系仅于2006年之前使用过两次，之后再未被有效利用。联合国的 WGS 调查对象主要偏重于一些精英人士和消息灵通人士，具体有国会议员、高级公务员、法官、律师、商界翘楚、学者、地方 NGO 资深人士，以及媒体人士等。

二、国内的治理评价指标体系研究

（一）俞可平中国治理评估框架

我国学者俞可平在《中国治理评估框架》[①] 中提出包含 12 个维度的评价指标体系，见表 5－2。

表 5－2　　　　中国治理评估指标体系分析一览表

治理目标（评估维度）	重点领域或主要关注点
公民参与	选举法规；直接选举的范围；竞争性选举的程度；村民自治；职工代表大会的作用；重大决策的公众听证和协商；社会组织或民进组织的状况；社会组织的制度环境；社会组织对国家政治生活的影响；公民利用网络和手机参与公共生活的情况
人权与公民权	法律对公民权利的保护；公民法定权利的实现程度；妇女、儿童、贫困居民等弱势群体的权利保护；对少数派和不同意见者的保护和宽容；公民和官员的人权意识；公民合法的游行示威；公民的自我保护能力；公民的维权；对公民的法律救助
党内民主	党内选举、决策；监督法规；各级党委领导人的产生方式；党委推荐和任用干部的民主程度；党代会的作用；党委的决策和议事程序；党内的权力监督；党务公开的程度；党代表的直接选举；执政党与其他民主党派的协商
法制	国家的立法状况；宪法和法律的权威；党和政府的依法执政；依法执政程度；公民和官员对法律的了解和尊重；法律在实际政治生活中的作用；立法活动和司法活动的自主性和权威性；律师的作用；官员和公民的法律意识；政府政策的法律审查；司法审判的执行情况
合法性	公民对宪法的认同；公民对党和政府的认同；法律的权威和适用性；党和政府的权威；公民对基层政府的信任；公民对周围官员的信任程度；公民对政治现状的满意程度；公民对主流意识形态的认可；公民对国家发展前景的态度

① 俞可平：《中国治理评估框架》，《经济社会体制比较》2008 年第 6 期，第 1—9 页。

续表

治理目标（评估维度）	重点领域或主要关注点
社会公正	基尼系数；恩格尔系数；城乡差别；地区发展差别；教育公平程度；医疗保健公平程度；就业公平程度；党政干部中的女性比例；党政官员的代表性；人大代表和政协委员的代表性，基本公共服务均等化程度
社会稳定	政府对突发事件的处置能力；公民的社会安全感；政策延续性；社会治安状况；通货膨胀率；民族区域的冲突事件；群体性事件的数量；上访数量及比例；家庭暴力；公共暴力
政务公开	政务公开的法规及效果；政治传播渠道的数量和质量；决策过程的公开化程度；行政机关、法院、检察院等活动的公开化制度；公民对政治事务的了解程度；新闻媒体的自主性；公民获取政治信息的权利和渠道；党政干部的收入和财产申报及其事实和透明情况
行政效益	政府的行政成本；党政干部的行政能力；政府的行政效能；党政机关的协调程度；决策失误的概率；公共项目的投入产出率；电子政务；政府的快速反应和处事能力；公民对政府和处事效率的满意程度
政府责任	官员对其行为的负责程度；对渎职官员的惩罚；官员与公民的沟通渠道；官员对公民意见的尊重；党和政府接收和处理公民诉求的机制；党和政府的决策咨询机制；政策反馈及决策部门对政府决策的修订情况；政策反映或代表公民要求的程度；公民意见对政府决策的影响；行政诉讼的数量及后果
公共服务	政府预算中公共服务支出的比例；基本社会保障的状况；九年制义务教育普及率；基本医疗保险覆盖率；政府对穷人和困难者的帮助；政府一站式服务的普及率；国家提供公共基础设施的力度；公民对政府服务的满意程度；政府的生态治理及其效果
廉政	廉政法规及其效果；腐败官员的数量及惩处；对政府及党政干部的经济审计；公共预算监督；权力的相互制约；公民对政府权力的制约；新闻舆论监督；公众举报等社会监督；党和政府的自律

通过表 5－2 不难看出，尽管该评价指标体系已经提及大部分作为评价一个现代国家的治理体系维度，但是仍然属于一个原则性的纲要，相比实操层面的需求还存在一定的差距，有待进行更加细致的操作处理。

（二）中国社会治理评价指标体系

中央编译局与清华大学提出了“中国社会治理评价指标体系”，

该体系是由 1 个一级指标（中国社会治理指数）、6 个二级指标（人类发展、社会公平、公共服务、社会保障、公共安全、社会参与）及 35 个三级指标构成的治理评价体系①。这套评价体系尽管测量的内容非常丰富，维度也较为广泛，但数据大多来源于政府部门。

（三）中国公共治理评价体系

何增科根据民主治理和善治的评价标准建立了中国公共治理评价框架，参考国际社会关于民主治理和善治的评价标准，结合中国国情，确定了一级指标为“中国公共治理指数”；同时设计了 10 个权重相等的二级指标，即参与性、透明性、法治、公平、和谐、责任性、回应性、有效性、廉洁、合法性；另外，每个二级指标下有 10 个三级指标，共 100 个三级指标，如表 5－3 所示。这些指标既包括主观指标，也包括客观指标；既包括结果指标，更包括投入和过程指标。采取的评价方法包括专家评估法、问卷调查法、数据分析法等。

表 5－3　　中国公共治理评价指标体系框架②

一级指标	二级指标	三级指标
中国公共治理指数	参与性	政府和社会的公民意识教育投入强度
		全社会公民意识的成熟程度
		公民政治参与意愿强度
		成人识字率
		党政领导干部直接选举的层次和范围
		选举的竞争性和选择自由度
		社区居民委员会选举的实际参选率
		提出提案的人大代表和政协委员在人大代表和政协委员中所占比例
		官民协商对话数量和质量
		万人拥有社会组织数量

① 中国社会管理评价体系课题组：《中国社会治理评价指标体系》，《中国治理评论》2012 年第 2 期，第 2—29 页。

② 何增科：《中国治理评价体系框架初探》，《北京行政学院学报》2008 年第 5 期，第 1—8 页。

续表

一级指标	二级指标	三级指标
中国公共治理指数	透明性	重大决策公示和征求意见制度落实情况
		党政领导干部选拔任用过程中的透明度
		党委、法院、检察院、公共企事业收费等公共信息公开程度
		预算审议过程公开程度
		审计结果公开性
		媒体采访报道的自由程度
		电子政务，特别是政府网站普及率与质量
		农村和贫困偏远地区政务公开的效果
		党政领导干部家庭财产收入公开情况
		公民对政府信息公开条例执行情况满意率
	法制	立法过程中公民参与和透明度的社会评价
		法律法规简洁、易懂、一致、可执行性评价
		有无法律法规审查机制并定期审查清理
		党员对《党员权利保障条例》执行情况评价
		公众对公正执法和司法公正的评价
		政法经费年增长率
		人均年行政复议案件总量
		行政诉讼案件年增长率
		法院二审改判、发回重审案件占总收案数的比例
		万人律师数
	公平	基尼系数
		城乡居民收入比
		地区经济发展差异系数
		义务教育普及率
		高中阶段毕业生性别比
		城镇社会保障覆盖率
		农村社会保障覆盖率
		城乡居民最低生活保障覆盖率
		住房支出占人均可支配收入比重
		各级人大代表中女性比例
	和谐	民间组织政策法律环境的友善程度
		志愿者在民间组织人员中的比例和活跃程度
		民主党派参政议政、政治协商、民主监督作用发挥程度
		民族自治地区自治权落实情况
		宗教信仰自由实现程度
		少数民族合法权益受保障情况
		劳动合同纠纷受理件数及增长率
		5 岁以下儿童性别比
		重大安全事故次数和非正常死亡人数及其增长率
		万人中法院受理的刑事犯罪案件比例

续表

一级指标	二级指标	三级指标
中国公共治理指数	责任性	对人大及其常委会行使监督权的满意度
		人大代表直接选举的范围
		党代会代表直接选举的范围
		重大责任事故中党政领导干部责任追究率
		败诉撤销的行政案件追究率
		审计的独立性和公开性
		纪检监察机关的独立性和权威性
		司法机关的独立性和公正性
		错案责任追究执行率
		媒体批评性报道占新闻版面比例
	回应性	有无重大决策须向公众咨询的法律程序
		党代会文件确定的优先解决问题与低收入人群和女性主要关心的问题的比较
		人大代表是否定期访问选民并向选民述职
		人大提案落实率
		政协委员提案办结率
		诉讼赔偿执行率
		群众来信来访办结率
		法律援助经费增长率
		政府社会救助经费占国内生产总值比率
		工青妇组织维权申诉次数
	有效性	行政管理经费支出占政府财政支出的比例
		公共服务的数量、质量、收费和服务态度满意度
		政府市场监管效果的社会评价
		对负有保障公民生命财产权利的司法、警察、监狱等部门的经费和人员投入是否充分
		公共卫生、基本教育、社会保障、环境保护等支出占政府财政支出比例
		媒体报道负面新闻所遇到的限制和阻力
		公民获取政府信息所需时间和费用
		公职人员录用和晋升中能力业绩的重要性
		地方政府负债率及债务规模
		法院年申请强制执行案件数
	廉洁	公职人员对工资待遇的满意度
		许可类和未许可类行政审批事项的总数及所需时间
		自由裁量权行使有无程序性规范约束
		公职人员守法情况检查的频率
		有无党政领导干部家庭财产申报法律和专业受理核查机构
		处理公职人员利益冲突行为准则的详细程度及遵守准则的核查机制

续表

一级指标	二级指标	三级指标
中国公共治理指数	廉洁	有无部门主导立法情况
		有无因贿赂而改变公共决策情况及频率
		有无因行贿而改变资源分配结果情况及频率
		万名公务员中因贪污贿赂受起诉人员数量及增长率
	合法性	公民对基本政治制度的认同度
		公民对党政主要领导人的认同度
		公民对政府重大决策的认同度
		公众对社会公平状况的评价
		政策变动的频率
		政府执行政策承诺的可信度
		公众对党和政府总体满意度评价
		公众对党风廉政建设情况满意率
		公民自觉遵从法律法规和支持党和政府工作的意愿强度
		公众对国家发展前景的信心

三、国内外治理评价指标体系的比较

（一）国内外治理评价指标的相似之处

通过分析国内外目前较为公认的治理评价体系，可以发现在一定程度上存在着以下相似点，如表 5－4 所示。

表 5－4　　　　国内外治理评价体系相似之处①

对比维度	国内治理体系	国外治理体系
公民参与	公民参与、人民权与公权、参与性、公民意识	公民言论、集会、结社自由
政府及公共管理者责任	政务公开、政府责任、廉政、责任性	政策执行、政府及政策保护、国家与市场
社会民众的公共利益	社会公正、社会稳定、公平、和谐	“作为一个整体的政府”向社会、公民提供的保障服务

① 萧鸣政、张博：《中西方国家治理评价指标体系的分析与比较》，《行政论坛》2017 年第 1 期，第 19—24 页。

其一，重视公民参与。在联合国的治理体系中，主要强调了公民言论自由、公民集会和结社自由、政治生活中的歧视程度及公众对制定的社会规则的尊重程度。而在以俞可平、何增科等学者为代表所研究的我国国家治理体系中也汲取了这些精神。例如，在中国治理评估框架中，公民参与方面主要关注选举活动中直选的范围、选举法规建设与选举过程的公平性、重大决策听证和协商机制建设、选举各参与方的竞争程度、村（居）民的自治机制建设、社会组织的制度体系建设及所处的政治生态、社会组织对国家政治活动的影响、对社会组织与民间组织诉求的关注程度，以及公民利用互联网和移动终端参与公共事务治理的情况等指标。

其二，现代化的治理体系关注政府责任与公务员在政策制定及执行中的责任问题。例如，中国治理评估框架中就对政务公开、政府责任及廉政等方面进行了约束；同样，在联合国大学所研究的治理体系里也对政策执行，以及政府及政策如何保护国家与市场做出规定。

其三，从整体上来看，无论是国内还是国外的治理体系都更加注重执政党、政府及公务员以外的群体的利益。例如，联合国治理体系中提到的“作为一个整体的政府”向社会、公民提供的保障服务；中国治理评估框架中提到的“社会公正、社会稳定及公共服务”等内容。

（二）国内外治理评级指标的不同之处

通过将《中国治理评估框架》与国内《中国公共治理评价体系》，以及国外的《世界银行指标体系》《联合国评价指标体系》进行比较分析，主要从 10 个维度，梳理其不同之处，包括公民参与、人权与公民权、党内民主、法制、合法性、社会公正、社会稳定、政务公开、行政效益、政府责任，如表 5 - 5 所示。

表 5 – 5　　国内外治理评价指标体系不同点的比较①

对比维度	中国治理评估框架	中国公共治理评价体系	世界银行指标体系	联合国评价指标体系
公民参与	选举法规；选举竞争程度；村民自治；直选范围；公会的地位；公民或自治组织的状况；社会组织对国家政治活动的影响；重大决策听证制度建设；社会组织的制度建设与政治生态；公民利用互联网参与公共事务	政府和社会的公民意识教育投入强度；官民协商对话数量和质量	公民话语权与问责制	公民言论自由程度；公民集会和结社的自由程度；政治生活中歧视的程度；政府在重大政策上征询公众意见的程度；公众对制定的社会规则的尊重程度
人权与公民权	保护公民权利；实现公民权利；保护弱势群体；人权意识；合法的游行示威；公民自我保护能力；公民法律救助	社区居民委员会选举的实际参选率	尊重公民自由和政治权利；公共服务受到政治干预与否	政治权利的真实竞争程度；政策制定过程公平地反映公众偏好的程度；立法职能影响政策内容的程度；议员对公众要求的反应程度
党内民主	各级党委及其领导人的产生方式；选举和监督；党代会作用；任用干部的民主程度；权力监督；决策和议事程序；党代表的直选；党务公开；党派间的协商机制	党政领导干部直接选举的层次和范围	政治人物介入腐败和任人唯亲的程度	政府领导人在决策中对国家长远利益的考虑；议员能够代表社会的程度
法制	国家立法；法律权威性；依法执政、行政；了解和尊重法律；法律的作用；立法和司法活动的自主与权威；律师的作用；法治意识；政策的审查；司法审判执行	有无法律法规审查机制并定期审查清理	司法程序迅速与公正	司法服务的普惠程度；司法行动的清晰程度；司法官员的负责程度；非司法程序在公平解决冲突中的位置
合法性	法律的权威和适用性；对宪法的认同；执政党和政府的权威；对党和政府的认同；对政治现状的满意程度；对基层政府的信任；对周围官员的信任程度；对国家发展前景的态度；对主流意识形态的认可	公民对基本政治制度的认同度	缺失	军队听命程度；财产权意识；法律法规对企业的平等程度

① 萧鸣政、张博：《中西方国家治理评价指标体系的分析与比较》，《行政论坛》2017 年第 1 期，第 19—24 页。

续表

对比维度	中国治理评估框架	中国公共治理评价体系	世界银行指标体系	联合国评价指标体系
社会公正	基尼系数；恩格斯系数；人大代表和政协委员的代表性；城乡差别；地区发展差别；医疗保健公平；教育公平；就业公平；女性干部比例；基本公共服务均等化	住房支出占人均可支配收入比重	企业和个人选举是否公平；公共服务受到政治干扰与否	公民平等享受法律援助；司法系统在判决过程中的清晰程度；司法官员对其行为的负责程度；非司法程序在公平解决冲突中的位置
社会稳定	治安状况；处理冲突能力；群体性事件发生概率；公民安全感；政策延续性；各类冲突事件；通货膨胀率；上访数量及比例；家庭暴力；公共暴力	万人中法院受理的刑事犯罪案件比例	缺失	政府保障公民个人安全的程度；政府对提高公民生活水平的贡献；政府在处理国内冲突和矛盾中的贡献程度
政务公开	公开及效果；行政活动公开化程度；决策过程公开化；传播渠道的数量和质量；新闻媒体自主性；民众对政治事务了解程度；获取政治信息的权利和渠道；党政干部的收入及财产申报的真实性和透明性	党委、法院、检察院、公共企事业收费等公共信息公开程度	缺失	公共服务决策中的清晰程度
行政效益	公民满意度；成本；电子政务；协调程度；政府的快速反应和处理冲突的能力；行政能与效能；决策失误率；投入产出率	公共服务的数量、质量、收费和服务态度满意度	缺失	公务员负责程度
政府责任	公民对意见的尊重；廉政建设；官员负责程度；沟通渠道；政策反馈及修订情况；接收和处理公民诉求的机制；决策咨询机制；民意对政府决策的影响；政策反映或代表公民要求的程度；行政诉讼的数量及后果	重大责任事故中党政领导干部责任追究率	不公平竞争现象存在与否	政府有关经济方面的规定平等适用于所有企业的程度；政府在出台政策时，对全球贸易、金融技术、新规则的考虑程度；政府保障公民个人安全的程度

对于国内，关于治理体系的研究尚处于起步阶段，因此，不能不假思考地将西方的“治理”概念生搬硬套到我国深化改革的总目标之上。北京大学王浦劬教授在《全面准确深入把握全面深化改革的总目标》中指出，西方治理理论产生的原因是西方国家政治经济社

会结构和发展方向出现了矛盾，这种矛盾的出现具有强烈的西方社会特征，因此，西方治理理论的内涵与精神，与我党在历史实践中形成的治国理念和在中国特色社会主义理论话语语境下的“治理”概念，属于两套话语体系，具有根本性的区别。王浦劬还指出，西方的“治理”概念具有“社会中心主义取向”“多元主义治理取向”“去权威主义治理取向”；而我国的“治理”概念基础是马克思主义理论，是我党在政治历史发展和政治实践中所积累和探索出的理政经验，我们应该运用已有的实践经验并结合当下国情来推行具有中国特色的“国家治理”①。

第二节　大数据时代政府治理现代化的内涵

在大数据技术的影响下，社会环境正发生着前所未有的变化，政府治理必然依照治理对象和外部环境的变化做出关联的响应。十八届三中全会提出了推进国家治理体系和治理能力现代化，而政府治理现代化作为国家治理能力现代化的重要组成部分，已逐渐成为当今政府变革的主要潮流。政府是国家权力的执行者，是国家治理最重要的主体力量，需要与时俱进，不断调整政府的治理范式。

当前，互联网、物联网、云计算等高新技术的发展正推动经济社会全面进入“大数据”时代，政府面对这样一个全新的、虚拟的数据社会，就必须要主动利用大数据技术，打破现有体制束缚，破除部门内部之间的藩篱，形成共享、透明的政务信息处理机制，再造扁平化的治理结构，提升政府治理能力的现代化层次，加快形成由政府单一主体管理转变为协作式和参与式的多元主体治理格局。关于治理理论，学界普遍认为是受西方国家政府失灵和市场失效的影响，推崇以

① 王浦劬：《全面准确深入把握全面深化改革的总目标》，《中国高校社会科学》2014 年第 1 期，第 4—18 页。

社会为中心论，强调以社会发展的需求和社会民众的诉求为出发点，来规范和重塑政府的职权和责任。对于我国在探讨政府治理内涵的过程中，需要立足中国国情，必须与中国发展实际相结合。因此，政府治理现代化应该是既顺应国情，又与时俱进的时代性问题，是在中国特色社会主义理论体系话语语境中展开，符合社会主义核心价值体系既定方向。政府治理是在扬弃政府统治与政府管理的基础上形成的，体现的是行政权力的行使者、社会分工的参与者等治理主体对社会公共事务的协作治理，目的是提高公共服务、增加公共效益、维护公共秩序。随着近年来国家陆续发布一系列官方论述后，国内学界对政府治理现代化的定义认可正在逐步趋于一致。政府治理现代化要符合新时代的发展要求，破除旧体制，通过制定顺应发展的新法律法规来促进体制机制的改革，加快向民主化和法制化转变①。

政府治理现代化是国家治理现代化理论的有机组成单元，政府治理体系是国家治理体系的子系统，政府治理能力是国家治理能力的一部分。习近平同志关于国家治理现代化的一系列重要论述，已经形成了系统而完整的国家治理思想体系，表现为治理体系和治理能力两大系统，习近平指出“国家治理体系和治理能力是一个国家制度和制度执行能力的集中体现。国家治理体系是在党领导下管理国家的制度体系，包括经济、政治、文化、社会、生态文明和党的建设等各领域体制机制、法律法规安排，也就是一整套紧密相连、相互协调的国家制度；国家治理能力则是运用国家制度管理社会各方面事务的能力，包括改革发展稳定、内政外交国防、治党治国治军等各个方面”②。

因此，大数据时代政府治理现代化同样包括政府治理体系和治理能力现代化，政府治理体系现代化主要包括政府治理制度、治理结构、治理机制方面的现代化，通过在经济、政治、文化、社会、生态文明

① 杨崇磊：《我国国家治理现代化问题研究述评》，《湖南广播电视大学学报》2015年第3期，第59—64页。

② 许耀桐：《习近平的国家治理现代化思想论析》，《上海行政学院学报》2014年第4期，第17—22页。

和党的建设中部署大数据战略，着力在政府治理制度方面，实现治理理念人本化、行政程序法制化、政策制定合理化；在治理结构方面，实现治理主体多元化、组织结构扁平化、治理客体复杂化；在治理机制方面，实现治理方式协同化、资源配置市场化、公众参与常态化。

政府治理能力现代化主要包括政府治理工具、治理职能和治理监管方面的现代化，通过应用大数据技术处理地方改革发展稳定等方面事务的能力，着力在治理工具方面，实现信息公开透明化、治理平台虚拟化、行政沟通网状化；在政府治理职能方面，实现公共决策科学化、社会治理精准化、公共服务高效化；在治理管控方面，实现危机预警智能化、权力监督无缝化、绩效考核数字化。

大数据时代政府治理现代化是由政府治理制度、治理结构、治理机制、治理工具、治理职能、治理管控所构成的“六位一体”的有机整体，如图 5 - 1 所示。这是在新时代国家治理现代化思想中大数据观的基础上形成的，在治理体系上，体现了经济、政治、文化、社会、生态文明和党建中治理体系的制度化、规范化、程序化、法制化，形成了党领导下的政府负责、社会协同、公众参与、法制保障的新的治理现代化格局。在治理能力上，体现了我国改革发展稳定中决策、治理、服务、监督能力的现代化。

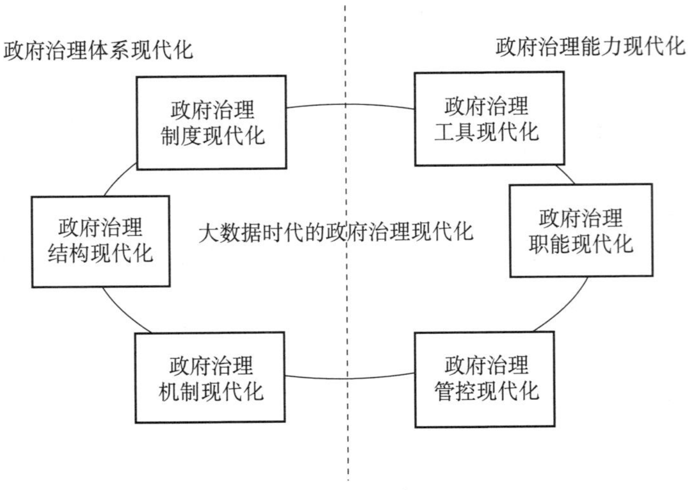

图 5 - 1　大数据时代的政府治理现代化

第三节　大数据时代政府治理现代化的评价体系及指标测度分析

大数据技术为政府治理实现现代化提供了技术支撑，将会推动政府组织形态发生深刻的变革，从而转变政府治理的范式，影响整个政府的行政效能。大数据时代政府治理现代化可以看作是新时代政府治理一种可操作和测度的实践。本章从大数据的视域构建政府治理现代化特征指标体系，如表 5－6 所示。政府治理现代化特征指标是国家治理现代化总体框架下的子系统，区别于国家治理现代化的全面特征指标。从数据来源、系统指标的复杂性和相关性来看，大数据时代政府治理现代化指标不必反映国家治理体系和能力的全部，因此，这里关于外交国防、治党治军等指标未作为指标体系范畴。

表 5－6　　大数据时代政府治理现代化评价指标体系

一级指标	二级指标	三级指标	四级指标	衡量指标	数据来源
大数据时代政府治理现代化	大数据时代政府治理体系现代化	政府治理制度现代化	治理理念人本化	城乡居民人均可支配收入（元）	统计年鉴
			行政程序法治化	信息公开行政诉讼情况（件）	统计年鉴
			政策制定合理化	政府主动公开规范性文件数（个）	政府信息公开年报
		政府治理结构现代化	治理主体多元化	公共管理、社会保障和社会组织从业人员（万人）	统计年鉴
			组织结构扁平化	公共管理、社会保障和社会组织法人单位数（个）	统计年鉴
			治理客体复杂化	常住人口（万人）	统计年鉴
		政府治理机制现代化	治理方式协同化	民间固定资产投资增长率/%	统计公报
			资源配置市场化	政府集中采购项目数量（个）	政府信息公开年报
			公众参与常态化	自然人申请政府信息公开数量（条）	政府信息公开年报

续表

一级指标	二级指标	三级指标	四级指标	衡量指标	数据来源
大数据时代政府治理现代化	大数据时代政府治理能力现代化	政府治理工具现代化	信息公开透明化	年度予以公开的政府信息公开申请（条）	政府信息公开年报
			治理平台虚拟化	信息公开行政许可数（条）	政府信息公开年报
			行政沟通网状化	工会基层组织数（万个）	统计年鉴
		政府治理职能现代化	公共决策科学化	年度公开规章数（项）	政府信息公开年报
			社会治理精准化	城镇居民最低生活保障人数（万人）	统计公报
			公共服务高效化	卫生机构床位数（张）	统计公报
		政府治理管控现代化	危机预警智能化	疾病预防控制中心（个）	统计公报
			权力监督无缝化	年度审结贿赂等职务犯罪人数（人）	统计年鉴
			绩效考核数字化	一般公共预算收入（亿元）	统计年鉴

大数据作用下的政府治理现代化，主要是运用大数据技术对政府行政方式进行改革，构建现代化的政府治理体制。基于大数据的政府治理现代化主要体现在政府治理制度、政府治理结构、政府治理机制、政府治理工具、政府治理职能和政府治理管控等方面的现代化①。

一、治理制度方面的现代化

（一）治理理念人本化

随着物质生活和精神生活水平的提高，公众对差异化和个性化的公共服务需求越来越大，对公共服务质量的标准也越来越高，这就对

① 牛正光、奉公：《应用大数据推动政府治理现代化的 SWOT 分析》，《电子政务》2016 年第 1 期，第 96—102 页。

政府的治理能力提出了更多更高的要求。追求人的可持续发展，增强人们的获得感和幸福感已成为政府治理的重要目标。大数据的普及，更加有利于“以人为本”，通过数据获取、分析技术，能够了解民众日常数据轨迹，精准掌握民众的实际需求，从看重 GDP 总量转变为注重对人均 GDP 的分析，不但重视经济、政治的治理，更加重视社会诚信、文化艺术，乃至生态环境的治理，最终目标是满足人们的美好生活需要。大数据时代，个人的大部分行为都能够通过数据来体现和反映，政府通过大数据的全数据分析和关联性分析等技术，可以了解到每个人的差异化需求，进而采取个性化的服务措施。在合理使用大数据技术的情况下，让广大公众可以享受到各项差异化的优质服务。

案例 5－1：全国多地，以人民为中心，提供高效便民服务。重视对多年积累的海量民生服务数据进行大数据分析研判，精准掌握民众对公共服务的多层次需求及变动趋势和规律，制定更加有针对性的治理方案。加快实现管理部门的数字化、数据化、信息化建设，加强多部门数据资源整合共享，在为民服务、为企服务中切实打造“一口受理、一窗通办”或者“最多跑一次”的新型服务格局，切实提高公共服务效率①。

（二）行政程序法治化

利用大数据的开放性，社会各界可以自由获取很多数据资源及网络信息，并具有依法使用这些数据和信息的权力。民众可以通过数据平台监督政府行政程序，向政府表达自己的诉求，使政府行使职权的步骤、方式、时限得到进一步规范。这种合法性的交流渠道也有利于民众参政议政合法性的增强。随着网络问政压力的增大，政府的行政权力得到了更好的群众监督，促使政府必须依法行政，健全各项规章制度，确保程序正义。

---

①　魏哲哲：《政府部门多办事，群众就能少跑腿》，《人民日报》2019 年 12 月 27 日第 06 版。

案例5－2：发生在2011年的甘肃幼儿园校车被撞事件，引发了广大网民在互联网上的谴责和问责，最后网络上的舆论压力迫使政府做出相关依法行政的措施，并制定出台了《校车安全管理条例》，以健全完善法治化治理①。

（三）政策制定合理化

治理体系现代化要求政策制定的合理化，需要进一步体现程序化和规范化的特征。随着大数据技术的发展及网民公民意识的觉醒，政府开始在政策制定中逐渐重视利用互联网大数据来搜集民意的表达。大数据技术的应用有利于政策制定中“公开、公正、透明、参与、协商、诚信”的实现。政策的制定、制度的建设将会在民众的参与和监督下进行，政策的解读将更多地由政府官宣转变为民间分析，提高了政策、制度制定过程的透明度。政府治理工作导向由过去以政府为中心转向以国民为中心，提高社会民众对政府政策制定与执行的回馈度。

案例5－3：大数据所反映的信息能够为政府出谋划策，提高政府政策制定的质量。在大数据时代，民众通过互联网活动产生的数据流量也是颇具力量的，它可以通过制造社会舆论，引起媒体和社会的关注，进而进入政府的政策议程，从而影响政府决策的实施。邓飞“微博打拐事件”便是一个很好的例证，2010年9月邓飞在新浪微博提出“微博打拐”，并和公安部门官方微博联合建立“打拐志愿团”的群组织，呼吁整合媒体和民间资源，支持和帮助打拐行动，这些举动直接促使公安部制度性地确立了公安部门立案侦查、打击犯罪的整套流程，保护了儿童的安全②。

---

① 刘叶婷、唐斯斯：《大数据对政府治理的影响及挑战》，《电子政务》2014年第6期，第26—29页。

② 李硕：《大数据时代地方政府政策制定中的民意表达机制研究——以微博等自媒体工具为例》，《潍坊工程职业学院学报》2018年第4期，第49—52页。

二、治理结构方面的现代化

（一）治理主体多元化

政府作为单一主体对社会公共事务进行孤立性管理已很难适应当今治理理念的新要求，时代要求政府、社会组织、私人机构及公民个人在相关权利范围内共同参与对公共事务的治理，呈现出由多元主体共同参与治理的模式。数据的开放性将使社会组织和个人能够拥有数据，同时，数据的资产化能够使拥有数据资产的社会或个人成为新的权力中心，并构成多元化参与治理的资本，进而对治理决策和治理职能产生影响。

案例 5－4：互联网、手机网络终端等平台已经打破了传统的政府单中心的管理范式，正在建立政府部门、普通公民、社会机构等各方参与的多元协作的治理新范式。根据 2020 年 4 月发布的第 45 次《中国互联网络发展状况统计报告》显示，截至 2020 年 3 月，我国手机网民规模达 8.97 亿，农村网民规模为 2.55 亿，城镇网民规模为 6.49 亿，网民使用手机上网的比例达 99.3%；网络新闻用户规模达 7.31 亿，在线政务服务用户规模达 6.94 亿。

（二）组织结构扁平化

数据的交互性实现了将政府、社会组织、企业机构、公民个人连通在同一个平台空间，摆脱了传统的金字塔式信息传递和交流，形成了一种平等的扁平化交流结构。政府颁布政令时可以让所有社会阶层第一时间知道，并能够直接反馈意见和建议。公众可以从政府官方网站、政务微博等平台直接获取政策、法律等信息，或征询意见；政府也可以及时回复公众的问题，发布交通、天气信息和办事指南等内容，使公众、社会机构与政府站在了平行的位置上。随着中间传递信息环节的减少，也大大降低了信息失真、数据造假等现象的发生，提高了整个公共事务处理的效率。

案例5-5：2020年，新冠肺炎疫情是对政府治理体系和治理能力的一次大考，其中，“大数据+网格化”管理是我国疫情有效防控的重要手段。网格化管理是一种横向到边、纵向到底的全方位管理模式，通过将城市空间和城市管理范围划分为网格，对复杂的社会治理事务进行信息化处理，利用大数据等信息技术，最终实现精细化管理的社会治理模式。以杭州市余杭区为例，余杭区1468个网格内，活跃着1581名专职网格员和3万余名兼职网格员，主要履行基础信息采集、社情民意收集、安全隐患排查、矛盾纠纷排查化解和法律政策宣传等基本职能，杭州市疫情防控中得益于“大数据”海量数据归集分析能力，交通枢纽、疾控、医疗、出行等80多个维度的大数据实现了高度融合。“大数据+网格化”管理使得整个公共治理的组织结构呈现扁平化，显著提高了治理效能①。

（三）治理客体复杂化

政府运作和管理过程往往是信息收集、整理、制造、传递和反馈的过程，大数据显著地支撑了政府组织对信息加工和应用的过程，有效地促使了政府治理社会参与的多元主体新格局。大数据技术改变了政府信息的存在方式，推动了政务信息公开程度，增强了公民的知情权和参与权。在治理理论的视角下，作为传统公共管理的对象要素，民众、群体及社会组织也成了公共治理体系中的社会参与主体，因此，政府治理的客体，很多情况下也是多元治理格局中的主体。另外，大数据时代，政府、社会组织、公众在各类官方网站、社交网站、“两微一端”、网络新闻平台等载体上充分进行着政策公布、意见表达、评价监管等活动，除了现实世界的治理客体，很多虚拟化、数字化的人物、事务也成了政府治理的客体。

① 吴结兵：《“大数据+网络化”：路径、挑战与建议》，《国家治理》2020年8月第1期。

案例5-6：大数据时代，网络社会信息数据爆炸。互联网的普及与自媒体的发展，给民众提供了自我表达的平台，但同时公众又容易局限在自我选择的信息和使自我愉悦的通信领域，导致群体极化现象。真假混淆的信息以突发性、非理性的传播方式影响着现实治理世界，给政府治理带来全新挑战。2015年，习近平总书记在世界互联网大会上强调“网络空间不是‘法外之地’”，“要坚持依法治网、依法办网、依法上网，让互联网在法治轨道上健康运行”。面对复杂的治理客体，如何坚持以人为本，在保障公共利益和公民个体表达权利的前提下，治理好虚拟化的服务对象，防止公共秩序混乱，提升政府公信力成为大数据时代政府治理的核心问题①。

三、治理机制方面的现代化

（一）治理方式协同化

政府应用大数据平台和大数据技术，使广大社会机构和民众与政府一起构成了治理的多元化主体，面对公共社会事务的管理，需要依靠广大的社会力量协作，并积极发挥优势，提供相关的社会服务。大数据让广大社会各界都有机会参与到社会管理当中，发挥管理者的作用，并承担好相应的义务。

案例5-7：2010年，海地地区发生了大地震，在地震期间，有大约60万名海地灾民要外逃，离开太子港，灾情非常严重和紧急，单单依靠政府力量显然很难完成救灾任务。联合国介入了救灾指挥，通过与通信公司协作，共同参与救灾工作，分析出灾民携带的手机所反映的信息，准确搜寻到了灾民的逃难位置，并开展了救助活动②。

---

① 潘婧瑶、陈孟：《解读习近平乌镇讲话：以互联网治理推动全球治理》，2015年12月16日，https：//politics. people. com. cn/n1/2015/1216/ < 1001 - 27937787. html，访问日期：2021年3月23日。

② 李丹阳：《大数据时代的中国应急管理体制改革》，《华南师范大学学报（社会科学版）》2013年第6期，第106—111页。

（二）资源配置市场化

大数据时代，很多社会机构及个人在获取数据资源方面的优势更加明显，并且很多公司拥有大数据处理的关键技术，很多时候使政府都望尘莫及，因此，在利用数据进行资源配置的时候，逐渐呈现出以市场化导向为主，政府与社会机构共同参与资源的配置和利用。这有利于通过政府向市场放权，深化“放管服”改革，优化经济结构，来调动更多的社会力量参与到治理当中。

案例5-8：自2005年以来，IBM投资上百亿美元，开展了数十次关于大数据项目的整合业务，收获颇丰①。Oracle在2011年推出了Oracle大数据机，研制了很多引用策略②。中国的百度早在2012年就在医疗领域，运用大数据开发了百度医生、百度医疗大脑、拇指医生等医疗大数据业务。百度公司利用其搜索平台，在分析消费者信心指数的走势时，就比政府数据领先数月，成了市场调控的示范标杆③。

（三）公众参与常态化

当前以互联网为支撑的大数据发展迅速，增加了公众参与政府公共治理的新途径，使公众参与式治理成了大数据时代政府治理的新常态。政府通过设立官方网站，公布公共管理进程、结果，并设立互动平台，让公民能够得到一个发表自己想法的有效途径。另外，公民参与政府治理的意识越来越强烈，尤其是身处一个多媒体、海量信息的社会环境中，公民会得到更多社会发展的消息，并能够参与到公共治理之中。总的来说，政府治理迫切需要得到公民的认可和

---

① 李新玲：《大数据：应用跑到了科研前头》，《中国青年报》2012年11月8日第12版。

② 艳琳：《大数据在生活中如何应用》，《科学大观园》2013年第12期，第76—77页。

③ 左晨晓、孔琪：《基于百度搜索量数据的消费者信心指数相关性研究》，《商场现代化》2016年第16期。

支持。及时得到公民的反馈，能对政府治理的改进和社会进步起到良好的作用。

案例 5 -9：公民众包机制的兴起。公民众包是指借助互联网网络平台，将特定的工作任务发包给公民，公民根据自身情况完成任务。现阶段，公民众包模式在一些城市的公共管理活动中被广泛应用，其应用特征主要包括公民的绝对自愿、任务的无偿性、全过程的公开性及借助网络等。在大数据环境下，公民众包一是有利于推进社会公益，借助网络可以对公益项目进行更大范围的宣传，同时借助众包机制，将各个环节进行拆分，实现公益项目的高度透明；二是有利于网络问政，主要是通过网络平台连接公民与政府，进行平等沟通①。

四、治理工具方面的现代化

（一）信息公开透明化

美国首任政府信息官维维克·昆德拉（Vivek Kundra）曾提出，政府数据属于公共资源，应该像天气预报一样实时公开。数据的开放、共享性，进一步驱动政府的政务信息更加公开透明，大数据能够将传统电子政务中很多查询、分析的数据进行集中存储和运行，使各个政府部门能够实时共享，打破了部门之间的信息隔阂，实现了政务办公流程透明化。大数据的特点在于实现纵横双向的信息共享，即纵向的多级网络连接上下级政府，横向的电子政务平台协同各个部门，从而打破信息孤岛，实现信息透明共享②。

案例 5 -10：截至 2016 年 4 月底，上海市公共信用信息服务平台

---

① 王妃飞：《大数据时代公共管理中的公民参与探究》，《基层建设》2019 年第 8 期，第 4—5 页。

② 于施洋、杨道玲、王璟璇、张勇进、王建冬：《基于大数据的智慧政府门户：从理念到实践》，《电子政务》2013 年第 5 期，第 65—74 页。

已归集上海市政府、法院、公共事业单位、社会团体等 97 家单位的 5 198 项信息事项，可查询近 1 050 万条法人数据、近 3.03 亿条自然人数据，覆盖本市约 138 万法人和 2 400 万自然人。平台涉及个人的信用事项，主要包括法院提供的判决、执行类信息；公用事业单位如水电煤、申通地铁、上海铁路，以及移动、电信、联通三大运营商等提供的违约类信息；上海市、区两级政府部门提供的行政处罚类信息。自然人信用信息查询量超过 1 292 万次①。

（二）治理平台虚拟化

大数据时代，随处可见的互联网、物联网、移动终端及传感器，都在不停地通过数据记录着人们的行为活动。政府、社会机构及个人不但是数据的生产者，同时也成了数据的使用者。如今，基于大数据理念的技术应用于数据的存储、收集、挖掘、分析等各个方面，政府处理数据的技术条件已大幅度提高，根据大数据特性，可以对政府、社会及民众个人产生的非结构化数据进行实时分析和处理，使治理对象进一步扩大，针对需要研究的问题可以进行全样本数据分析，而不再局限于部分样本。这样一来，治理方式的数据化既能够对事物进行全面深入的掌控，也能够在认知上更加趋近事物的本质。

案例 5－11：广州市黄埔区积极推行网格化管理与信息化管理，面向社区整合大数据应用，实现“数据到楼、一按全知、实时追踪、现场直播、问效于民”，排查纠纷隐患 7.2 万宗，就地化解率达 98%，将很多社会矛盾化解于基层②。

（三）行政沟通网状化

大数据时代，网络信息媒介作为一种主要的传播媒介方式，有效

① 牛正光、奉公：《应用大数据推动政府治理现代化的 SWOT 分析》，《电子政务》2016 年第 1 期，第 96—102 页。

② 邬玉良：《利用大数据技术提升政府治理水平》，《上海经济》2014 年第 9 期，第 42—43 页。

地促进了行政沟通方式和内容的迅速变化。大数据技术有助于加快建立网络行政沟通系统的进程，建立适应高效行政沟通要求的组织，优化上行沟通、下行沟通及平行沟通的环境，规范健全行政沟通双向反馈机制。无论是组织内沟通，还是组织外沟通，大数据都能够显著提升行政沟通的快速性、交互性和公开透明性，有助于解决传统行政沟通中信息公开程度不高、沟通方式单一、信息传播反馈不及时、沟通双方互动性不强等问题，促进政府治理科学化，提高政府的治理能力和行政效率。

案例 5－12：2019 年，我国各地大力推进各级政务服务平台，以国家政务服务平台为总枢纽的全国一体化在线政务服务平台初步建成，联通 32 个地区和 46 个国务院部门，对外提供国务院部门1 142项和地方政府358 万项在线服务，截至2019 年 12 月，32 个省级网上政务服务平台的个人用户注册数量达到 2.39 亿，有效地推动了各地区、各部门政务服务平台互联互通、数据共享、业务协同，行政沟通网状化趋势明显①。

五、治理职能方面的现代化

（一）公共决策科学化

数据是科学的基础，在大数据时代，政府应该以科学的数据分析作为决策依据。大数据能够发挥很高的人工智能作用，使电脑代替人脑进行数据挖掘和处理，根据数据间的相关性分析获取价值规律，为科学决策提供重要技术支撑，让政府决策者随着事态发展而不断地调整和优化决策。同时，通过智能技术完成动态监测、交互咨询、实时显示等。由于是针对数量接近全部的数据进行深入挖掘，其反映的规

① CNNIC 第 45 次调查报告：《互联网政务服务发展概况》，https：//baijiahao. baidu. com/s? id＝1065176082844809995，2020 年 4 月 28 日，访问时期：2021 年 3 月 22 日。

律能够使行政管理和决策更加精细化。

案例 5－13：2019 年 1 月 2 日，由厦门市统计局依托厦门市电子政务内外网和政务云平台打造的“厦门市统计经济综合分析平台”正式上线。这是以“大数据＋统计”的方法在数字经济领域的重要实践尝试，并结合数字福建建设，探讨省、市、区在数字产业统计、监测与服务上的新方法。该平台旨在通过信息化手段，实现数据从加载、审核到入库的全面信息化工作流程，以提升数据质量和工作效率，并在此基础上完善政府部门间的数据共享机制，为政府科学决策提供更加高效灵活的数据支持服务①。

（二）社会治理精准化

大数据时代，个人的大部分行为都够通过数据来体现和反映，政府通过大数据的全数据分析和关联性分析等技术，可以了解到社会治理客体的差异化需求，进而采取精准化的治理方案。鼓励在城市环卫、交通、医疗、养老、安全、消防、教育等领域，加大各类数据传感器的配置及互联网 APP 软件的开发应用，让民众通过网络或智能手机就能便捷地获取信息和表达诉求，切实提高精准的社会治理能力。

案例 5－14：上海申康医联工程，采集了近 40 家三级甲等医院的数据，形成拥有海量数据的健康档案数据库和医学影像信息库，可帮助医生制定精准的诊疗方案，评估治疗效果；帮助民众自行诊断小微病情，自助网上寻医问诊；帮助政府合理调配医疗资源，跟踪病情发展，大大提高了医疗防疫的监控能力②。

---

① 李晓平：《大数据＋统计，为政府决策提供可靠依据》，2018 年 11 月 5 日，http：//news. xmhouse. com/bd/201811/t20181105_ 672100. htm，访问日期：2021 年 3 月 23 日。

② 胡明晖、武化岩、胡明豪：《数据挖掘技术及其在公共管理中的应用》，《中原工学院学报》2002 年第 2 期，第 8—11 页。

（三）公共服务高效化

大数据时代，随着数字化政府建设的推进，不同单位及部门的数据资源得到进一步整合，社会不同领域积累的方方面面的民生数据被政府集中收集并处理分析，民众对公共服务的差异性需求被有效甄别，“一窗通办”“最多跑一次”等措施被提上了政府治理的日程，公共服务的效率得到了切实提高。

案例5－15： 2020年3月20日，“全方位、多维度、有温度”的郑州掌上城市综合服务平台——“郑好办”APP全面上线。截至2020年12月，上线运行的政务服务、便民服务已达到542项，公积金提取、契税补贴、居住证申报、水电气暖办理等和生活息息相关的事项都可以实现“零跑动”和“掌上办”①。

六、治理管控方面的现代化

（一）危机管理预知化

公共危机是关乎社会稳定和人民安全的重要事项，及时防范和处理公共危机是现代化政府治理水平的基本要求，政府必须在最短的时间内做出最科学的应急策略，降低对社会公众的危害。根据大数据技术可以进行孤立点分析，通过对奇异现象的研究分析，进行相关风险预测，以降低突发事件的危害性。例如，在对信用卡诈骗等各种欺诈行为进行分析时，通过孤立点分析可以发现与正常行为有明显区别的欺诈行为，从而获取相关特征信息，为防范各种诈骗行为提供识别和预警帮助②。

---

① 马娟：《透视郑州城市大脑建设成果2020发布会》，《河南日报》2020年12月21日第4版。

② 刘典文：《数据挖掘技术在公共管理领域的应用》，《行政论坛》2010年第2期，第42—46页。

案例5－16：北京于2013年在城市交通治理方面，通过对近3年北京9月份的交通路况数据进行分析，预测出由于学生开学返校、节日出行等原因，仅9月一个月就有9个重点拥堵日，被认定为“最堵月”①。

（二）权力监督无缝化

大数据能够将实时获取到的信息迅速处理，及时将事件现场的数据进行联动共享。每一个人的日常状况，如金融消费、收入支出、房车信息等数据都可以被实时采集，并进行监控和分析。权力监督部门可以利用大数据技术追踪和监控问题官员的动向，收集证据，拒腐防变。另外，网络问政、网民舆论等也为监督和查处违法违纪人员提供了条件，纪检监察机关也可以通过网络及时回应调查结果，通过网络的线上线下协调联动，提高问责效率。

案例5－17：2014年10月，九三学社与国家发改委、科技部、工信部、公安部、民政部、财政部及国家统计局等部门组成的调研组的调查报告中显示，上海民政部门通过数据平台开发了“居民经济状况核对系统”，利用信息技术对17.4万余户次申请保障房的家庭经济状况进行核对，通过大数据甄别，竟然检查出1.7万不合规户②。

（三）绩效考核数字化

利用大数据技术可以将各个部门的数据高度集中和共享，增加了各部门数据的透明度。在绩效考核时，考核对象的实时数据记录可以保证行为的真实性，同时，数据与数据之间相互影响和关联，很容易发现数据造假现象。因此，可以针对考核对象的“全样本”数据设

---

① 北京交管局：《2013年北京9月缓解交通拥堵专项行为方案》，2013年9月9日，http：//bj. bendibao. com/traffic/201399/116398. shtm，访问日期：2021年3月23日。

② 牛正光、奉公：《应用大数据推动政府治理现代化的SWOT分析》，《电子政务》2016年第1期，第96—102页。

计绩效考核评价模型，得到最数字化的科学考核结果。

案例5-18：2019年8月21日，从浙江政务服务网获悉，由浙江省政府主管的全国首个综合性“互联网+”督查平台“浙里督”成功上线，政府承诺的民生实事请公众参与来进行打分。在“绩效管理”板块，人人都是政府绩效考评的监督者。政府部门的成绩单，不能放在抽屉里，应当向真正的阅卷人呈报。“绩效考评”“督查激励”“部门绩效画像”3个专题将集中发布政府绩效考评和督查激励等信息①。

第四节 评价模型指标权重的确立

由于涉及政府治理现代化的评价指标是很难用数量确切表达的，因此，在评价时必须对多个层次的各因素的具体情况进行数量化的综合分析。模糊数学评价法（FCE）可以描述政府治理中模糊的指标，并对不精确、非量化的对象进行近似推理，而在确定各个评估指标的权重时，采用层次分析法（AHP）来应对复杂的权重分配。

设总的目标层为大数据时代政府地方治理现代化，记为C；主准则层为政府治理体系现代化和政府治理能力现代化，主准则层相对于综合评价值C来讲，权重为$W = [W_1, W_2]$。

次准则层为治理制度现代化、治理结构现代化、治理机制现代化、治理工具现代化、治理职能现代化和治理管控现代化6个主要因素，次准则层对主准则层来讲，权重为$U = [U_1, U_2, U_3]$和$V = [V_1, V_2, V_3]$。

分准则层对于次准则层来讲其权重分别为$X_1 = [X_{11}, X_{12}, X_{13}]$，$X_2 = [X_{21}, X_{22}, X_{23}]$，$X_3 = [X_{31}, X_{32}, X_{33}]$，$X_4 = [X_{41},$

① 陈薇：《浙江上线“互联网+督查”平台，政府考评你说了算》，http：//zj.cnr.cn/zjyw/20190821/t20190821_ 524741121.sh+ml，访问时期：2021年3月22日。

X_{42}，X_{43}]，X_5 = [X_{51}，X_{52}，X_{53}]，X_6 = [X_{61}，X_{62}，X_{63}]。

大数据时代政府治理现代化评价指标权重代码如表 5 –7 所示。

表 5 –7　大数据时代政府治理现代化评价指标权重代码表

目标层	主准则层	次准则层	分准则层
大数据时代政府治理现代化	大数据时代政府治理体系现代化（W_1）	政府治理制度现代化（U1）	治理理念人本化（X_{11}）
			行政程序法治化（X_{12}）
			政策制定合理化（X_{13}）
		政府治理结构现代化（U2）	治理主体多元化（X_{21}）
			组织结构扁平化（X_{22}）
			治理客体复杂化（X_{23}）
		政府治理机制现代化（U3）	治理方式协同化（X_{31}）
			资源配置市场化（X_{32}）
			公众参与常态化（X_{33}）
	大数据时代政府治理能力现代化（W_2）	政府治理工具现代化（V1）	信息公开透明化（X_{41}）
			治理平台虚拟化（X_{42}）
			行政沟通网状化（X_{43}）
		政府治理职能现代化（V2）	公共决策科学化（X_{51}）
			社会治理精准化（X_{52}）
			公共服务高效化（X_{53}）
		政府治理管控现代化（V3）	危机预警智能化（X_{61}）
			权力监督无缝化（X_{62}）
			绩效考核数字化（X_{63}）

通过专家访谈和咨询，应用 1—9 比例示度，对不同因素之间进行两两比较，构建出判断矩阵 A。

$$A = \begin{bmatrix} a_{11} & a_{12} & \cdots & a_{1n} \\ a_{21} & a_{22} & \cdots & a_{2n} \\ \vdots & \vdots & \vdots & \vdots \\ a_{n1} & a_{n2} & \cdots & a_{nn} \end{bmatrix}$$

a_{ij} 表示评估因素 a_i 相对 a_j 的重要性，其值由评判专家依据表 5 –8 的标度确定。

表 5-8　　判断矩阵标度及其含义①

标度	含　义
1	表示因素 a_i 与 a_j 同等重要
3	表示因素 a_i 比 a_j 稍微重要
5	表示因素 a_i 比 a_j 明显重要
7	表示因素 a_i 比 a_j 强烈重要
9	表示因素 a_i 比 a_j 极端重要
2，4，6，8	分别表示相邻判断 1—3、3—5、5—7、7—9 的中值
倒数	a_{ij} 表示 a_i 与 a_j 比较的判断，则 a_j 与 a_i 比较的判断 $a_{ji}=1/a_{ij}$

通过该方法可以得到主准则层的 1 个 2 阶判断矩阵 A，次准则层的 2 个 3 阶判断矩阵 B_1、B_2，以及分准则层的 6 个 3 阶判断矩阵 C_1、C_2、C_3、C_4、C_5、C_6。通过计算判断矩阵的最大特征根和对应的特征向量，求得的特征向量即为权重系数。

在判断矩阵 A 中，进行一致性检验的步骤如下：

一致性指标 $C.I.$：$C.I.=\dfrac{\lambda_{max}-n}{n-1}$，式中 n 为判断矩阵阶数。

平均随机一致性指标 $R.I.$：表 5-9 给出 1—15 维矩阵重复计算 1000 次的平均随机一致性指标：

表 5-9　　判断矩阵 RI 的取值②

维数	1	2	3	4	5	6	7	8	9	10	11	12	13	14	15
R. I.	0	0	0.58	0.90	1.12	1.24	1.32	1.41	1.45	1.49	1.52	1.54	1.56	1.58	1.59

计算一致性比例 $C.R.$：$C.R.=C.I./R.I.$

当 $C.R.<0.1$，一般认为判断矩阵的一致性是可以接受的。

对于主准则层是 1 个 2 阶的判断矩阵，我们普遍认为两项指标重要性相同，因此，权重各赋值 0.5。我们可以得出 $W=[W_1\quad W_2]=[0.5\quad 0.5]$。

① 姜轲：《航空公司安全文化评估系统设计》，硕士学位论文，电子科技大学，2010，第 39 页。

② 洪志国、李炎，范植华、王勇：《层次分析法中高阶平均随机一致性指标（RZ）的计算》，《计算工程与应用》2002 年第 12 期，第 45—47 页。

对于次准则层的 2 个判断矩阵 B_1、B_2来说，每个判断矩阵的特征向量即为次准则层的权重系数，记为 U、V。

$$B_1 = \begin{bmatrix} 1 & 1/2 & 3 \\ 2 & 1 & 2 \\ 1/3 & 1/2 & 1 \end{bmatrix}，最大特征根 \lambda_{max1} = 3.05；$$

特征向量 $U_1 = [U_1 \quad U_2 \quad U_3] = [0.52 \quad 0.83 \quad 0.22]$，归一化后为：[0.3，0.5，0.2]；

$$CI_1 = \frac{\lambda_{max1} - n}{n - 1} = \frac{3.05 - 3}{2} = 0.025，RI_3的值，查表得出为0.58；$$

$$CR_1 = \frac{CI_1}{RI_1} = \frac{0.025}{0.58} = 0.043 < 0.1$$，因此，该判断矩阵具有满意的一致性。

所以，政府治理制度现代化、治理机构现代化、治理机制现代化的权重分别是 $X_{11} = 0.3$，$X_{12} = 0.5$，$X_{13} = 0.2$。

$$B_2 = \begin{bmatrix} 1 & 1/3 & 1/2 \\ 3 & 1 & 2 \\ 2 & 1/2 & 1 \end{bmatrix}，最大特征根 \lambda_{max2} = 3.009；$$

特征向量 $V = [V_1 \quad V_2 \quad V_3] = [0.26 \quad 0.85 \quad 0.47]$，归一化后为：[0.2，0.5，0.3]；

$$CI_2 = \frac{\lambda_{max2} - n}{n - 1} = \frac{3.009 - 3}{2} = 0.0045，RI_4的值，查表得出为0.58；$$

$$CR_2 = \frac{CI_2}{RI_2} = \frac{0.0045}{0.58} = 0.008 < 0.1$$，因此，该判断矩阵具有满意的一致性。

所以，政府治理工具现代化、治理职能现代化、治理管控现代化的权重分别是 $V_1 = 0.2$，$V_2 = 0.5$，$V_3 = 0.3$。

对于分准则层可以构造 6 个判断矩阵：C_1、C_2、C_3、C_4、C_5、C_6，阶数均为 3。每个判断矩阵的特征向量即为分准则层的权重系数，记为 X_1、X_2、X_3、X_4、X_5、X_6。

$$C_1 = \begin{bmatrix} 1 & 1/5 & 1/3 \\ 5 & 1 & 3 \\ 3 & 1/3 & 1 \end{bmatrix}, \text{最大特征根 } \lambda_{\max C1} = 3.039;$$

特征向量 $X_1 = [X_{11} \quad X_{12} \quad X_{13}] = [0.15 \quad 0.92 \quad 0.37]$，归一化后为：[0.1，0.6，0.3]；

$$CI_1 = \frac{\lambda_{\max C1} - n}{n - 1} = \frac{3.039 - 3}{2} = 0.039$$，RI_3的值，查表得出为0.58；

$$CR_1 = \frac{CI_1}{RI_1} = \frac{0.039}{0.58} = 0.067 < 0.1$$，因此，该判断矩阵具有满意的一致性。

所以，治理理念人本化、行政程序法治化、政策制定合理化的权重分别是 $U_1 = 0.1$，$U_2 = 0.6$，$U_3 = 0.3$。

$$C_2 = \begin{bmatrix} 1 & 2 & 4 \\ 1/2 & 1 & 2 \\ 1/4 & 1/2 & 1 \end{bmatrix}, \text{最大特征根 } \lambda_{\max C2} = 3.00;$$

特征向量 $X_2 = [X_{21} \quad X_{22} \quad X_{23}] = [0.87 \quad 0.44 \quad 0.22]$，归一化后为：[0.6，0.3，0.1]；

$$CI_1 = \frac{\lambda_{\max C2} - n}{n - 1} = \frac{3.0 - 3}{2} = 0$$，RI_3的值，查表得出为0.58；

$$CR_1 = \frac{CI_1}{RI_1} = \frac{0}{0.58} = 0 < 0.1$$，因此，该判断矩阵具有满意的一致性。

所以，治理主体多元化化、组织结构扁平化、治理客体复杂化的权重分别是 $X_{21} = 0.6$，$X_{22} = 0.3$，$X_{23} = 0.1$。

$$C_3 = \begin{bmatrix} 1 & 1/3 & 1/4 \\ 3 & 1 & 1/2 \\ 4 & 2 & 1 \end{bmatrix}, \text{最大特征根 } \lambda_{\max C3} = 3.015;$$

特征向量 $X_3 = [X_{31} \quad X_{32} \quad X_{33}] = [0.92 \quad 0.35 \quad 0.2]$，归一化后为：[0.6，0.2，0.2]；

$$CI_1 = \frac{\lambda_{\max C3} - n}{n - 1} = \frac{3.015 - 3}{2} = 0.0075$$，RI_3的值，查表得出为0.58；

$CR_1 = \frac{CI_1}{RI_1} = \frac{0.0075}{0.58} = 0.013 < 0.1$，因此，该判断矩阵具有满意的一致性。

所以，治理方式协同化、资源配置市场化、公众参与常态化的权重分别是 $X_{31}=0.6$，$X_{32}=0.2$，$X_{33}=0.2$。

$C_4 = \begin{bmatrix} 1 & 4 & 3 \\ 1/4 & 1 & 1/3 \\ 1/3 & 3 & 1 \end{bmatrix}$，最大特征根 $\lambda_{maxC4} = 3.02$；

特征向量 $X_4 = [X_{41} \quad X_{42} \quad X_{43}] = [0.91 \quad 0.17 \quad 0.39]$，归一化后为：[0.6，0.1，0.3]；

$CI_1 = \frac{\lambda_{maxC4} - n}{n-1} = \frac{3.02-3}{2} = 0.01$，$RI_3$的值，查表得出为0.58；

$CR_1 = \frac{CI_1}{RI_1} = \frac{0.01}{0.58} = 0.017 < 0.1$，因此，该判断矩阵具有满意的一致性。

所以，信息公开透明化、治理平台虚拟化、行政沟通网状化的权重分别是 $X_{41}=0.6$，$X_{42}=0.1$，$X_{43}=0.3$。

$C_5 = \begin{bmatrix} 1 & 1/3 & 2 \\ 3 & 1 & 3 \\ 1/2 & 1/3 & 1 \end{bmatrix}$，最大特征根 $\lambda_{maxC5} = 3.05$；

特征向量 $X_5 = [X_{51} \quad X_{52} \quad X_{53}] = [0.38 \quad 0.89 \quad 0.24]$，归一化后为：[0.2，0.6，0.2]；

$CI_1 = \frac{\lambda_{maxC5} - n}{n-1} = \frac{3.05-3}{2} = 0.025$，$RI_3$的值，查表得出为0.58；

$CR_1 = \frac{CI_1}{RI_1} = \frac{0.025}{0.58} = 0.043 < 0.1$，因此，该判断矩阵具有满意的一致性。

所以，公共决策科学化、社会治理精准化、公共服务高效化的权重分别是 $X_{51}=0.2$，$X_{52}=0.6$，$X_{53}=0.2$。

$$C_6 = \begin{bmatrix} 1 & 5 & 4 \\ 1/5 & 1 & 1/3 \\ 1/4 & 3 & 1 \end{bmatrix}$$，最大特征根 $\lambda_{maxC6} = 3.06$；

特征向量 $X_6 = [X_{61} \quad X_{62} \quad X_{63}] = [0.94 \quad 0.14 \quad 0.31]$，归一化后为：[0.7，0.1，0.2]；

$CI_1 = \frac{\lambda_{maxC6} - n}{n-1} = \frac{3.06-3}{2} = 0.03$，$RI_3$的值，查表得出为0.58；

$CR_1 = \frac{CI_1}{RI_1} = \frac{0.03}{0.58} = 0.051 < 0.1$，因此，该判断矩阵具有满意的一致性。

所以，危机预警智能化、权力监督无缝化、绩效考核数字化的权重分别是 $X_{61}=0.7$，$X_{62}=0.1$，$X_{63}=0.2$。

综上，大数据时代政府治理现代化评价体系各指标权重如表5-10中标注所示。

表5-10　大数据时代政府治理现代化评估指标权重系数

目标层	主准则层	权重	次准则层	权重	分准则层	权重
大数据时代政府治理现代化	大数据时代政府治理体系现代化	$W_1=0.50$	政府治理制度现代化	U1=0.3	治理理念人本化	$X_{11}=0.1$
					行政程序法治化	$X_{12}=0.6$
					政策制定合理化	$X_{13}=0.3$
			政府治理结构现代化	U2=0.5	治理主体多元化	$X_{21}=0.6$
					组织结构扁平化	$X_{22}=0.3$
					治理客体复杂化	$X_{23}=0.1$
			政府治理机制现代化	U3=0.2	治理方式协同化	$X_{31}=0.6$
					资源配置市场化	$X_{32}=0.2$
					公众参与常态化	$X_{33}=0.2$
	大数据时代政府治理能力现代化	$W_2=0.50$	政府治理工具现代化	V1=0.2	信息公开透明化	$X_{41}=0.6$
					治理平台虚拟化	$X_{42}=0.1$
					行政沟通网状化	$X_{43}=0.3$
			政府治理职能现代化	V2=0.5	公共决策科学化	$X_{51}=0.2$
					社会治理精准化	$X_{52}=0.6$
					公共服务高效化	$X_{53}=0.2$
			政府治理管控现代化	V3=0.3	危机预警智能化	$X_{61}=0.7$
					权力监督无缝化	$X_{62}=0.1$
					绩效考核数字化	$X_{63}=0.2$

第五节 大数据时代政府治理现代化指数评价法

大数据时代，政府治理现代化作为国家治理现代化的重要组成部分，对其评价方法需要做好宏观和微观两个统筹，既要体现国家治理的总体方向，又要体现政府治理的具体要求，还要体现大数据作为公共组织的构成要素。因此，提出了大数据时代政府治理现代化指数（D），并以此表征大数据时代政府治理现代化的综合水平。由于政府治理现代化遵从国家治理现代化的总体框架，也包含有政府治理体系和政府治理能力现代化两个基本维度，因此，大数据时代政府治理现代化指数也是一个系统评价指数的集成，包括了一系列局部的评价指数，主要反映在大数据时代政府治理体系现代化指数和治理能力现代化指数两个方面。

一、大数据时代政府治理现代化指数（D）

政府行为体现着国家治理的活动内容、过程和职责，并通过有关国家事务、公共项目的管理活动过程体现国家治理中的公共责任，因此，大数据时代政府治理现代化顺应国家治理现代化的总体需求，主要包括政府治理体系现代化和治理能力现代化。结合前文中提出的“大数据时代政府治理现代化评价指标体系”，可以将大数据时代政府治理现代化水平用大数据时代政府治理现代化指数（D）来表征，构建大数据时代政府治理现代化指数评价模型，如表5-11所示。

表 5－11　　大数据时代政府治理现代化指数评价模型

目标层	主准则层	次准则层	分准则层	测量指标
大数据时代政府治理现代化指数（D）	大数据时代政府治理体系现代化指数（D1，权重 $W_1=0.50$）	政府治理制度现代化指数（D11，权重 U1＝0.3）	治理理念人本化指数（D111，权重 $X_{11}=0.1$）	城乡居民人均可支配收入（元）
			行政程序法治化指数（D112，权重 $X_{12}=0.6$）	信息公开行政诉讼情况（件）
			政策制定合理化指数（D113，权重 $X_{13}=0.3$）	政府主动公开规范性文件数（个）
		政府治理结构现代化指数（D12，权重 U2＝0.5）	治理主体多元化指数（D121，权重 $X_{21}=0.6$）	公共管理、社会保障和社会组织从业人员（万人）
			组织结构扁平化指数（D122，权重 $X_{22}=0.3$）	公共管理、社会保障和社会组织法人单位数（个）
			治理客体复杂化指数（D123，权重 $X_{23}=0.1$）	常住人口（万人）
		政府治理机制现代化指数（D13，权重 U3＝0.2）	治理方式协同化指数（D131，权重 $X_{31}=0.6$）	民间固定资产投资增长率/%
			资源配置市场化指数（D132，权重 $X_{32}=0.2$）	政府集中采购项目数量（个）
			公众参与常态化指数（D133，权重 $X_{33}=0.2$）	自然人申请政府信息公开数量（条）
	大数据时代政府治理能力现代化指数（D2，权重 $W_2=0.50$）	政府治理工具现代化指数（D21，权重 V1＝0.2）	信息公开透明化指数（D211，权重 $X_{41}=0.6$）	年度予以公开的政府信息公开申请数（条）
			治理平台虚拟化指数（D212，权重 $X_{42}=0.1$）	信息公开行政许可数（条）
			行政沟通网状化指数（D213，权重 $X_{43}=0.3$）	工会基层组织数（万个）
		政府治理职能现代化指数（D22，权重 V2＝0.5）	公共决策科学化指数（D221，权重 $X_{51}=0.2$）	年度公开规章数（项）
			社会治理精准化指数（D222，权重 $X_{52}=0.6$）	城镇居民最低生活保障人数（万人）
			公共服务高效化指数（D223，权重 $X_{53}=0.2$）	卫生机构床位数（张）
		政府治理管控现代化指数（D23，权重 V3＝0.3）	危机预警智能化指数（D231，权重 $X_{61}=0.7$）	疾病预防控制中心数（个）
			权力监督无缝化指数（D232，权重 $X_{62}=0.1$）	年度审结贿赂等职务犯罪人数（人）
			绩效考核数字化指数（D233，权重 $X_{63}=0.2$）	一般公共预算收入（亿元）

因此，大数据时代政府治理现代化指数（D）与政府治理体系现代化指数（D1）和政府治理能力现代化（D2）有关，在考虑权重系数的基础上，得出大数据时代政府治理现代化指数的具体计算公式：

$D = 0.5 \times D1 + 0.5 \times D2$

二、大数据时代政府治理体系现代化指数（D1）

大数据时代政府治理体系现代化指数（D1）主要衡量政府治理体系方面的现代化水平，涉及政府治理制度、政府治理结构和政府治理机制3个方面的现代化，因此，大数据时代政府治理体系现代化指数（D1）与政府治理制度现代化指数（D11）、政府治理结构现代化指数（D12）、政府治理机制现代化指数（D13）有关，考虑权重系数后，得出大数据时代政府治理体系现代化指数的具体计算公式：

$D1 = 0.3 \times D11 + 0.5 \times D12 + 0.2 \times D13$

（一）大数据时代政府治理制度现代化指数（D11）

大数据时代政府治理制度现代化指数（D11）主要衡量政府治理制度方面的现代化水平，表现为治理理念人本化、行政程序法治化、政策制定合理化3个方面。因此，大数据时代政府治理制度现代化指数（D11）与治理理念人本化指数（D111）、行政程序法治化指数（D112）、政策制定合理化指数（D113）有关，考虑权重系数后，得出大数据时代政府治理制度现代化指数的具体计算公式：

$D11 = 0.1 \times D111 + 0.6 \times D112 + 0.3 \times D113$

其中，治理理念人本化指数（D111）用“城乡居民人均可支配收入”作为指标变量，行政程序法治化指数（D112）用“信息公开行政诉讼情况”作为指标变量，政策制定合理化指数（D113）用“政府主动公开规范性文件数”作为指标变量。

（二）大数据时代政府治理结构现代化指数（D12）

大数据时代政府治理结构现代化指数（D12）主要衡量政府治理结构方面的现代化水平，表现为治理主体多元化、组织结构扁平化、治理客体复杂化 3 个方面。因此，大数据时代政府治理结构现代化指数（D12）与治理主体多元化指数（D121）、组织结构扁平化指数（D122）、治理客体复杂化指数（D123）有关，考虑权重系数后，得出大数据时代政府治理结构现代化指数的具体计算公式：

$$D12 = 0.6 \times D121 + 0.3 \times D122 + 0.1 \times D123$$

其中，治理主体多元化指数（D121）用“公共管理、社会保障和社会组织从业人员”作为指标变量，组织结构扁平化指数（D122）用“公共管理、社会保障和社会组织法人单位数”作为指标变量，治理客体复杂化指数（D123）用“常住人口”作为指标变量。

（三）大数据时代政府治理机制现代化指数（D13）

大数据时代政府治理机制现代化指数（D13）主要衡量政府治理机制方面的现代化水平，表现为治理方式协同化、资源配置市场化、公众参与常态化 3 个方面。因此，大数据时代政府治理机制现代化指数（D13）与治理方式协同化指数（D131）、资源配置市场化指数（D132）、公众参与常态化指数（D133）有关，考虑权重系数后，得出大数据时代政府治理机制现代化指数的具体计算公式：

$$D13 = 0.6 \times D131 + 0.2 \times D132 + 0.2 \times D133$$

其中，治理方式协同化指数（D131）用“民间固定资产投资增长率”作为指标变量，资源配置市场化指数（D132）用“政府集中采购项目数量”作为指标变量，公众参与常态化指数（D133）用“自然人申请政府信息公开数量”作为指标变量。

三、大数据时代政府治理能力现代化指数（D2）

大数据时代政府治理能力现代化指数（D2）主要衡量政府治理能力方面的现代化水平，涉及政府治理工具、政府治理职能和政府治理管控3个方面的现代化，因此，大数据时代政府治理能力现代化指数（D2）与政府治理工具现代化指数（D21）、政府治理职能现代化指数（D22）、政府治理管控现代化指数（D23）有关，考虑权重系数后，得出大数据时代政府治理能力现代化指数的具体计算公式：

$$D2 = 0.2 \times D21 + 0.5 \times D22 + 0.3 \times D23$$

（一）大数据时代政府治理工具现代化指数（D21）

大数据时代政府治理工具现代化指数（D21）主要衡量政府治理工具方面的现代化水平，表现为信息公开透明化、治理平台虚拟化、行政沟通网状化3个方面。因此，大数据时代政府治理工具现代化指数（D21）与信息公开透明化指数（D211）、治理平台虚拟化指数（D212）、行政沟通网状化指数（D213）有关，考虑权重系数后，得出大数据时代政府治理工具现代化指数的具体计算公式：

$$D21 = 0.6 \times D211 + 0.1 \times D212 + 0.3 \times D213$$

其中，信息公开透明化指数（D211）用“年度予以公开的政府信息公开申请数”作为指标变量，治理平台虚拟化指数（D212）用“信息公开行政许可数”作为指标变量，行政沟通网状化指数（D213）用“工会基层组织数”作为指标变量。

（二）大数据时代政府治理职能现代化指数（D22）

大数据时代政府治理职能现代化指数（D22）主要衡量政府治理职能方面的现代化水平，表现为公共决策科学化、社会治理精准化、公共服务高效化3个方面。因此，大数据时代政府治理职能现代化指数（D22）与公共决策科学化指数（D221）、社会治理精准化指数（D222）、公共服务高效化指数（D223）有关，考虑权重系数后，得出大数据时代政府治理职能现代化指数的具体计算公式：

$$D22 = 0.2 \times D221 + 0.6 \times D222 + 0.2 \times D223$$

其中，公共决策科学化指数（D221）用“年度公开规章数”作为指标变量，社会治理精准化指数（D222）用“城镇居民最低生活保障人数”作为指标变量，公共服务高效化指数（D223）用“卫生机构床位数”作为变量指标。

（三）大数据时代政府治理管控现代化指数（D23）

大数据时代政府治理管控现代化指数（D23）主要衡量政府治理管控方面的现代化水平，表现为危机预警智能化、权力监督无缝化、绩效考核数字化 3 个方面。因此，大数据时代政府治理管控现代化指数（D23）与危机预警智能化指数（D231）、权力监督无缝化指数（D232）、绩效考核数字化指数（D233）有关，考虑权重系数后，得出大数据时代政府治理管控现代化指数的具体计算公式：

$$D23 = 0.7 \times D231 + 0.1 \times D232 + 0.2 \times D233$$

其中，危机预警智能化指数（D231）用“疾病预防控制中心数”作为指标变量，权力监督无缝化指数（D232）用“年度审结贿赂等职务犯罪人数”作为指标变量，绩效考核数字化指数（D233）用“一般公共预算收入”作为指标变量。

小　　结

本章分析了中西方治理评级指标的不同之处，在此基础上，提出了大数据时代政府治理现代化的内涵，构建了大数据时代政府治理现代化的评价体系，包括对政府治理体系和治理能力现代化两方面的评价，政府治理体系现代化主要包括在政府治理制度方面，实现治理理念人本化、行政程序法治化、政策制定合理化；在治理结构方面，实现治理主体多元化、组织结构扁平化、治理客体复杂化；在治理机制方面，实现治理方式协同化、资源配置市场化、公众参与常态化。政府治理能力现代化主要包括在治理工具方面，实现信息公开透明化、治理平台虚拟化、行政沟通网状化；在政府治理职能方面，实现公共决策科学化、社会治理精准化、公共服务高效化；在治理管控方面，实现危机预警智能化、权力监督无缝化、绩效考核数字化。通过层次分析法和模糊综合评价法，确定各项评价指标的权重系数，结合权重系数，提出了大数据时代政府治理现代化指数（D）的计算公式。

大数据时代政府
治理现代化
评价体系
Chapter 6

第六章　大数据时代政府治理现代化效能评价模型

大数据时代，政府需要根据不同地方的总体规划、经济实力、产业结构、区域面积的差别，而选用不同的措施来推进政府治理现代化。那么，如何评价政府治理现代化的效能，政府治理现代化带来了哪些经济社会指标的改进？需要进一步的研究和探讨。

第一节　政府治理现代化效能的传统评价模型

一、PESTEL 分析模型

PESTEL 分析模型[①]，通常是从综合视角，对某个方略实施取得的效果进行评价。这种模型通过判断一些宏观外因对组织的影响，得出评价结论。PESTEL 模型分别由政治（Polical）、经济（Economic）、社会（Social）、技术（Technological）、环境（Environmental）和法律（Legal）因素指标组成。政治指标一般从政府行政的层面考虑，如国家颁布的法律、地方政府出台的法规等；经济指标主要是指宏观方面的经济形势，如国民生产总值、经济发达程度等；社会指标主要包括风俗人情和常住人口情况等方面，如年龄结构、性别比例等；技术指标一般指科技创新程度、研究和发展投入情况、技术成果转化等；环境指标主要指环境保护、绿色安全、生态文明等；法律指标主要指法律法规的制定与完善情况，包括地方政策的出台等。

二、欧洲智慧治理特征模型

智慧治理很多时候被看作是政府治理现代化的重要形式，Caragliu、Del Bo 和 Nijkamp 等通过研究智慧城市发展的评价方法，经过总

① Gerry Johnson，Kevan Scholes，Richard Whittington. Exploring Corporate Strategy [M]. England：Pearson Education Limited，2008：55 - 57.

结梳理，逐渐形成了欧洲智慧治理特征模型①。此模型通过分析智慧化的经济、居民、政府、交通、环境和生活 6 个方面的特征，综合得出对智慧治理成效的评价，如表 6－1 所示。

表 6－1　　　　欧洲智慧治理特征模型②

特征属性	特征属性说明
智慧经济	大数据和信息技术对经济的影响，主要指经济发达程度、科技创新投入能力、产业发展的信息化水平等
智慧居民	人口数量及分布，公民生活水平，收入情况和消费能力，物质、文化、精神需求情况，以及参政议政、参与治理的情况
智慧政府	政府行政的政务流程是开放的，公民可以很方便地对政府进行监督。数据中心等基础设施为民众应用政府治理的信息和数据提供了保障。治理平台之间数据共享，打破数据藩篱
智慧交通	首先是高度发达的交通路网设施，确保高效的通行和物流能力；其次是交通数据的实时监控、采集、处理能力，需要加强传感器、摄像头、信息指挥中心、车载物联网等方面的建设
智慧环境	对资源的合理开发，以及对资源利用技术水平的提高，通过信息化技术对环保指标实现实时监测，采取有效的环保治理防范机制
智慧服务	为公民提供健康、便捷、舒适、安全的生活环境和社会化服务

三、中国电信 PETMS 模型

中国电信经常采用 PETMS 模型，即从人口（People）、经济（Economy）、交通（Transportation）、工业（Manufacturing）和服务（Service）5 个维度来衡量一个城市信息化效能的状况，如表 6－2 所示：

表 6－2　　　　PETMS 模型③

维度	指标	指标解释
人口	常住人口	以人为本，把城市的常住人口数量作为城市的一个特征来衡量，人口的多少影响着一个城市或地区对信息化建设的需求

① Caragliu Andrea，Chiara Del Bo，Peter Nijkamp. Smart cities in Europe [J]. Amsterdam：YU University of Amsterdam，2011（48）1－12.

② 贾智捷：《廊坊智慧城市建设模式研究》，中国科学院大学，2015，第 8 页。

③ 邹佳佳：《智慧城市建设的途径与方法研究——以浙江宁波为例》，硕士学位论文，浙江师范大学，2013，第 44 页。

续表

维度	指标	指标解释
经济	GDP	经济水平是一个地区建设通信设施、数据中心等现代化设施的重要前提，反映了一个城市信息化发展的后劲
交通	交通吞吐能力	交通物流是经济发展的前提，对工业、服务业具有直接的影响。智慧化的交通是一个城市现代化建设的基础，是连通政府与社会的纽带
工业	第二产业增加值	工业反映了城市工业化进程和产业发展状况，影响着城市信息化和现代化建设途径的选择
服务	第三产业增加值	服务业反映了城市后工业化进程，同时，服务业所包含的内容涉及人们幸福感的众多内容，影响城市建设过程中对产业发展途径和管理服务途径的选择

第二节　传统模型的比较分析

通过以上对比研究可以得出，PESTEL 分析模型大多用于宏观问题的分析，对于政府治理中的微观业务分析往往难以满足要求。欧洲智慧治理特征模型，本身是在研究欧洲相关的智慧城市问题时提出的，并不完全适合对现代化治理效果的评价，特别是针对中国地方政府的治理现代化效果来讲，无法对治理现代化特征进行界定、分析及指标量化，适用性不强。中国电信 PETMS 模型是以电信公司业务发展目标为前提的，选取了人口、经济、交通、工业和服务 5 个方面的因素，可以进行量化描述和比较，也能够反映治理现代化的客观现实指标，数据便于获取，并且具有较强可比性，但指标选取类型不够充分。以上 3 个模型的比较分析情况如表 6－3 所示。

表 6－3　　各模型比较分析

模型分类	优势	劣势
PESTEL 分析模型	分析全面	宏观分析局限性，不适合微观分析
欧洲智慧治理特征模型	指标全面，搭建了核心系统模型	数据获取困难，对中国适用性有限，对治理的特征不容易界定
PETMS 分析模型	指标可量化，数据可比性强、容易获得，对中国具有适用性	指标选取的完整性不够

将前文提到的 PESTEL 分析模型、欧洲智慧治理特征模型、中国电信 PETMS 模型的各因素指标进行对比，如表 6－4 所示。很明显发现，在这些传统模型中，均将经济、人口、交通作为重点关注领域。另外，产业的发展和服务业配套能力也是不容忽视的指标。

表 6－4　　模型因素指标的比较分析

模型名称	因素指标分类					
PESTEL 分析模型	P：政治	E：经济	S：社会	T：技术	E：环境	L：法律
欧洲智慧治理特征模型	政府	经济	居民	交通	环境	服务
PETMS 分析模型	P：人口	E：经济	T：交通	M：工业	S：服务	

第三节　大数据时代政府治理现代化 PEMSTI 效能模型

一、特征指标分析模型中因素指标的选取

根据 PESTEL 分析模型、欧洲智慧治理特征模型、中国电信 PETMS 模型 3 个分析模型指标的可量化性、重点关注领域及在中国的适用性，经过综合比较，认为 3 个模型各有优劣，其中中国电信 PETMS 模型选取的指标具有较强的实用性，但一共 5 项指标有些单薄，考虑到通信基础设施和创新能力对政府治理现代化建设的重要性，对模型进行了修正，加入了通信基础设施的评估，即将人口（P）、经济（E）、工业（M）、服务（S）、交通（T）和信息化（I）6 个维度确定为政府治理现代化特征指标分析模型的各项指标，即政府治理现代化 PEMSTI 效能模型，如表 6－5 所示。以下是这几项指标的选取依据和选取理由。

表 6－5　　PEMSTI 指标

维度	P	E	M	S	T	I
因素	人口	经济	工业	服务	交通	信息化

（一）人口

人口既涉及一个地方的常住人口数量，也涉及就业人口的数量。人口总数的多少，往往会影响到地方的劳动力、消费能力、服务业水平、信息化应用等方面。人的需求是消费力的源泉，人口总量多的地方，民众的整体消费需求就高，买房、购车、教育、娱乐等领域的市场活跃度会也高涨。另外，就业人口是地方经济社会发展的动力，新增就业人口更是反映地方综合发展的活力，一般劳动力资源丰富地方，容易招工，工资水平相对稳定。从目标导向看，政府治理现代化建设宗旨也是更好地满足人民日益增长的美好生活需要，更好地为民众提供优质的公共服务。所以，人口在大数据时代是政府治理现代化分析评价中的一个不可或缺的要素。

（二）经济

经济实力主要指经济总量，是反映一个地方经济发展强弱的重要指数。例如，用国民生产总值来衡量这一地方经济实力的高低。我国大多数城市仍然是劳动密集型城市，通过吸引就业人口来促进经济发展仍是常态，因此，GDP 总量隐含了地域面积、人口就业、经济产业等多方面综合因素，在一定程度上比人均 GDP 更能说明问题。经济实力雄厚，就能够为政府治理提供充足的资金支持。政府治理现代化发展的目标首先是经济的发展，以经济带动各项治理工作健康发展。大数据技术基础设施的建设及城市治理现代化水平也都会受到城市经济实力和经济规模的影响，因此，经济实力是推进政府治理实现现代化的重要前提。

（三）工业

工业实力直接反映了城市第二产业的总量规模，工业企业也是政府治理的重要对象。当前，产能严重过剩的钢铁企业、污染严重的煤化工厂，都需要我们停止原来以产能规模为主的经济发展方式，加快以科技创新驱动为主的经济发展方式。大数据技术的产业化发展也属于工业发展范畴，所以，工业指标也能反映出数据化、信息化产业的发展基础。

（四）服务

该项指标涉及了社会服务保障工作及服务产业的发展。社会服务与社会保障是当前解决人民日益增长的美好生活需要的关键抓手，也是体现政府治理能力现代化的重要指标。服务业作为经济社会发展的重要组成部分，其发达程度也反映了一个城市的繁荣程度。大数据技术的应用，可以加快政府治理现代化的步伐，提高政府公共服务能力。因此，服务业的发达程度，也是衡量政府治理现代化效能的一个重要标尺。

（五）交通

该指标主要反映城市的交通运输能力，涉及汽车保有量、交通吞吐量等内容。汽车保有量能够较为客观地反映城市道路交通的总体压力，汽车数量的增长也是反映一个地域人们生活水平的提高和地域经济发展的具体体现。另外，交通的发达程度对汇聚人才、生产经营等方面均具有深刻影响，在当前汽车保有量大幅增长的时代背景下，通过智慧交通确保城市物资吞吐运输能力是政府治理中的一项必要任务。因此，交通吞吐运输能力也是反映一个地区政府治理现代化情况的重要指标。

（六）信息化

随着4G、5G网络和智能上网手机的普及，信息化技术改变了政府治理的流程和社会民众生活的方式。互联网用户量能够直观反映数据网络技术在民众中应用的覆盖度，也能进一步体现公众对政府数据治理、数字政府的基本参与能力。另外，电信业务总量也是反映一个城市信息通信能力和信息化水平比较直观的数据，信息通信能力是政府治理现代化建设的基础，固定电话、移动电话和互联网等方面的业务量反映了公众的参与和应用信息化设施的程度。

二、雷达图分析法对特征指标的评价

（一）雷达图分析法的概念

雷达图分析方法是一种像雷达显示图形状的，用于多变量对比分析的技术。由若干等距的同心圆组成，圆心向外引若干条射线，射线与每一圆的交点表示一个分值，分值沿射线向外增加，每条射线代表一项指标。针对多属性体系结构，常使用雷达图对需要描述的对象作综合性和整体性的评价。

雷达图一个非常重要的特点就是外形直观，根据雷达图能够直观地分析出评价对象的情况，因而在评价工作中时常直接用雷达图进行定性评价。雷达图一般包括 3 种类型，分别是优势发展型、消极萎靡型和正常运作型（如图 6 - 1 所示）。优势发展型，说明待评价对象的各项指标均高于平均水平，具有一定的发展优势；消极萎靡型，说明待评价对象的各项指标低于平均水平，发展劲头不足，存在一定的问题；正常运作型，说明待评价对象的各项指标处于平均水平，属于正常发展状态。

（二）雷达图在政府治理现代化特征指标评价中的应用

对于某个城市政府治理现代化的评价，我们采用 PEMSIT 模型，选取人口、经济规模、工业、服务业、交通和通信作为特征分析的各个指标。由于该模型是一种比较分析，需要寻找很多城市作为样本，并选取这些样本城市的 PEMSIT 各种指标进行对比分析，构建一个 6 维的比较分析模型，并通过雷达图进行直观分析。因此，如何选择样

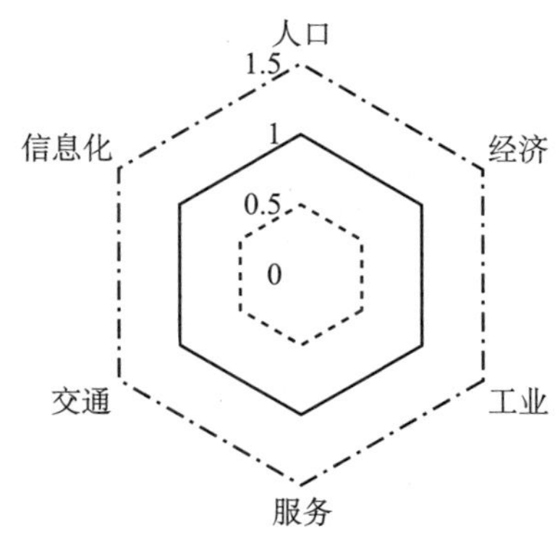

图 6-1　雷达图的 3 种形式

本城市，将对模型分析的价值具有重大影响。

假设选取 20 个样本城市 A，包括目标城市 A_h。

$A = [A_1, A_2, \cdots A_h, \cdots A_{20}]$；

目标城市的实际值为 $A_h = [a_{hp}, a_{he}, a_{hm}, a_{hs}, a_{hi}, a_{ht}]$。

建立模型最终的结果是得出目标城市各维指标标准化后的值，而各维指标标准化后的值是将目标城市的各维指标实际值与所有样本城市各维指标实际值的平均值进行比较。

样本城市各维指标实际值的平均值 $X = [x_p, x_e, x_m, x_s, x_i, x_t]$；

$x_p = (a_{1p} + a_{2p} + \cdots a_{hp} + \cdots a_{20p}) / 20$。

目标城市各维指标标准化后的值 $Y = [Y_p, Y_e, Y_m, Y_s, Y_i, Y_t]$；

$Y = A_h / X$；$Y_p = a_{hp} / x_p$。

政府治理现代化特征指标分析模型的指标进行量化后，模型中得到的各指标标准化后的值为该城市各指标实际数值，除以选取的所有样本城市各指标实际数值平均值得到比值。

特征指标分析模型用雷达图进行绘图，从图 6-2 来看，其中 1 为各城市模型指标的平均水平。小于 1 的值，说明低于平均水平；大于 1 的值，说明高于平均水平。值越大，说明水平越高。

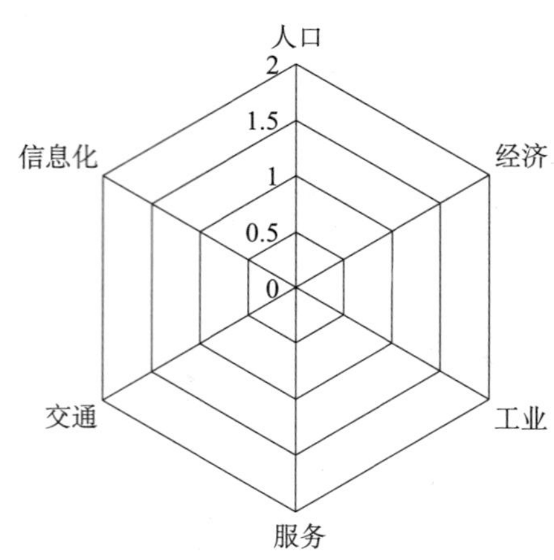

图6－2　政府治理现代化特征指标分析模型

三、政府治理现代化效能评价的一般流程及方法

政府治理现代化建设是一个非常系统和烦琐的过程，涵盖了政府行政改革、技术创新、民生服务的很多领域。在对某个地方的政府治理现代化建设情况及路径进行评价的过程中，需要用到大量不同的理论，可以按照如下流程及方法进行考虑和分析，如图6－3所示。

第一，对一个地方的发展现状进行调研，如宏观规划、经济结构、行政效率、科技创新、信息化程度等，通过走访、问卷、谈话等措施，建立评价机制对所处地方的数据网络应用程度及民生改善进行整体和局部的评判，客观分析政府治理现代化工作带来的各方面改观，同时，找出仍然存在的不足。

第二，认真研究该地方的人口、经济、工业、服务业、交通和信息化6个方面的实际指标数值，再经过换算得出各个指标的比较值，构建政府治理现代化的特征指标分析模型。

第三，根据特征指标分析模型，对该地方信息化建设情况及其对民生、经济、产业、交通等方面的影响进行评判，结合问卷调查所反映的政府治理满意度评价，着手研究政府治理现代化建设的路径问题，从投资拉动方面、创新驱动方面，以及管理服务方面提出具体建设路径。

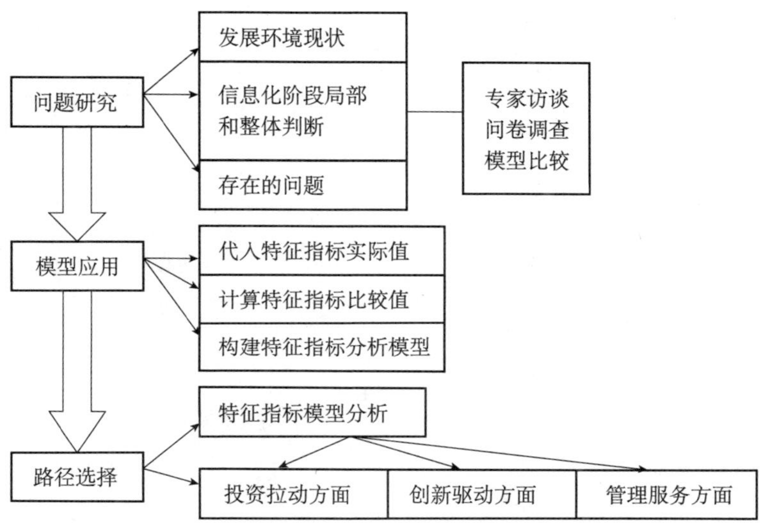

图 6－3　政府治理现代化分析的一般流程

小　　结

本章首先对基于大数据的政府治理现代化特征指标分析模型的各因素指标进行选取，将 PESTEL 分析模型、欧洲智慧治理模型及中国电信的 PETMS 模型的各因素综合比较，讨论影响政府治理现代化建设涉及的经济因素、社会因素和技术因素等。其次经过改进，确定了特征指标分析模型的各因素指标，即 PEMSTI 模型。最后，通过雷达图分析法进行了量化分析，并提出了对政府治理现代化状况进行分析的一般流程及方法。

第七章　大数据时代中国政府治理现代化概况的描述性分析

随着大数据技术的发展，我国各级政府越来越重视大数据在治理现代化发展中的应用，目前在政务大数据治理方面的政策制定、机构设置、平台建设、共享开放等方面均取得了长足的进展。本章选取全国31个省（自治区、直辖市）政府大数据治理情况为研究对象（未包括港、澳、台、新疆生产建设兵团），总结和梳理当前我国应用大数据推动政府治理现代化的整体概况，运用大数据对政府治理工作的开展情况及社会影响进行评价，构建基于大数据的政府治理现代化指数，对未来中国政务大数据治理战略的发展具有重要的指导意义。

第一节　全国大数据治理相关政策制定与发布情况

为实现对政府治理中大数据资源的有效管理和应用，党和国家陆续制定了一系列政策文件，对大数据背景下的政府治理工作提出了相关的要求。如表7-1所示，从2004年中办发布的《关于加强信息资源开发利用工作的若干意见》中可以看出，在21世纪初，我国对大数据的提法还未明确，当时还是在信息化的概念下出台的政策，随后经历了2006年“电子政务”的提法，2015年国务院办公厅出台了《国务院办公厅关于运用大数据加强对市场主体服务和监督的若干意见》以后，正式在国家层面提出了大数据的概念，并连续出台一系列重磅文件，支持大数据在政府治理中的应用与发展。2017年，党的十九大报告中明确提出了大数据战略的重要性，之后从国家层面的政策制定中，越来越彰显大数据与治理现代化的融合，特别是2019年党的十九届四中全会之后，大数据治理成为“中国之治”理论体系的重要支撑。

表 7－1　大数据治理政策演进表

时间	文件名称
中办发〔2004〕34 号	《关于加强信息资源开发利用工作的若干意见》
国信〔2006〕2 号	《国家电子政务总体框架》
国办发〔2015〕51 号	《国务院办公厅关于运用大数据加强对市场主体服务和监督的若干意见》
国发〔2015〕50 号	《国务院关于印发促进大数据发展行动纲要的通知》
国办发〔2016〕47 号	《国务院办公厅关于促进和规范健康医疗大数据应用发展的指导意见》
国发〔2016〕51 号	《国务院关于印发政务信息资源共享管理暂行办法的通知》
国发〔2016〕73 号	《国务院关于印发“十三五”国家信息化规划的通知》
国发〔2017〕39 号	《国务院办公厅关于印发政务信息系统整合共享实施方案的通知》

从政府关于大数据政策的制定和出台情况看，各省政府为积极贯彻中央政策精神，提升政府大数据治理水平，制定并发布政务数据治理的相关政策正逐年增多。根据中国电子信息行业联合会发布的《中国政务数据治理发展报告（2020 年）》：2010 年至 2019 年，全国 31 个省（自治区、直辖市）共出台了 125 份省级政府层面与政务数据治理直接相关的政策文件①，如图 7－1 所示。从政策出台时间上来看，在 2016 年以前，仅有少量省份对政务大数据治理给予足够重视。从 2010 年开始，全国省级层面连续 5 年出台的大数据政府治理相关政策均为个位数，一直到 2016 年，各省出台的相关政策文件的数量才显著增加。

从东、中、西部地域差异方面分析，经过横向对比，东部地区出台的政府大数据治理相关政策文件最多，平均每省为 5.6 份；而中部地区出台的政策文件最少，平均每省仅为 3.1 份；西部地区由于贵州、重庆等地对大数据治理先行先试，率先出台了很多举措，因此，西部关于政府大数据治理的相关政策文件数量比中部地区还要多，如

① 中国电子信息行业联合会：《中国政务数据治理发展报告（2020 年）》，2020 年 2 月 21 日，http：//www. cbdio. com/BigData/2020－02/21/content_ 6154719. htm，访问日期：2020 年 3 月 2 日。

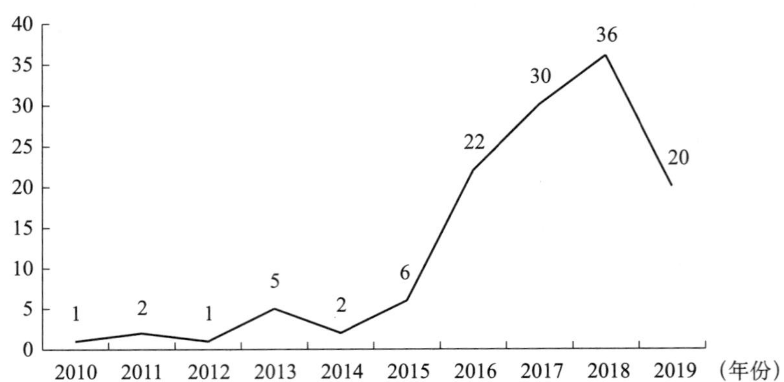

图 7－1　2010—2019 年全国政务大数据治理相关政策数量图

图7－2 所示。整体来看，我国省级地方对政府大数据治理的重视程度依然较弱，平均每省出台相关政策的数量仅为个位数。

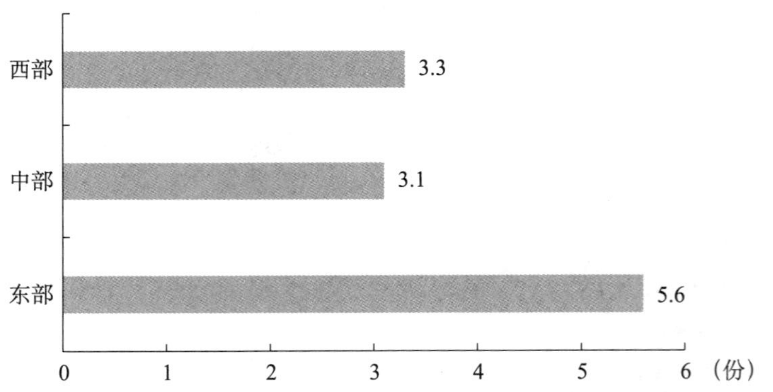

图 7－2　不同地域平均每省政府大数据治理相关政策数量

第二节　大数据管理机构设置情况

近年来，我国各地政府纷纷加大力度，着力推进机构改革与调整。2018 年，中共中央印发了《深化党和国家机构改革方案》，明确提出，中央和国家机关机构改革要在 2018 年底前落实到位；省级党

政机构改革要在2018年底前机构调整基本到位；省级以下党政机构改革，在2018年底前报党中央备案，所有地方机构改革任务在2019年3月底前基本完成。基于此背景下，各省、各地市高度重视大数据的管理工作，加快成立专门的大数据管理机构，进行政务数据管理和大数据应用。

一、地域分布情况

根据中国电子信息行业联合会2020年发布的《中国政务数据治理发展报告》显示，截至2019年底，我国31个省（自治区、直辖市）中，已设立专门数据管理机构的省份为22个。按照中国七大地理分区标准划分，地域分布如表7-2所示。截至2019年，我国省级政务数据管理机构编制类型主要分为行政机构、事业机构和法定机构3类，在已成立的22个省级政务数据管理机构中，行政单位性质机构13个、事业单位性质机构8个、法定机构1个。其中，海南省大数据管理局是全国首个，也是目前唯一以法定机构形式设立的省级大数据管理局。除了海南省外的21个省级政务数据管理机构中，正厅（局）级单位9个、副厅（局）级12个[①]。

表7-2　　中国大数据管理机构地域分布表

地区	省（自治区、直辖市）
华北地区	北京、天津、河北、内蒙古
东北地区	黑龙江、吉林
华东地区	上海、江苏、浙江、安徽、福建、江西、山东
华中地区	河南、湖北
华南地区	广东、广西、海南

① 中国电子信息行业联合会：《中国政务数据治理发展报告（2020年）》，2020年2月21日，http：//www. cbdio. com/BigDato/2020-02/21/content_ 6154719. htm. 访问日期：2020年3月2日。

续表

地区	省（自治区、直辖市）
西南地区	四川、贵州、重庆
西北地区	陕西

二、机构职能分析

针对我国已公布机构职责的 14 个省级大数据管理机构进行分析，可以将政府大数据管理机构的职责划分为 5 大类型，分别为数据共享公开、数据产业经济、数据安全保障、数据基础设施、数据资金管理。通过研究和分析，各省份所涉及的大数据管理机构职责分布情况如表 7－3 所示。

表 7－3　各省所涉及的大数据管理机构职责分布情况

省（自治区、直辖市）	数据共享公开	数据产业经济	数据安全保障	数据基础设施	数据资金管理
北京	○	○	○	○	
天津	○	○	○	○	
吉林	○	○	○	○	○
黑龙江	○			○	
上海	○		○	○	
浙江	○		○	○	
江西	○			○	
河南	○	○	○	○	
广东	○		○	○	○
广西	○	○	○	○	○
海南	○	○	○	○	○
重庆	○	○		○	
四川	○		○	○	
贵州	○	○	○	○	○

第三节　大数据政务平台建设与投入情况

大数据时代的政府治理现代化建设，需要以大数据政务平台建设为前提和支撑，因此，对大数据政务平台建设和投入情况进行描述性统计分析具有重要意义。利用中国政府采购网2017年至2019年发布的招标文件情况来反映各地政府大数据政务平台建设和投入情况。

一、建设项目数量

经过系统地分析和梳理，筛选出省级政务数据治理相关的平台和系统建设项目1 822个，如表7－4所示。从建设项目的数量上来说，北京项目数量最多，共有224项；广东则有174项，位居第二，排在第3至5位的省份分别是广西、福建和贵州，分列建设项目数量为145项、105项和102项①。

表7－4　各省政务数据治理相关的平台和系统建设项目数量

省（自治区、直辖市）	省级大数据平台建设项目数量（个）	省（自治区、直辖市）	省级大数据平台建设项目数量（个）	省（自治区、直辖市）	省级大数据平台建设项目数量（个）
北京	224	贵州	102	河南	25
天津	38	云南	87	青海	27
河北	87	福建	105	江西	39
内蒙古	30	上海	94	湖北	16
黑龙江	32	海南	50	江苏	33
吉林	19	宁夏	72	安徽	36

① 中国电子信息行业联合会：《中国政务数据治理发展报告（2020）》，2020年2月21日，http：//www. cbdio. com/BigData/2020－02/21/content_ 6154719. htm，访问日期：2020年3月2日。

续表

省（自治区、直辖市）	省级大数据平台建设项目数量（个）	省（自治区、直辖市）	省级大数据平台建设项目数量（个）	省（自治区、直辖市）	省级大数据平台建设项目数量（个）
辽宁	21	湖南	30	西藏	13
广东	174	陕西	37	四川	12
广西	145	浙江	44	新疆	9
甘肃	73	山东	46		
重庆	85	山西	17		

二、资金投入情况

根据中国政府采购网公开的信息，2017—2019 年政务数据平台建设累计投入资金 826 637 万元，各省大数据政务平台投资情况如表 7－5 所示。

表 7－5　各省大数据政府平台投资情况表①

省（自治区、直辖市）	大数据政务平台投资（万元）	省（自治区、直辖市）	大数据政务平台投资（万元）	省（自治区、直辖市）	大数据政务平台投资（万元）
北京	121 873	贵州	34 123	河南	16 456
天津	26 223	云南	28 908	青海	16 080
河北	20 713	福建	25 485	江西	14 673
内蒙古	18 793	上海	22 980	湖北	13 456
黑龙江	15 456	海南	22 743	江苏	12 341
吉林	4 870	宁夏	21 456	安徽	12 123
辽宁	8 834	湖南	19 789	西藏	6 456
广东	119 095	陕西	19 515	四川	4 123
广西	53 474	浙江	18 934	新疆	3 129
甘肃	48 123	山东	18 567		
重庆	36 565	山西	18 492		

① 中国电子信息行业联合会：《中国政务数据治理发展报告（2020）》，2020 年 2 月 21 日，http：//www. cbdio. com/BigData/2020－02/21/content_ 6154719. htm，访问日期，2020 年 3 月 2 日。

各省大数据政务平台投资金额排名如图 7－3 所示，投入金额前三位的地区分别为北京、广东和广西，投入金额分别是 121 873 万元、119 095 万元和 53 474 万元。

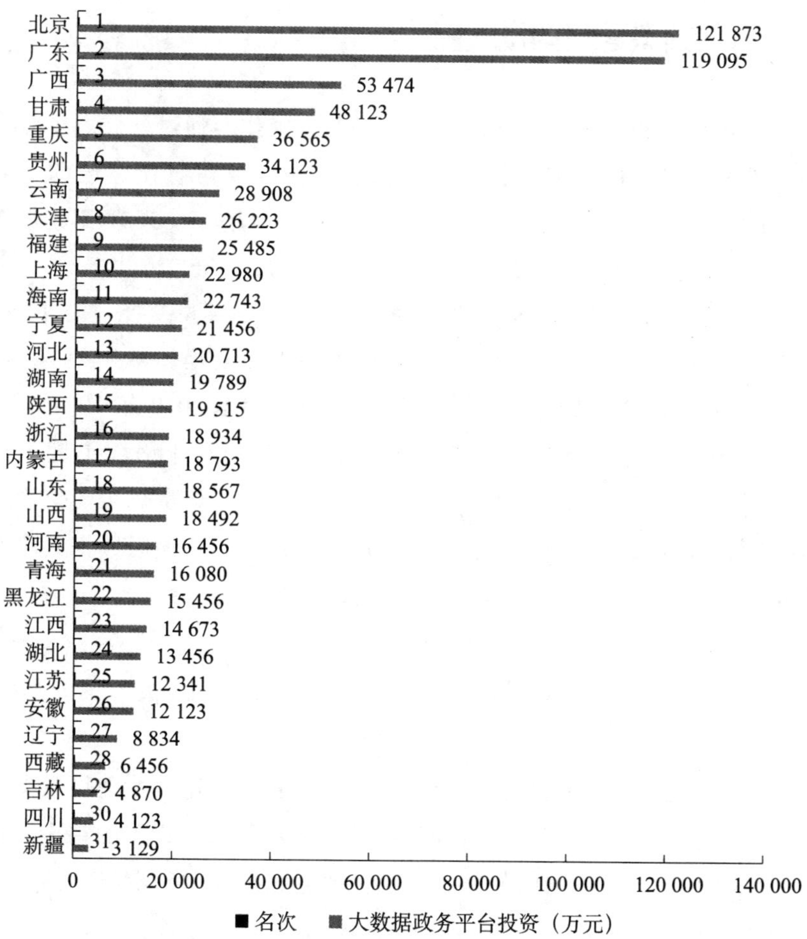

图 7－3　各省大数据政务平台投资金额及排名图[①]

① 中国电子信息行业联合会：《中国政务数据治理发展报告（2020 年）》，2020 年 2 月 21 日，http：//www. cbdio. com/BigData/2020－02/21/content_ 6154719. htm，访问日期：2020 年 3 月 2 日。

第四节　数据共享与开放情况

一、整合共享工作情况

近年来，我国高度重视政务大数据共享工作。通过开展电子政务系统整合共享，逐步解决长期以来困扰我国政务信息化建设的“各自为政、条块分割、烟囱林立、信息孤岛”问题，实现政务数据资源跨部门、跨区域、跨层级的共享交互。通过构筑信息共享“大通道”，构建政府治理大数据资源“总目录”，搭建共享交换“总枢纽”的方式，逐步建立完善全国政府治理大数据共享交换体系。

据 2020 年中国政务数据治理发展报告，截至 2019 年 10 月，仅中央本级就累计清理“僵尸”系统 400 余个、累计整合小散系统 2 000余个，政务信息系统整合工作成效显著。国家数据共享交换平台的数据共享服务调用量已超过 8 亿次，跨部门、跨地区数据共享交换量超过 600 亿条。

二、开放数据整体情况

全国各省非常重视数据开放工作，鼓励各个地市加快建设数据开放平台，省市两级政府均对数据开放平台建设采取了积极的举措。截至 2019 年 10 月，我国已有 102 个符合政务数据开放基本特征的地级及以上平台陆续上线。伴随《促进大数据发展行动纲要》等国家政策的逐步落实，全国范围内的省市级地方数据开放平台数量增长迅猛，特别是在 2018 年后呈现“井喷”态势，如图 7－4 所示。

从开放数据集总的数量上看，全国范围内，开放数据集总量从 2017 年的 8 398 个迅速增长到 2019 年的 71 092 个，2019 年全国开放数据集总量比 2018 年增长 3.08%，如图 7－5 所示。

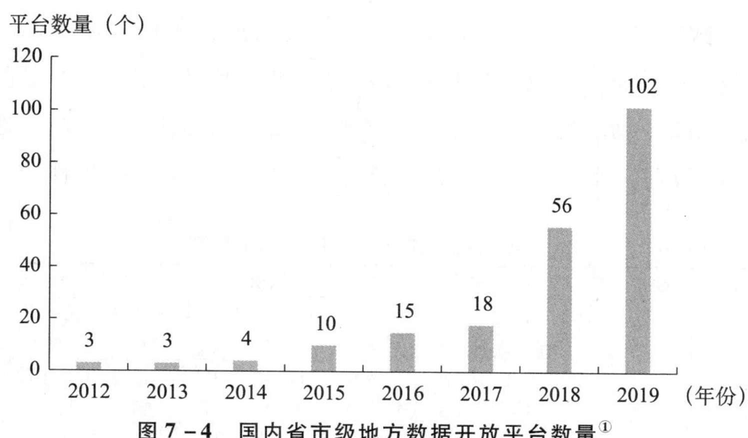

图 7－4　国内省市级地方数据开放平台数量①

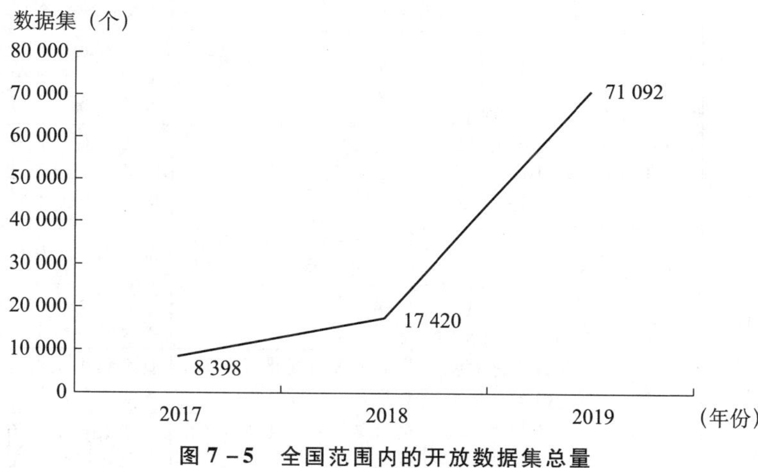

图 7－5　全国范围内的开放数据集总量

第五节　大数据时代中部六省份政府治理现代化评价分析

根据大数据时代政府治理现代化的评价模型（如表 7－6 所示），

① 中国电子信息行业联合会：《中国政务数据治理发展报告（2020 年）》，2020 年 2 月 21 日，http：//www. cbdio. com/BigData/2020－02/21/content_ 6154719. htm，访问日期：2020 年 3 月 2 日。

构建大数据时代政府治理现代化指数分析模型。我们选取河南、湖北、湖南、安徽、山西、江西中部六省份作为评价对象，由于这些省份地缘相近，外部环境差异较小，在中部崛起的大战略下，政策性影响也基本相似，因此，关于政府治理现代化指数的差异可比性较强。

表 7－6　　大数据时代政府治理现代化评价模型

目标层	主准则层	次准则层	分准则层	测量指标
大数据时代政府治理现代化指数（D）	大数据时代政府治理体系现代化指数（D1，权重 W_1 =0.50）	政府治理制度现代化指数（D11，权重U1 =0.3）	治理理念人本化（D111，权重 X_{11} =0.1）	城乡居民人均可支配收入（元）
			行政程序法治化（D112，权重 X_{12} =0.6）	信息公开行政诉讼情况（件）
			政策制定合理化（D113，权重 X_{13} =0.3）	政府主动公开规范性文件数（个）
		政府治理结构现代化指数（D12，权重U2 =0.5）	治理主体多元化（D121，权重 X_{21} =0.6）	公共管理、社会保障和社会组织从业人员（万人）
			组织结构扁平化（D122，权重 X_{22} =0.3）	公共管理、社会保障和社会组织法人单位数（个）
			治理客体复杂化（D123，权重 X_{23} =0.1）	常住人口（万人）
		政府治理机制现代化指数（D13，权重U3 =0.2）	治理方式协同化（D131，权重 X_{31} =0.6）	民间固定资产投资增长率/%
			资源配置市场化（D132，权重 X_{32} =0.2）	政府集中采购项目数量（个）
			公众参与常态化（D133，权重 X_{33} =0.2）	自然人申请政府信息公开数量（条）
	大数据时代政府治理能力现代化指数（D2，权重 W_2 =0.50）	政府治理工具现代化指数（D21，权重V1 =0.2）	信息公开透明化（D211，权重 X_{41} =0.6）	年度予以公开的政府信息公开申请数（条）
			治理平台虚拟化（D212，权重 X_{42} =0.1）	信息公开行政许可数（条）
			行政沟通网状化（D213，权重 X_{43} =0.3）	工会基层组织数（万个）
		政府治理职能现代化指数（D22，权重V2 =0.5）	公共决策科学化（D221，权重 X_{51} =0.2）	年度公开规章数（项）
			社会治理精准化（D222，权重 X_{52} =0.6）	城镇居民最低生活保障人数（万人）
			公共服务高效化（D223，权重 X_{53} =0.2）	卫生机构床位数（张）

续表

目标层	主准则层	次准则层	分准则层	测量指标
大数据时代政府治理现代化指数（D）	大数据时代政府治理能力现代化指数（D2，权重 $W_2=0.50$）	政府治理管控现代化指数（D23，权重V3=0.3）	危机预警智能化（D231，权重 $X_{61}=0.7$）	疾病预防控制中心数（个）
			权力监督无缝化（D232，权重 $X_{62}=0.1$）	年度审结贿赂等职务犯罪人数（人）
			绩效考核数字化（D233，权重 $X_{63}=0.2$）	一般公共预算收入（亿元）

我们针对测量指标，根据2018年、2019年各省国民经济与社会发展统计公报、统计年鉴、政府信息公开工作年度报告等资料所反映的数据进行量化计算，结合各指标的权重计算各省大数据时代政府治理现代化指数的差异，并排名。

一、大数据时代中部六省份政府治理体系现代化指数分析

大数据时代政府治理体系现代化方面的原始资料数据如表7－7所示。

表7－7　中部六省份政府治理体系现代化指标的原始数据

省份	治理理念人本化（D111）	行政程序法治化（D112）	政策制定合理化（D113）	治理主体多元化（D121）	组织结构扁平化（D122）	治理客体复杂化（D123）	治理方式协同化（D131）	资源配置市场化（D132）	公众参与常态化（D133）
省份	人均可支配收入（元）	信息公开行政诉讼情况（件）	政府主动公开规范性文件数（个）	公共管理、社会保障和社会组织从业人员（万人）	公共管理、社会保障和社会组织法人单位数（个）	常住人口（万人）	民间固定资产投资增长率/%	政府集中采购项目数量（个）	自然人申请政府信息公开数量（条）
安徽	26 415.00	532	8 453	53.60	47 114	6 365.90	10.20	48 748	9 882
山西	33 262.00	208	1 793	91.12	59 018	3 729.22	7.90	31 222	2 459
河南	23 903.68	1 877	12 179	120.92	103 148	9 640.00	6.70	90 405	18112
湖北	37 601.00	453	983	62.93	71 581	5 927.00	11.40	93 268	8 548
湖南	27 680.00	874	3 078	86.50	83 382	6 918.40	18.30	59	12 831
江西	26 262.00	205	11 860	57.94	56 255	4 666.10	9.60	555 706	2 417

数据来源：2018年、2019年各省国民经济与社会发展统计公报、统计年鉴、政府信息公开工作年度报告。

先将表 7-7 中每一项特征指标对应列的平均值计算出来，然后用每一省份指标的实际值分别除以每项指标的平均值，就得出每一省份对应的该特征指标的标准化值，如表 7-8 所示。

表 7-8　中部六省份政府治理体系现代化指标的标准值

省份	治理理念人本化(D111)	行政程序法治化(D112)	政策制定合理化(D113)	治理主体多元化(D121)	组织结构扁平化(D122)	治理客体复杂化(D123)	治理方式协同化(D131)	资源配置市场化(D132)	公众参与常态化(D133)
省份	人均可支配收入(元)	信息公开行政诉讼情况(件)	政府主动公开规范性文件数(个)	公共管理、社会保障和社会组织从业人员(万人)	公共管理、社会保障和社会组织法人单位数(个)	常住人口(万人)	民间固定资产投资增长率/%	政府集中采购项目数量(个)	自然人申请政府信息公开数量(条)
安徽	0.91	0.77	1.32	0.68	0.67	1.03	0.96	0.36	1.09
山西	1.14	0.30	0.28	1.16	0.84	0.60	0.74	0.23	0.27
河南	0.82	2.71	1.91	1.53	1.47	1.55	0.63	0.66	2.00
湖北	1.29	0.66	0.15	0.80	1.02	0.95	1.07	0.68	0.95
湖南	0.95	1.26	0.48	1.10	1.19	1.11	1.71	0.00	1.42
江西	0.90	0.30	1.86	0.73	0.80	0.75	0.90	4.07	0.27

根据指数计算公式：

大数据时代政府治理制度现代化指数 $D11 = 0.1 \times D111 + 0.6 \times D112 + 0.3 \times D113$；

大数据时代政府治理结构现代化指数 $D12 = 0.6 \times D121 + 0.3 \times D122 + 0.1 \times D123$；

大数据时代政府治理机制现代化指数 $D13 = 0.6 \times D131 + 0.2 \times D132 + 0.2 \times D133$。

我们可以计算出大数据时代中部六省份的政府治理制度现代化指数、政府治理结构现代化指数和政府治理机制现代化指数，并根据指数得出排名情况，如表 7-9 所示。

表 7 - 9　　中部六省份政府治理制度、治理结构、治理机制方面的现代化指数及排名

省份	治理制度现代化指数（D11）	排名	治理结构现代化指数（D12）	排名	治理机制现代化指数（D13）	排名
安徽	0.95	3	1.03	3	0.86	5
山西	0.38	6	0.60	6	0.54	6
河南	2.28	1	1.55	1	0.91	4
湖北	0.57	5	0.95	4	0.97	3
湖南	1.00	2	1.11	2	1.31	2
江西	0.82	4	0.75	5	1.41	1

根据公式：大数据时代政府治理体系现代化指数 $D1 = 0.3 \times D11 + 0.5 \times D12 + 0.2 \times D13$，我们可以计算出大数据时代中部六省份的政府治理体系现代化指数，并根据指数得出排名情况，如表 7 - 10 所示。

表 7 - 10　　中部六省份政府治理体系现代化指数及排名

省份	大数据时代政府治理体系现代化指数（D1）	排名
河南	1.63	1
湖南	1.13	2
江西	0.91	3
安徽	0.81	4
湖北	0.80	5
山西	0.73	6

从各省指数排名可以看出，大数据时代在政府治理体系现代化水平方面，河南居中部六省份首位；湖南居于第二；江西、安徽分别居于第三和第四；湖北出乎意料，仅位居第五；山西在政府治理体系现代化方面位居末位。

河南之所以能排名最前，特别是政府治理制度现代化和政府治理结构现代化方面均排名第一，这与河南省政府近年来重视利用大数据技术加强行政流程再造和参与式政策制定方面的工作是分不开的，河南在政府治理体系建设方面基本实现了行政程序法治化和政策制定合理化。近年来，河南省政府相继出台了《河南省政务云管理办法》

《河南数字政府建设总体规划》等文件，进一步规范政务云的规划、建设和管理，进一步促进政府职能转变，为河南数字政府建设提供了集约化基础支撑，有力地支撑了河南政府治理制度现代化和治理结构现代化建设。

二、大数据时代中部六省份政府治理能力现代化指数分析

大数据时代政府治理体系现代化方面的原始资料数据如表 7 - 11 所示。

表 7 - 11　中部六省份政府治理能力现代化指标的原始数据

省份	信息公开透明化（D211）	治理平台虚拟化（D212）	行政沟通网状化（D213）	公共决策科学化（D221）	社会治理精准化（D222）	公共服务高效化（D223）	危机预警智能化（D231）	权力监督无缝化（D232）	绩效考核数字化（D233）
省份	年度予以公开的政府信息公开申请（条）	信息公开行政许可数（条）	工会基层组织数（万个）	年度公开规章数（项）	城镇居民最低生活保障人数（万人）	卫生机构床位数（张）	疾病预防控制中心（个）	年度审结贿赂等职务犯罪人数（人）	一般公共预算收入（亿元）
安徽	5 672	7 402 831	9.60	33.00	36.70	328 123	119	867	3 048.67
山西	1 735	2 922 496	5.90	16.00	28.00	208 305	135	863	2 347.60
河南	12 153	16 026 862	20.50	89.00	44.07	608 519	180	1 199	4 041.60
湖北	4 689	6 545 517	13.40	27.00	31.80	393 514	115	248	3 388.39
湖南	11 306	3 941 678	16.02	11.00	50.70	482 439	147	905	3 006.99
江西	2 304	3 470 288	8.84	15.00	36.00	249 490	136	585	2 486.50

数据来源：2018 年、2019 年各省国民经济与社会发展统计公报、统计年鉴、政府信息公开工作年度报告。

先将表 7 - 11 中每一项特征指标对应列的平均值计算出来，然后用每一省份指标的实际值分别除以每项指标的平均值，就得出每一省份对应的该特征指标的标准化值，如表 7 - 12 所示。

表 7-12　中部六省份政府治理能力现代化指标的标准值

省份	信息公开透明化（D211）	治理平台虚拟化（D212）	行政沟通网状化（D213）	公共决策科学化（D221）	社会治理精准化（D222）	公共服务高效化（D223）	危机预警智能化（D231）	权力监督无缝化（D232）	绩效考核数字化（D233）
省份	年度予以公开的政府信息公开申请（条）	信息公开行政许可数（条）	工会基层组织数（万个）	年度公开规章数（项）	城镇居民最低生活保障人数（万人）	卫生机构床位数（张）	疾病预防控制中心（个）	年度审结贿赂等职务犯罪人数（人）	一般公共预算收入（亿元）
安徽	0.90	1.10	0.78	1.04	0.97	0.87	0.83	1.11	1.00
山西	0.27	0.44	0.48	0.50	0.74	0.55	0.95	1.11	0.77
河南	1.93	2.39	1.66	2.80	1.16	1.61	1.26	1.54	1.32
湖北	0.74	0.97	1.08	0.85	0.84	1.04	0.81	0.32	1.11
湖南	1.79	0.59	1.29	0.35	1.34	1.27	1.03	1.16	0.98
江西	0.37	0.52	0.71	0.47	0.95	0.66	0.95	0.75	0.81

因此，根据指数计算公式：

政府治理工具现代化指数 D21 =0.6×D211 +0.1×D212 +0.3×D213；

政府治理职能现代化指数 D22 =0.2×D221 +0.6×D222 +0.2×D223；

政府治理管控现代化指数 D23 =0.7×D231 +0.1×D232 +0.2×D233。

我们可以计算出大数据时代中部六省份的政府治理工具现代化指数、政府治理结构现代化指数和政府治理管控现代化指数，并根据指数得出排名情况，如表 7-13 所示。

表 7-13　中部六省份政府治理工具、治理职能、治理管控方面的现代化指数及排名

省份	治理工具现代化指数（D21）	排名	治理职能现代化指数（D22）	排名	治理管控现代化指数（D23）	排名
安徽	0.88	3	0.96	3	0.90	5
山西	0.35	6	0.65	6	0.93	4
河南	1.89	1	1.58	1	1.30	1
湖北	0.87	4	0.88	4	0.82	6
湖南	1.52	2	1.13	2	1.03	2
江西	0.48	5	0.80	5	0.91	3

根据公式：大数据时代政府治理能力现代化指数 D2 = 0.2 × D21 + 0.5 × D22 + 0.3 × D23，我们可以计算出大数据时代中部六省份的政府治理能力现代化指数，并根据指数得出排名情况，如表 7-14 所示。

表 7-14　中部六省份政府治理能力现代化指数及排名

省份	大数据时代政府治理能力现代化指数（D2）	排名
河南	1.56	1
湖南	1.18	2
安徽	0.93	3
湖北	0.86	4
江西	0.77	5
山西	0.68	6

从各省指数排名可以看出，大数据时代在政府治理能力现代化水平方面，河南居中部六省首位；湖南居于第二；安徽、湖北分别居于第三和第四；江西在此项指标上落后于湖北，仅位居第五；山西省仍居末位。

根据评价数据显示，大数据时代在政府治理能力现代化水平方面，河南同样在中部六省份中排名第一，包括了政府治理工具现代化、政府治理职能现代化和政府治理管控现代化方面均居中部六省份首位。在调查中发现，这主要是由于河南省政府非常重视数字政府建设，在河南数字政府发展规划中明确指出，“部门间要加强统筹协调，加快建立权威高效及时的数据共享机制”，河南加快推广应用政务服务移动端以“豫事办”为龙头，“郑好办”“汴捷办”等为配套的“掌上政府”，为老百姓“办实事”“解难事”，实现从“找政府办事”向“政府主动服务”转变，有效地推进政府治理工具的现代化。河南省大数据管理局系统梳理省、市、县三级现有的政务服务事项，分解至“最小颗粒”，再以群众生活中各种“一件事”的管理为目标，追问政务服务事项如何删繁就简、部门职责如何适应变化。河南一系列数字政府的建设进一步加强了行政沟通，提高了政府科学决策的能力，加快了社会治理精准化的步伐，有效地促进了政府治理职能的现代化。另外，河南着力推动“一网通管”服务城市运行，以“互联网+监管”平台为依托，加快形成跨部门、跨层级、跨区域运行体系，打造信息共享、快速反应、联勤联动的指挥中心。河南省财政厅的“失信被执行人信用监督警示和惩戒信息系统”、自然资源厅的“不动产一窗受理系统”、住房和城乡建设厅的“河南省工程建设项目审批管理系统”、文化和旅游厅的“互联网上网服务营业场所统一监管系统”等8个系统已完成云迁移上线，显著提升了河南省政府治理管控现代化水平。因此，河南省深入开展大数据在政府治理工具、治理职能、治理管控方面的应用，真正让数据“通起来”，治理“活起来”，以现代化手段助力治理全方位改革①。

三、大数据时代中部六省份政府治理现代化指数分析

根据公式：大数据时代政府治理现代化指数 $D = 0.5 \times D1 + 0.5 \times D2$，可以得出大数据时代中部六省份政府治理现代化指数及其排名，如表7-15所示。

表7-15　大数据时代中部六省份政府治理现代化指数及排名

省份	大数据时代政府治理现代化指数（D）	排名
河南	1.59	1
湖南	1.15	2
安徽	0.87	3
江西	0.84	4
湖北	0.83	5
山西	0.70	6

根据大数据时代中部六省份政府治理现代化指数进行评价，可以得出中部六省份不同省份在大数据时代政府治理现代化水平的排名及

① 央广网百家号：《大数据助力，为河南数字政府建设装上“加速器”》，2020年8月25日，http://datacenter.ctorio.com.cn/datacenter/2020/0825/33965.html，访问日期：2021年3月23日。

差异，如图 7-6 所示。从各省指数排名可以看出，河南指数为 1.58，位居第一位；山西指数为 0.71，位居第六位。单从数据来看，第一位比第六位高出两倍多，从某种程度反映出了中部六省份在大数据时代政府治理现代化发展层次上并不均衡，还有显著的差异性。湖南指数为 1.15，位居第二位，并且指数大于 1，说明目前已处于优势发展趋势。安徽、江西、湖北三省份的指数比较接近，分别为 0.87、0.84、0.83，位次分别为第三、第四、第五位，但三省份的指数值均小于 1，说明三省份在政府治理现代化方面还处于成长阶段，还需要积蓄力量，加快发展。

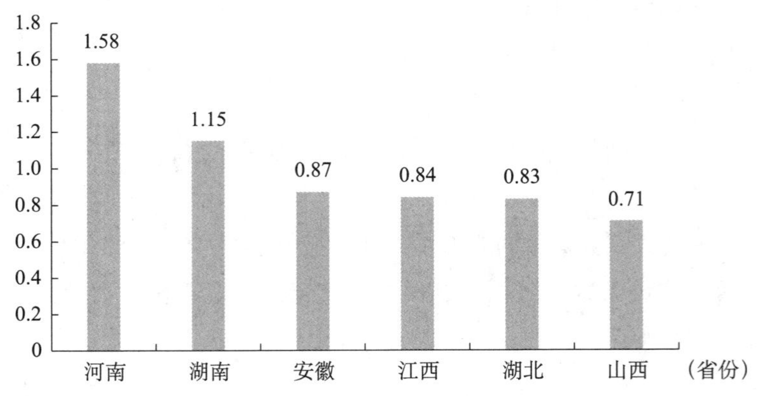

图 7-6　大数据时代中部六省份政府治理现代化指数图

从数据中可以看出，河南在大数据时代政府治理现代化发展方面优势还是显著的，在中部六省份中排名第一。这得益于对大数据的重视和应用。大数据等新技术在政府治理中的应用，不仅是技术革新，更是一种治理模式的重塑。河南省政府在工作报告 2020 年重点工作安排中用了近 500 字，从提升政务服务水平、增强网上政务服务能力、建设省大数据中心、构建“一张网、一朵云、一个平台、一个中心”数字政府建设格局等方面，强调运用大数据、人工智能建设数字政府的重要性。河南将发展大数据纳入全面深化改革重要部署，并持续深入推动。在河南，大数据技术与政府改革、企业生产、民生改善、社会治理正在进行一场深度融合革命，大数据成为服务高质量发展的新动能。2019 年 6 月，河南被国务院确定为全国 12 个“互联网 + 监管”系统试点省份之一，河南第一批打通数据传输链路，第一个上传正式数据，与国家系统同步上线试运行，接入 8 个试点部门、11 个特色应用，位居全国第一。“互联网 + 监管”系统建设工作，河南位列全国前两名[①]。随着数字河南建设的深入实践，“推动信息化更好造福社会、造福人民”的美好愿景，正成为惠及方方面面、人人日常体验的生动现实。

山西在大数据时代政府治理现代化评价中，位于中部六省份末位，并且从政府治理体系、政府治理能力两个方面看，治理体系现代化指数和治理能力现代化指数排名均居中部六省份末位，从分准则层 9 项具体指标看，只有 3 项指标的标准值超过 1，属于优势发展项，其余 15 项均为消极发展项。可见，山西省政府在大数据治理现代化方面还有很大提升空间。

湖南在大数据时代的政府治理现代化排名位于中部六省份的第二位，这与湖南近年来重视大数据产业发展有显著的关系。湖南大数据产业发展迅猛，2019 年全省大数据产业规模突破了 600 亿元，省工信厅编制了《湖南省大数据产业发展三年行动计划（2019—2021 年)》，全力推进大数据技术与经济社会发展交汇融合，产生了一批有成效、有特色的大数据经营企业。例如，易观国际、九次方等大数据龙头企业已落户湖南；长沙工业云平台、天闻 ECO 云开放平台、智慧眼社保大数据平台等大数据平台，在全国走在前列；国防科技大学天河二号获得世界超算“六连冠”殊荣，创造了国际超算新纪录，中南大学、湖南大学、湖南工商大学都成立了大数据研究院（中心)。这些大数据机构、企业的建设对促进数据治理，加快政府治理

① 2020 郑州工博会：《河南省“互联网 + 监管”系统建设走在全国前列》，2019 年 11 月 20 日。https：//www. sohu. com/a/354864104_ 99991395，访问日期：2021 年 3 月 23 日。

能力现代化具有积极的推动作用①。

安徽的政府治理现代化水平在中部六省份中排名第三，其中政府治理体系现代化指数在中部六省份中排名第四，政府治理能力现代化指数排名第三，可见均处于中间位次。从分准则层的指标来看，政策制定合理化、公共参与常态化、治理平台虚拟化、公共决策科学化等方面标准值均大于1，处于优势发展态势。

江西在政府治理现代化方面处于中部六省份中第四位，政府治理体系现代化位居第三，政府治理能力现代化位居第五，可见政府治理体系建设成效的优势要强于政府治理能力。特别是在政府治理机制现代化方面，江西处于中部六省份首位。在治理方式协同化和资源配置市场化两项指标上，江西超过了河南。这主要是因为江西自2018年以来，非常重视利用大数据技术增强市场活力，出台一系列政策刺激民间固定资产投资不断增长，并且加大政府集中采购的公开力度，鼓励市场力量公平参与竞争，有效地增强了政府治理中与社会组织、民营企业的协作共治，促进了资源配置的进一步市场化，使江西在大数据时代政府治理机制现代化方面走在了中部各省的前列。

湖北的大数据时代政府治理现代化水平在中部六省份中排名第五，其中政府治理体系现代化排名第五，政府治理能力现代化排名第四，政府治理机制现代化方面较为突出，排名第三。这得益于湖北近几年聚焦集约共享，着力推进政府“数字化”转型，2019年成立湖北省数字政府建设一期工程“8+3”项目指挥部和现场指挥部，强化资金、技术、人才支持和保障，全力推进项目建设②。但湖北在政府治理管控现代化方面排名比较靠后，仅为第六名，这也是造成湖北最终政府治理现代化指数较为落后的主要因素。从分准则层看，湖北

① 华声在线：《湖南大数据产业发展迅猛．上半年产业规模突破300亿元》，2019年7月19日，http：//m. xinhuanet. com/hn/2019－07/19/c_ 1124772450. htm，访问日期：2021年3月23日。

② 黄璐：《湖北深化推进政府“数字化”转型》，2019年12月11日，http：www. gov. cn/xinwen/2019－12/11/content_ 546－194. htm，访问日期：2020年3月23日。

危机预警智能化指标的标准值仅为0.81，小于1，属于消极发展态势。例如，湖北省疾病预防控制中心个数为115个，在中部六省份中是数量最少的①，在面对突发公共卫生事件的防控上还需要加强治理创新，增强应急管理的能力。因此，湖北还需要继续加快大数据能力平台、政务云平台建设，推进共享交换平台和大数据能力平台升级融合，推进政府中心工作数字化转型，用大数据信息技术提升政府治理能力。

四、中部六省份政府治理现代化的PEMSTI特征指标比较分析

为了进一步评价大数据时代地方政府治理现代化的发展位次、优势及不足，通过PEMSTI模型对河南、山西、湖北、湖南、安徽、江西中部六省份的政府治理现代化水平进行比较研究。PEMSTI评价模型在PESTEL分析模型、欧洲智慧治理模型及中国电信的PETMS模型的基础上进行了改进，确定了新的特征指标。

PEMSTI分析模型将特征指标用相应的数值表示，其中人口指标以城镇新增就业人口数量来表示；经济实力以GDP来表示；工业实力以第二产业增加值衡量表示；服务能力以城镇职工基本养老保险人数表示；交通能力用民用汽车保有量表示；信息化水平用互联网用户数量来表示，如表7－16所示。

表7－16　　PEMSTI指标解释

维度	P（人口）	E（经济）	M（工业）	S（服务）	T（交通）	I（信息化）
指标	城镇新增就业人数（万人）	生产总值（亿元）	第二产业增加值（亿元）	城镇职工基本养老保险人数（万人）	民用汽车保有量（万辆）	互联网用户（万户）

中部六省份的PEMSTI指标实际数据如表7－17所示。

① 资料来源：2018年、2019年湖北省国民经济与社会发展统计公报、统计年鉴等。

表 7－17　　中部六省份 PEMSTI 指标实际值

省份	P（城镇新增就业人数，万人）	E（生产总值，亿元）	M（第二产业增加值，亿元）	S（城镇职工基本养老保险人数，万人）	T（民用汽车保有量，万辆）	I（互联网用户，万户）
河南	139. 24	48 055. 86	22 034. 83	2 013. 12	1 459. 24	11 199. 61
山西	55. 70	16 818. 1	7 089. 2	837. 4	655. 3	991. 0
湖北	91. 96	39 366. 55	17 088. 95	1 601. 3	630. 0	1 480. 73
湖南	79. 45	36 425. 8	14 453. 5	1 402. 4	786. 2	1 635. 3
安徽	70. 50	30 006. 82	13 842. 09	1 141. 5	1 087. 3	1 662. 4
江西	55. 30	21 984. 8	10 250. 2	1 052. 8	544. 4	1 323. 4

数据来源：各省份 2018 年国民经济和社会发展公报。

将表 7－17 中每一项特征指标进行标准化，如表 7－18 所示。由此得以构建大数据时代地方政府治理现代化特征指标分析模型。

表 7－18　　中部六省份 PEMSTI 指标的标准化值

省份	P（城镇新增就业人数）	E（生产总值）	M（第二产业增加值）	S（城镇职工基本养老保险人数）	T（民用汽车保有量）	I（互联网用户）
河南	1. 70	1. 50	1. 56	1. 50	1. 70	3. 67
山西	0. 68	0. 52	0. 50	0. 62	0. 76	0. 32
湖北	1. 12	1. 23	1. 20	1. 19	0. 73	0. 49
湖南	0. 97	1. 13	1. 02	1. 04	0. 91	0. 54
安徽	0. 86	0. 93	0. 98	0. 85	1. 26	0. 55
江西	0. 67	0. 68	0. 73	0. 78	0. 63	0. 43

通过雷达图（见图 7－7）分析可见，从互联网用户方面看，河南的优势是最突出的，河南是户籍人口超过 1 亿人的大省，互联网用户人数巨大，产生数据和应用数据的频率很高，大数据对地方治理现代化的影响最为深入，有利于数据共享公开化、治理平台数字化及社会治理精准化。公众通过网络数据平台参与地方治理更为广泛，更能够发挥多元治理主体共建、共治作用。山西的互联网用户最少，这与山西以煤炭资源型为主的经济结构有关，在网络经济、大数据技术创新等方面的发展度还有待提高。

从生产总值和第二产业增加值来看，河南在总量上已肩负起经济大省的责任，GDP 平稳保持全国前 5 强左右，为支持大数据战略发展提供了坚实保障，有利于大数据基础设施及软件系统的投入。河南与中部其他六省份相比排名还是名列前茅的，但相较湖北、湖南的优势并不突出，山西、江西两省位次比较靠后，这也与其在大数据技术发展方面资金投入情况相吻合。

城镇职工基本养老保险人数方面，能够反映河南在地方治理中的社会保障能力。由于河南是人口大省，所以与中部其他省份相比在社会保障和公共服务方面负担也是最大的，通过大数据网络平台的应用，可以准确掌握群众民生状况，个人也方便缴纳和查询自己的参保情况，切实提升地方治理能力现代化水平。

从交通区位方面看，河南地处中原，高速路网贯通四方，交通吞吐能力突出，民用汽车保有量也居中部六省份首位，近年来大数据的蓬勃发展，给了河南又一个历史性机遇，特别是郑州航空港区强大经济综合体功能的发挥，使航空运输、航空物流、航空经济数据形成了海量汇聚的洼地，并吸引人才、资金、服务相互协作，推动电子商务和互联网经济效益增速迅猛；河南物流业和快递业发展迅速，城镇新增就业人数也居中部六省份首位，大数据在提升河南地方治理能力的同时，也带来了极大的社会效益。

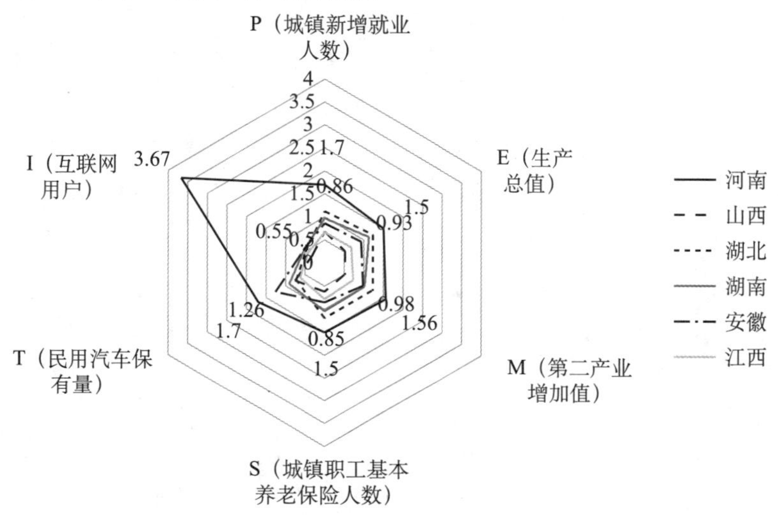

图 7－7　中部六省份特征指标分析图

小　结

本章对大数据时代中国政府治理现代化的概况进行了总体评价和描述性分析。首先，选取了全国主要的 31 个省份（直辖市、自治区）为研究对象（港、澳、台及新疆生产建设兵团暂未统计），对这些省份关于大数据治理的政策制定、机构设置、平台建设、共享开放等方面的情况进行分析及排名，整体反映大数据时代全国政府治理现代化的概况。其次，又选取河南、山西、湖北、湖南、安徽、江西中部六省份为研究对象，根据“大数据时代政府治理能力现代化指数”的计算公式，对 6 个省份进行计算分析，并得出排名。最后，通过 PEMSTI 效能评价模型对中部六省份进行了综合分析，梳理总结了各省份政府治理现代化的发展态势。

第八章　大数据时代政府治理现代化评价的实证研究：省会篇

近年来，郑州市作为河南省会城市，趁势而为，通过大数据治理在提升政府治理现代化水平方面取得了显著的成效。2016 年 10 月 8 日，河南成为继贵州试点之后首批建设国家大数据综合试验区的省份之一。2017 年，中共河南省委、省政府相继出台了《关于河南省推进国家大数据综合试验区建设实施方案》和《关于加快推进国家大数据综合试验区建设的若干意见》等文件，确定了河南在建设国家大数据综合试验区过程中的总体目标和发展布局，对郑州市大数据发展提出了目标任务：打造郑州大都市区核心发展区，重点布局建设区域性大型数据中心，建设郑东新区龙子湖智慧岛和高水平大数据产业园区，成为大数据高端人才集聚地、大数据创新应用中心和大数据产业发展高地，形成引领试验区加快发展的核心增长极。郑州市政府聚焦大数据与公共治理、实体经济深度融合，不断深化“放管服”改革，扩大“一网通办”和“最多跑一次”改革覆盖面，推动政务信息系统全部上云，实现服务“一网通办”、治理“一网统管”，为扎实做好政府治理现代化提供坚实的智力支撑①。

第一节　大数据时代郑州市政府治理现代化建设的现状

郑州市依托河南这个人口大省、网络大省，有着丰富的人力资源和数据资源，通过数据治理推动政府治理现代化潜力巨大，前景广阔。随着郑州跨境电商综合试验区、国家大数据综合试验区等成功获批，郑州市的大数据及相关领域产业发展势头强劲。郑州市政府以开放包容的胸怀、改革创新的思维，努力打造全国一流的大数据中心，积极在新一轮科技革命和社会变革中培育新优势、抢占制高点。着力

① 资料来源：政协郑州委员会：《关于进一步推进河南省国家大数据综合试验区郑州片区发展的建议》。

推动数字政府建设，加快发展数字经济，力争以大数据技术为支撑加快推进政府治理体系和治理能力现代化。

一、大数据治理基础设施完善

郑州作为河南省国家大数据综合试验区的核心重要区域，在全省大数据产业的发展中起重要的引领和示范作用。2017 年 2 月，郑东新区智慧岛作为河南省国家大数据综合试验区的核心区率先启动建设。随后，郑州高新区大数据产业园和郑州航空港经济综合实验区国际智能终端大数据产业园 2 个重点园区也开始建设。

一是郑东新区智慧岛核心区。智慧岛核心区位于郑东新区辖区内，以龙子湖湖心岛为核心，以环湖心岛高校双创基地为支撑，以白沙产业大数据产业园及云湖智慧城为拓展，以白沙园区科学谷为延伸，总面积约 40 平方公里。截至 2020 年底，已有甲骨文、华为、浪潮、猪八戒网、中诚信等 100 余家大数据企业落地智慧岛，带动集聚郑东新区相关科技企业近 3 000 家，产业规模达到 200 亿元；吸引中民乡邻、国新启迪、远海鹰城等 100 多家基金企业相继入驻，管理资金规模逾 2 000 亿元①。

二是郑州高新区大数据产业园区。高新区大数据产业园区总面积约 30 平方公里。目前，中国联通、中国移动均已布局数据中心，百度、阿里、腾讯等知名企业的云计算和大数据项目也已入驻基地，项目投资合计近百亿元，国家级大数据中心初具规模②。

三是航空港经济综合实验区国际智能终端大数据产业园区。国际智能终端大数据产业园区总面积 7. 16 平方公里，主要依托航田智能

① 孙科：《揭秘郑州智慧岛最新进展：核心区已建设完成，入驻 158 家大数据企业》，2019 年 10 月 31 日。https：//baijiahao. baidu. com/s？ id = 1648903990661758265，访问日期：2021 年 3 月 23 日。

② 资料来源：政协郑州委员会：《关于进一步推进河南省国家大数据综合试验区郑州片区发展的建议》。

终端（手机）产业园、中原云计算大数据产业园，引培大数据企业群体，搭建大数据支撑服务平台，打造国家大数据综合试验区的重要组成节点。园区已汇聚了河南省航丰智科技、河南酷美等科技企业超过百家，产业规模达到150亿元①。

二、大数据治理发展目标明确②

2020年，郑州市政府印发《郑州市加快数字经济发展实施方案（2020—2022年）》，郑州将大力推进政府治理、经济发展与大数据、互联网等技术的深度融合，全面加速政府治理、社会服务和经济发展的数字化进程。加快构建数字治理新生态，全力打造中部地区的公共治理现代化发展引领地。

计划到2022年，全市数字经济规模达到5 000亿元以上，占生产总值比重达到40%以上，数字经济生态体系初步形成。数字技术与实体经济深度融合，产业数字化能力显著提升，人工智能、新一代信息技术、信息安全、共享经济、数字化制造业、数字化服务业、数字化农业等产业健康快速发展，达到部分领域在全国领先，努力将郑州打造成为中部乃至全国数字经济领先城市③。

一是数字化转型全面提速。计划到2022年，培育形成10家以上具备较强实力、国内领先的工业互联网平台，100家技术和模式领先的工业互联网服务商。

二是服务业数字化水平稳定发展。计划到2022年，电商、物流、

---

① 资料来源：政协郑州委员会：《关于进一步推进河南省国家大数据综合试验区郑州片区发展的建议》。

② 资料来源：郑州市政府印发《郑州市加快数字经济发展实施方案（2020—2022年）》。

③《中心城区和重要功能区实现5G全覆盖，郑州要建中部地区经济“第一城”》，2020年1月17日，https：baijiahao. baidu. com/s? id = 1655989764280285035&wfr = spider & for = pc，访问日期：2021年3月23日。

金融等行业，以及交通、医疗、教育等民生服务加快向数字化、智能化发展，跨境电商交易额每年保持15%以上增速。

三是新型基础设施达到国内领先水平。到2022年，光纤入户率达到90%以上，5G新型基础设施基本建成并实现商用，中心城区和重要功能区实现5G全覆盖。

四是数字化公共服务发展环境逐步完善。到2022年，全市数字基础设施不断完善，数字化公共服务供给能力显著提升，产业整体竞争力和数据资源开发能力达到全国第一梯队。

五是数字城市建设水平全面提升。到2022年，实现信息网络畅通、城市管理高效、公共服务完备、生产生活便捷的数字化城市管理系统，部分领域实现创新，达到领先水平。

三、科技创新突出“高精尖缺”导向

郑州市政府非常重视大数据治理，持续提升数字技术创新能力，聚焦人工智能、大数据、区块链、云计算、物联网、信息安全、5G等重点领域研究，支持将这些领域纳入省、市重大科技攻关项目，加快突破核心关键技术，形成一批重大原始创新成果。

一是加快引进国内外知名高校、科研院所等高端科研机构，提升数字经济领域创新能力。进一步加强郑州信大先进技术研究院、郑州大学产业技术研究院有限公司等新型研发机构建设。持续推进企业研发机构全覆盖工程，加大对市级及以上创新平台的支持力度。积极引进培育一批行业领域冠军企业，推动华为鲲鹏计算产业生态建设，打造中原鲲鹏生态创新中心。

二是积极推动人才汇聚，突出“高精尖缺”导向，不断提升引才精准度和产业适配度。积极打造中原科创谷、郑东新区科学谷，培养一批创新人才、集聚一批互联网技术工程师。

三是着力发展新一代信息技术产业，培育5G设备生产骨干企业，建设5G设备生产制造基地，全面推进智能传感谷建设。加快发展北斗导航芯片及北斗应用技术，鼓励北斗全产业链发展。

四、推动“互联网+政务服务”体系建设

数字经济的迅猛发展，对政府治理提出新的挑战。郑州市加快提升数字政府治理能力，推进政务信息系统整合，打造统一、安全的电子政务云平台、政务大数据库、信息资源共享平台、政府数据统一开放平台。

一是打破“信息孤岛”，破解政务数据碎片化困境，构建信息资源共享体系，建设集城市运行监测、可视化展示、应急联动、资源调配、智能决策为一体的政务大数据中心。推动数据资源共享开放，探索建立相关制度，加快数据资源开放平台建设。

二是完善“互联网+政务服务”，以深化“最多跑一次”改革为引领，统筹推动全市“互联网+政务服务”体系建设。深化“一厅式、一网式”政府服务模式改革，提升政务服务事项网上全流程办理能力，实现“群众办事一个入口”。推广应用集政务服务、公共服务、便民服务等为一体的综合性APP平台。

五、大数据技术实力雄厚

大数据时代政府治理现代化，不仅让城市管理更上水平，而且能让市民享受到更大便利。郑州市加快建设数字化城市，推动郑州5G试点城市建设，围绕智慧医疗、自动驾驶、智能制造、智慧仓储物流等领域示范应用，加快5G基站建设，率先开展5G规模组网建设。推进中国联通、中国移动、中国电信、中国铁塔四家公司的超大型、大型数据中心建设。运用信息和通信技术手段感测、分析、整合城市运行核心系统的各项关键信息，从而对包括民生、环保、公共安

全、城市服务、工商业活动在内的各种需求做出智能响应，积极通过智慧式治理，为民众创造更美好的生活，促进城市的和谐、可持续发展。

一是积极构建三维地理信息及应用服务系统。郑州作为首批国家智慧城市试点城市，力图打造自主可控、联合创新的时空大数据服务典范。作为“智慧郑州”空间信息基础设施，郑州三维地理信息及应用服务系统包括基于超算和云计算环境开发的二、三维一体化服务平台、800 平方公里城市三维模型、2000 多平方公里影像、矢量、地名地址数据、POI、行政区划等丰富的地理信息数据，已在郑州公安、城市规划、公共卫生应急、燃气、房管、市政等多个行业得到成功应用①。

二是全力推动“城市大脑”建设。聚焦以互联网为基础，以云计算与大数据为支撑，基于人工智能的感知、分析、决策能力，实现海量多源数据归集、实时处理与智能分析的“城市大脑”建设。加速数据资源向“城市大脑”汇聚，推动“城市大脑”在交通、医疗、环保、平安、城管、文旅、应急、金融等领域实现普及应用。

三是推动交通智能化发展，推进路外停车和道路停车联网管理与信息共享，加快构建完善停车诱导系统和智能充电设施，运用人工智能、大数据、区块链、北斗导航、5G 等技术，基于汽车电子标识或移动终端定位，构建全市智能交通感知网络，推进交通基础设施的智能化升级改造。

六、政府科学决策体系初步形成

郑州市大数据专家咨询委员会于 2020 年 12 月正式成立。专家组

① 徐红：《“智慧郑州”：大数据驱动时空信息平台创新》，2017 年 6 月 4 日，http：//www. ce. cn/xwzx/gnsz/gdxw/201706/04/t20170604_ 23417010. slitml，访问日期：2021 年 3 月 23 日。

汇集了来自郑州大学、信息工程大学、华北水利水电大学、河南财经政法大学、河南工业大学、中国电子科技二十七所、机械工业第六设计院等国内知名高校、科研院所和领军企业的专家学者。郑州市政府将充分发挥“大数据专家委”的作用，进一步加速郑州市数字政府、智慧治理方面的发展，对持续提升郑州市政府治理能力现代化和公共决策的科学化具有重要意义①。

一是优化完善数字郑州顶层设计，支撑数字政府、数字城市、数字经济等领域总体规划和发展战略决策，探索尝试大数据领域地方法律法规研究，围绕数据的汇聚、共享、权属、流通等方面，构建完整的顶层设计、发展规划和法规体系框架。

二是积极谋划、精准指导郑州市大数据和数字经济相关产业不断发展壮大，围绕大数据产业布局和政策制定、龙头旗舰企业引进扶持政策、数字经济领域中体制机制改革、人才引进和培养战略等进行探索研究，帮助做大做强郑州市大数据和数字经济产业。

三是提升郑州数字政府建设整体水平，对城市大脑项目建设过程的可研论证、立项评审和项目实施等关键环节进行评审把关，确保项目建设的科学性与先进性。针对项目建设过程中存在的风险问题进行把脉问诊，将更多的新技术、新思路、新理念引入数字政府建设过程中。

四是从专业角度提供信息化项目建设成本效益评估建议，辅助提升财政资金使用效率，帮助政府花最少的钱，取得更多、更好的成效。

五是辅助筑牢政府网络安全和信息安全底线，从组织、制度、技术体系建设及数据生命周期的安全运营保障等方面，提供一系列数据信息安全保障措施建议。

① 郑州市大数据管理局：《郑州市大数据专家咨询委员会正式成立》，2019 年 12 月 6 日，http：//www. zhengzhou. gov. cn/news4/3094686. jhtml，访问日期：2021 年 3 月 23 日。

第二节　大数据时代郑州市政府治理现代化表现

郑州市人民政府于2019年8月宣布同阿里巴巴集团达成战略合作，发挥阿里巴巴的技术优势加速数字经济发展，助力郑州打造中国数字经济强市，力争三到五年内将郑州打造为全国数字经济领先城市。2019年底，双方携手共建“城市大脑”，并在数字政府、数字经济、数字社会角度孵化更多智慧应用，造福市民，为郑州市政府治理现代化装上了加速器。根据中国经济信息社、中国信息协会和中国城市规划设计研究院于2020年8月联合发布的《中国城市数字治理报告（2020）》，郑州数字治理指数排名全国第七。

一、政府治理制度方面的现代化表现

（一）治理理念人本化

郑州市积极发挥大数据管理局的职能作用，围绕政府治理和公共服务的改革需要，坚持以人民为中心的发展理念，做到老百姓关心什么、期盼什么，改革就抓什么、推进什么。强化互联网思维，以问题为导向，以应用为中心，推进大数据应用，真正提高政府行政效能，方便企业和群众办事。积极打破信息壁垒，不断深化“互联网+政务服务”，下好全市大数据“一盘棋”，推动政府治理体系和治理能力现代化。例如，郑州市政府负责开发的“郑好办”APP从2020年3月上线截至11月，下载量已达210万，其中注册用户突破140万，老百姓可以通过手机使用该软件实现秒速提公积金、领取契税补贴、孩子入学报名、出门一键导航、缴纳水电费、看病提前挂号、乘坐公交地铁等大批事项。郑州市大数据管理局坚持“想市民所想、急市民所急”，公开征集市民意见，把市民感觉难办的事、麻烦的事一一

梳理，然后列表限时“攻坚”，尽最大努力为市民提供人性化、数字化、便利化的公共服务[①]。

（二）行政程序法治化

行政程序的法治化运行是确保政府治理现代化的重要前提。郑州市积极推行了“数字法治，智慧司法”建设，充分重视利用数据的信息共享和数据公开，重塑行政运行程序，逐步实现“一网通办，一次办成”，通过行政程序的透明化来增强政府治理的法治化。例如，在企业登记方面，郑州实现了电子营业执照全程在线办理，申请人只要使用手机或电脑，通过“刷脸”实名认证，从名称申报、设立登记到审核发照，全程“零见面，无纸化”，在线领取的电子营业执照与纸质营业执照拥有同等法律效力。通过优化审批系统的历史数据，将电子印章、电子营业执照等数字化手段整合，让开办企业的大数据系统更完善、更方便。人性化、智能化的政府治理手段，有效规范了行政程序，大大减少了人为因素的干扰，降低了个别公职人员玩弄职权、违法乱纪行为的发生概率[②]。

（三）政策制定合理化

公共数据资源开放和数字经济的发展，促使郑州市各部门围绕“大融合、大共享、大应用”，先后出台一系列实施细则、指导意见。郑州市政府治理现代化坚持做到“心中有数”，不仅是心中有互联网思维、有大数据，更要有规划、有方向。政府从数据归集、清洗、应用等多个方面着手制定管理办法、实施细则等，较好地解决了宏观规划和顶层设计的落地问题。例如，遵照《河南省政务云管理办法》，进一步规范政务云的规划、建设和管理，较好地解决了电子政务基础

---

① 李林：《“郑好办”真好办》，《河南日报》2020 年 11 月 6 日第 4 版。

② 李殿勇：《河南大数据站上发展“风口”》，2017 年 12 月 13 日，http：//www. gov. cn/xinwen/2017 - 12/13/content_ 5246483. htm，访问日期：2021 年 3 月 23 日。

设施重复建设、资源分散等问题。另外，省级政府出台的《河南数字政府建设总体规划》，也为郑州市进一步促进政府职能转变，实现公共服务高效化、社会治理精准化指明了方向①。

二、政府治理结构方面的现代化表现

（一）治理主体多元化

郑州市十分强调运用大数据建设数字政府和推动政府治理现代化的重要性，将发展大数据纳入全面深化改革重要部署，并持续深入推动。构建“局＋中心＋研究院＋数字政府公司”的多元治理组织架构，大力发展数字治理和数字经济。探索出了“管—运—建—研”分离的管理机制，大数据管理局负责统筹规划、组织推进和建设管理，大数据中心侧重“定标、聚数、赋能”，大数据研究院着力发挥科学研究、人才培养、社会服务等智囊智库职责，企业做好人才、技术和项目支撑。

（二）组织结构扁平化

为了切实优化政府治理体系，提升政务服务水平，增强网上政务服务能力，郑州市积极探索行政机构改革，力争对治理结构进行重塑。郑州市依托省会城市的优势，积极发挥省市两级大数据管理局的作用，加快实施大数据战略和数字政府建设，积极发挥政务信息系统、政务云平台的作用，构建“一张网、一朵云、一个平台、一个中心”数字治理格局，通过治理结构的扁平化，切实深化“放管服”改革，加快推进“一网通办”前提下“最多跑一次”改革，建设一体化政务服务平台，推进数字政府建设，最大限度利企便民，用大数

---

① 郑州市大数据管理局：《大数据是这样创造价值的》，2020 年 11 月 27 日，http：//zzdsj. zhengzhou. gov. cn/gzdt/4438203. jhtml，访问日期：2021 年 3 月 24 日。

据创新政务服务方式，助推营商环境优化。

（三）治理客体复杂化

随着信息化和自媒体的发展，客观世界的社会人逐渐扮演起了网络虚拟人的角色，并对客观世界影响越来越大，政府治理客体也变得越来越复杂，政府既要做好调查、宣传、调解、统计等基础工作，还要处理好与民众利益有关的社会治安、公共卫生、优抚救济、应急管理、劳动就业、社会保障等工作。郑州市政府依托“政务服务网”，积极推进网上政务服务和便民服务，包括公积金提取、居住证办理、新生儿出生、社保、医保、水电气暖、商事登记等众多事项。郑州市推行的全国首创的小学生新生入学线上报名业务，两天超过 1.5 万名小学生完成线上报名；契税补贴申领“零材料”，上线四个月已完成 9.5 万笔补贴申请；智慧停车系统目前已接入郑州市所有的路侧停车场、889 家封闭停车场的近 26 万个泊车位，覆盖了市内重点商圈、医院、景区及交通枢纽，市民出门一键导航就能够方便地找到泊车位。治理客体的复杂化倒逼郑州市政府不断深入大数据等信息技术的开发与应用，依靠技术创新驱动政府治理现代化层次不断提升①。

三、政府治理机制方面的现代化表现

（一）治理方式协作化

数据治理涉及方方面面，是一个庞大的体系化工程，围绕着提升政府公共服务能力，推进政府治理方式协作化。郑州市形成了政府与企业协作共赢的大数据治理机制，依照数据资源政府所有、公司运营原则，明确各自功能定位，各司其职、合力攻坚。正数公司作为河南省数字政府改革的技术能力支撑者，是建设运营机构，主要承担着助

---

① 李林：《“最强大脑”赋能“聪明”郑州》，《河南日报》2020 年 11 月 23 日第 2 版。

力顶层设计，把各个生态整合到一起，让原来的分割建设变成统一建设，把原来分散的数据变成统一的数据。

（二）资源配置市场化

大数据作为重要生产要素，被视为未来的新石油、新货币，谁掌握了大数据，谁就掌握了资源配置的主动权。郑州市政府近年来非常注重与社会力量的合作，整合资源、共享优势，在充分结合市场规律的基础上促进治理现代化的实现。2019 年底，基于华为公司自研的鲲鹏处理器，在郑州实现国内首批量产，鲲鹏生态创新中心和鲲鹏计算产业发展高地在郑州建立；2020 年 4 月，黄河飞天云平台在郑州推出，实现了云计算领域国产化重大突破；阿里巴巴、IBM、华为、浪潮、中科院计算所等众多知名大数据企业和研究构纷纷抢滩郑州，仅郑州市龙子湖智慧岛的入驻基金规模就有近万亿元。正因为郑州市充分整合了省会城市市场资源的优势，在省级政府和重点城市网上政务服务能力指数评估中，河南从 2018 年的第 24 名跃升为 2019 年的第 9 名，有效地提升了地方政府治理能力现代化水平①。

（三）公众参与常态化

大数据时代，数字政府的兴起为公民参与政府治理提供了支持。郑州市政府积极发挥数字政府建设中大数据治理的优势，充分体现了公民参与的双向性、互动性和便捷性，积极探索“一元领导”到“多元共治”的转变，重新明晰党组织、政府、企业、社会组织和民众等主体间权、责、利边界，通过互联网、大数据等平台不断释放市场力量以增加公共服务供给体系的活力，提升政府治理能力。例如，郑州市在贾鲁河综合治理工程西流湖段环境影响评价中，充分利用互联网、网上政务公开等渠道积极开展公民参与，通过公民参与使工程

---

① 郑州市大数据管理局：《大数据是这样创造价值的》，2020 年 11 月 27 日，http：//zzdsj. zhengzhou. gov. cn/gedt/4438203. jhtml，访问日期：2021 年 3 月 24 日。

建设方、环境影响评价单位与公众之间进行双向交流，将公众反映的意见和诉求及时传达给工程建设单位和工程设计单位，使治理工程更加合理完善。郑州市政府通过构建开放的公共领域让多元治理主体能够通过不断地交流和互动，最终形成集体偏好，从而有效推动公共价值的再生产和再提升①。

四、政府治理工具方面的现代化表现

（一）信息公开透明化

推动大数据转化为发展动能，数据供给和合理合法开放共享是基础。郑州市在政府数据治理过程中，一边加快实施数据开放共享，优化治理基础数据库；一边建立完善数据权属界定、开放共享、交易流通的管理制度和数据共享责任清单。积极争取相关部门支持，打破平行部门间的壁垒僵局，打通数据孤岛，主导政务服务后台的“化学反应”，从“独唱”到“合唱”。河南省大数据管理局全力推进大数据“破孤岛”行动，全省 44 个省级部门近百个数据孤岛全部打通。河南健康码与 31 个省市互认、智慧停车场、远程医疗等一系列数字创新应用，在河南各地全面展开。坚持向“数”借力，用数字治理功能为“六稳”“六保”注入新力量，在提升政务服务效能和为民服务水平等软环境建设上不断突破②。

（二）治理平台虚拟化

郑州市政府将公共治理的各项信息均通过立体管廊、物联城市、

① 资料来源：郑州市国材局：《郑州市贾鲁河综合治理工程西流湖段环评影响评价公众参与说明》。

② 李润龙：《河南：“一网通办”让群众办事“最多跑一次”》，2019 年 10 月 21 日，http://www.gov.cn/xinwen/2019-10/21/content_5442726.htm，访问日期：2021 年 3 月 24 日。

5G城市收集汇总到与阿里集团合作共建的“城市大脑”系统，在“大脑”进行结构化分析处理后，向数字政府提供各类应用的决策支持，并最终赋能数字治理，进一步激发出政府治理新活力，着力提升政府治理能力现代化水平。数字郑州三维地理信息及应用服务系统数据量非常大，达到6TB。基于统一的时空基准，系统集成了城市三维模型库、地下空间三维模型库、区划地名地址库，以及地下管线、点云数据、可量测实景影像数据、POI数据、视频信息数据及海量、多时相时空大数据等基础地理信息数据库，并实现城市三维模型数据与城市四大基础数据库间的关联应用①。

（三）行政沟通网状化

在郑州市，省市两级政府合力利用数据信息技术畅通行政沟通机制。河南省电子政务服务平台（“政务云”）上，已经集合了全省44个省直部门、18个省辖市、10个省直管县（市）的政务服务“窗口”，涉及了上行沟通、下行沟通和平行沟通，集纳了大部分办事服务功能，将适宜上网的办事服务全部放到网上，让老百姓随时随地通过电脑或者手机就可以完成预约，有些事项甚至可以实现“网上受理、快递送达”，为老百姓提供一站式“政务淘宝”服务，让群众、企业与政府之间的沟通形成多向、多维的网状结构②。

五、政府治理职能方面的现代化表现

（一）公共决策科学化

郑州市政府充分运用大数据技术，提高公共决策的科学化水平。

---

① 徐红：《“智慧郑州”：大数据驱动时空信息平台创新》，2017年6月4日，http：//www. ce. cn/xwzx/gnsz/gdxw/201706/04/t20170604_ 23417010. shtml，访问日期：2021年3月23日。

② 朱殿勇：《河南大数据站上发展“风口”》，2017年12月13日，http：//www. gov. cn/xinwen/2017－12/13/content_ 5246483. htm，访问日期：2021年3月23日。

例如，2015 年，在郑州市召开的“上合组织峰会”上，郑州市公安局应用三维 GIS 指挥调度平台，将郑州市核心区域和会场区域以 1∶1 仿真的城市模型搬到了电脑上，每栋大厦、每条道路、每个路口都真实地反映在大屏幕中，从而在指挥大厅就能一目了然地了解郑州市核心区域情况，对于完成安全区域无死角布控、安防组织预演练、应急处置管理、人员与车辆的动态调配和实时定位、核心高层建筑的可见区域布控、狙击手覆盖可见区域的布控与分析、天网视频的实时调取、会议路线的方案模拟制定和上会讨论等相关内容，做出详细的决策部署。还可以将这些信息直接推送到每一个工作人员的手持设备中，实现前后方互动，信息送达无遗漏。数据信息的实时共享，充分实现了政府部门在宏观和微观两个方面的同步决策，使决策更加精准、更加科学①。

（二）社会治理精准化

郑州市数字城市办公室与郑州大学、北京超图集团共同研制的郑州三维地理信息及应用服务系统，利用密集匹配的点云、楼盘表和户型图、室内三维建模等技术，建成了 800 平方公里大尺度城市三维分层分户模型。当点击任一个分户图，建筑的内外部信息和该住户详细信息便呈现出来，包括楼层里有多少户、有多少老人和孩子等，获得这些数据，就可以知道 1 平方公里内有多少学龄儿童、有多少 60 岁以上老人等人口信息；还可以了解这片区域到底有多少城市部件等。这种“房上图、人进房”，实现了人口、房屋和空间的紧密关联，更有利于为百姓提供便利服务，实现精细化管理。另外，2010 年起，郑州市开展智能交通管理系统建设，目前已经建成了交通指挥中心、集成指挥平台和交通信息及公众服务平台等，郑州市交管部门已经能

---

① 徐红：《“智慧郑州”：大数据驱动时空信息平台创新》，2017 年 6 月 4 日，http：//www. ce. cn/xwzx/gnsz/gdxw/201706/04/t20170604_ 23417010. shtml，访问日期：2021 年 3 月 24 日。

够对超过1000条道路断面进行实时监测[①]。

（三）公共服务高效化

近年来，郑州市政务服务、公共服务的数字化成效显著，90%以上政务服务事项可网上办理，实现一站式数字化服务，市民办事实现"零跑腿"联办；在政务服务改革的推动下，郑州市上线了一站式政务服务平台"郑好办"APP。"自2020年3月'郑好办'上线以来至2020年8月，不到半年时间，已有500余项政务服务、便民服务上线，经过梳理和流程再造，大部分已实现'零跑腿''零材料'网上办"。例如，在郑州市推进智能审批，网上提交材料后，后台大数据审核，营业执照实现"秒批"。坚持以"信息化+标准化"为引领，创新简政之道，企业开办时间压缩至3天以内，对行政审批事项实行清单管理，同时建立标准体系，细化每个审批事项的办理情形、办理依据、申请材料、办理时限等，做好线上线下统一。运用大数据预测市场主体风险，对潜在违法违规者进行多维度监管，实现"进一次门，查多项事"，减少对市场主体正常经营活动的干扰[②]。

六、政府治理管控方面的现代化表现

（一）危机预警智能化

郑州市政府非常重视应用大数据技术提升危机防控能力和精准管控效力。转变监管理念，创新监管方式，通过"互联网+监管"平台，搭建起了"11223"主框架，即1个监管事项清单，1个监管大数据中心，工作和服务2个门户，标准规范和安全运维2个支撑体

---

① 宋迎迎：《打造智慧城市，郑州要对标北京、上海、杭州》，2019年11月6日，https：//hn. ifeng. com/a/20191106/7810949_ o. sheml，访问日期：2021年3月24日。

② 爱的诺言：《"郑好办"2.0版本即将上线!》，2020年7月3日，http：//zz. bendibao. com/news/202073/70825. shtm，访问日期：2021年3月24日。

系，执法监管、风险预警、分析评价 3 个应用系统，初步实现了一个“门户”对外、一张“清单”监管、一张“网络”覆盖、一个“中心”支撑。强化大数据智能分析，深入推进“互联网 + 监管”，建立起针对高危行业、重点工程、重点领域、重要商品的风险监测评估、预警跟踪、防范联动机制，对疫苗、药品、特种设备等实行全主体、全品种、全链条严格监管，提升了监管的有效性、精准性和靶向性，有效缓解了市场主体快速增长和监管力量有限之间的矛盾。在 2020 年应对新冠肺炎疫情防控期间，郑州市政府与阿里技术团队共同搭建疫情防控一体化平台，火速上线包括疫情上报、来郑人员登记、疫情调度指挥、智能外呼、钉钉复工复学系统等 10 套数字防疫系统，实时了解全市上万个社区及道路、医疗等各个单元的战“疫”状况，有效防止了聚集性传染，保障公众的出行安全①。

（二）权力监督无缝化

公共治理的公正性离不开公共权力的正确行使，与权力的监督、监管水平息息相关。2019 年 9 月 19 日，河南省“互联网 + 监管”系统与国家平台同步上线试运行，监管事项梳理、监管数据汇聚、监管应用对接 3 项工作走在了全国前列，接入 8 个试点部门、11 个特色应用，位居全国第一。郑州市各部门、各单位率先对接使用，涉及不动产登记监管、生态监测、房地产市场监管、工程项目审批监管、工地监管、高速监管、智慧卫监、应急管理、市场监管分析、网络交易监管、农民工工资支付监管、机动车驾驶人源头隐患分析等领域。通过归集各类监管对象、行政检查、处罚、企业纳税、司法诉讼、投诉举报及互联网舆情等数据，及时排查各种违法乱纪现象，让权力在阳光下运行，有效防止事中事后监管领域发生任性检查和执法不公、执

① 肖雅之：《郑州数字化转型下“快进键”》，2020 年 6 月 23 日，https：//zzwb.zynews.cn/html/2020－06/23/content_ 1168239.htm，访问日期：2021 年 3 月 24 日。

法不严等现象，用公正监管管出公平、管出效率①。

（三）绩效考核数字化

郑州市政府治理的绩效考核，更加注重系统性的测量，充分运用大数据技术和大数据中心的平台，考核目标聚焦管理效能、公共服务、民生事业，注重考核政策法规体系、技术标准体系、工作推进体系的建设成效，实时评价政务服务平台、数据调度平台、示范应用平台对行政工作的辐射程度，做实线上政务服务中心、数据资源中心、数据管理中心、示范推广应用中心，真正把数据统起来、管起来、通起来、用起来，推动绩效考核中数据资源向数据价值的转变。例如，为进一步提高预算编制的科学性、精准性，2020 年 10 月 19 日下午，郑州市大数据管理局邀请第三方机构组织召开经费政策事前绩效评估，采取比较法、因素分析法等相结合的综合方法，对项目的相关性、绩效的可实现性、预期绩效的可持续性、财政资金投入的可行性等方面进行客观分析和评估，有效地强化了对预算合规性和合理性的前期审查②。

第三节　郑州市政府治理现代化评价的满意度分析与等级评估

为了评估大数据时代政府治理现代化的成效，笔者对河南省工信厅、大数据管理局、互联网信息办公室等单位的工作人员，以及

---

① 魏蔚：《河南“互联网＋监管”系统正式上线一年，“一网通管”都管啥？大数据都干啥?》，2020 年 8 月 25 日，http：//news. dahe. cn/2020/08 －25/715913. html，访问日期：2021 年 3 月 24 日。

② 郑州市大数据管理局：《市大数据管理局积极探索经费政策事前绩效评估》，2020 年 10 月 20 日，http：//www. zhengzhou. gov. cn/news4/4309382. jhtml，访问日期：2021 年 3 月 24 日。

2018 年 11 月在郑州召开的“互联网大会”上随机抽取的参会人员进行了自填式问卷调查和结构式访谈。整个调查共发放 450 份问卷，前后共回收 385 份，通过筛选，最终有效问卷 350 份，回收率为 77.8%，此次问卷调研有效。

一、问卷调研的总体设计

（一）设计问卷的原则

一是问卷的内容设计要优先考虑是否方便用户填写，另外，问卷中题目的表述要简单、直接，避免有歧义，便于用户读懂和理解。

二是问卷调研的目的要明确，并且要注意用户隐私的保护。通过调研问卷所获得的所有信息和内容只限于本次论文研究所用。

三是按照自愿的原则，征求用户的同意，请求用户配合进行翔实的填写，力求得到的数据客观、真实、有效。

四是问卷所涉及的问题需要具有针对性，内容要围绕公众对政府治理效果的满意度。

五是项目顺序的设计需要处理好微观与宏观的关系，遵照由具体到概括的原则，不容易回答的问题放到最后，保证用户在回答问卷时的客观性。

（二）设计过程

一是认真对文献与资料进行研究。深入对政府治理现代化的相关理论进行分析，梳理相关资料中涉及治理现代化效果的具体因素，归纳成反映公众对政府治理效果满意度的指标项目。

二是开放式访谈。围绕大数据对政府治理现代化影响，深入调查对象中间，针对“你认为大数据对政府治理现代化带来了什么新影响？”“你对政府治理效果满意吗？”等问题进行访谈。

三是项目梳理总结。将通过访谈工作获得的信息进行整合，梳理总结出公众关心的事项和政府重点部署的治理活动与措施，按照先易后难的顺序进行编排，最后，整体把握，完成问卷的设计。

（三）问卷样式结构

问卷结构主要包括问卷活动背景简介、问题主体和结束语三大部分，其中问题的主要结构如下：

一是了解调研对象的身份信息，包括性别、年龄、学历、工作单位等。

二是针对满意度的调查。这一板块是问卷的主要内容，包括公众对信息公开水平、公共服务能力等方面的满意度。

三是建议栏。这一问题属于开放式提问，通过这部分可以掌握公众对改进政府治理现代化工作的主观建议。

二、满意度分析

对问卷以大数据时代政府治理现代化评价体系分准则层的指标为满意度问题指标，包括治理理念人本化、行政程序法治化、政策制定合理化、治理主体多元化、组织结构扁平化、治理客体复杂化、治理方式协同化、资源配置市场化、公众参与常态化、信息公开透明化、治理平台虚拟化、行政沟通网状化、公共决策科学化、社会治理精准化、公共服务高效化、危机预警智能化、权力监督无缝化、绩效考核数字化等，依次进行满意度分析，其输出结果如表 8－1 所示。

表 8－1　　各项工作调查统计表

项目名称	（优）非常满意		（良）满意		（合格）中等		（不合格）不满意	
	数量（名）	百分比/%	数量（名）	百分比/%	数量（名）	百分比/%	数量（名）	百分比/%
治理理念人本化	82	23.4	203	58.0	50	14.3	15	4.3
行政程序法治化	79	22.6	226	64.6	39	11.1	6	1.7
政策制定合理化	75	21.4	230	65.7	40	11.4	5	1.4
治理主体多元化	94	26.9	217	62.0	32	9.1	7	2.0

续表

项目名称	（优）非常满意		（良）满意		（合格）中等		（不合格）不满意	
	数量（名）	百分比/%	数量（名）	百分比/%	数量（名）	百分比/%	数量（名）	百分比/%
组织结构扁平化	110	31.4	189	54.0	30	8.6	21	6.0
治理客体复杂化	100	28.6	204	58.3	30	8.6	16	4.5
治理方式协同化	123	35.1	179	51.2	21	6.0	27	7.7
资源配置市场化	51	14.6	178	50.8	100	28.6	21	6.0
公众参与常态化	120	34.3	175	50.0	24	6.9	31	8.9
信息公开透明化	97	27.7	170	48.6	67	19.1	16	4.6
治理平台虚拟化	130	37.2	197	56.3	19	5.4	4	1.1
行政沟通网状化	125	35.7	195	55.7	24	6.9	6	1.7
公共决策科学化	63	18.0	159	45.4	81	23.2	47	13.4
社会治理精准化	111	31.7	170	48.6	24	6.9	45	12.8
公共服务高效化	106	30.3	165	47.1	29	8.3	50	14.3
危机预警智能化	92	26.3	222	63.4	30	8.6	6	1.7
权力监督无缝化	102	29.2	209	59.7	34	9.7	5	1.4
绩效考核数字化	105	30.0	200	57.1	36	10.3	9	2.6

数据来源：根据调研数据统计整理。

根据表8－1中的统计分析，将每一项的非常满意百分比与满意百分比相加，就得出该项的满意度。问卷调查中18项问题的满意度如图8－1所示。

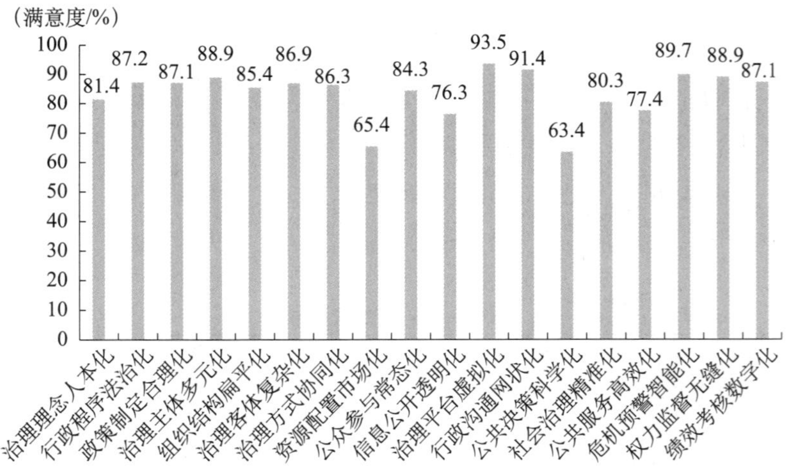

图8－1　郑州市政府治理现代化满意度统计表

从图 8－1 中可以看到，治理平台虚拟化的满意度高达 93.5%，在 18 个项目中得分最高，因此该项也是公众最满意的一项，可以得出随着近年来政府大数据治理平台的建设、大数据管理局的成立，以及电子政务的深入开展，政府治理现代化模式为民众主动参政议政提供了极大的便利，同时也可以反映出，由于大数据等智慧技术的应用，广大民众参与政府治理的渠道更加畅通了。而公共决策科学化的满意度最低，只有 63.4%，说明在政府治理现代化初期，大数据意识还需进一步增强，特别是利用大数据技术创新组织建设、民主决策的程序方面的工作还是任重道远。公共决策的影响因素涉及干部任免机制、政绩考核机制、工作激励机制等深层次问题，值得进一步探讨。

关于大数据时代郑州市政府治理现代化总体满意度，我们选择了对以上 18 个项目的满意度进行“几何平均值”计算，得出总体满意度为 82.96%，可见，公众对开展基于大数据的政府治理现代化所取得的效果整体还是满意的。

三、大数据时代郑州市政府治理现代化的等级评估

根据前文中提出的大数据时代政府治理现代化评价指标体系，结合采用层次分析法（AHP）确定权重分配，采用模糊数学评价法（FCE）构造评估矩阵，对政府治理现代化的等级进行评估。

第一步：确定评估等级集合，对评估对象划分等级，记为 $N = [n_1 \quad n_2 \quad \cdots \quad n_g]$。根据需求，选取 g = 4，评价集合 N = ［优秀，良好，合格，不合格］。

第二步：构造“大数据时代郑州市政府治理现代化程度等级表”，确定分准则层中属于同一板块的每个评估因素所属的等级。采用问卷法进行打分，每项指标如表 8－2 所示，等级包括优秀、良好、合格、不合格。因此，原表 8－1 中的满意度百分比可以理解为在分

准则层评估因素集中，把选择某一因素相同等级的人数相加，再除以有效问卷的总人数，即为分准则层中各因素隶属于各等级的隶属度。

表 8-2　　各项指标因素等级表

项目名称	优秀/%	良好/%	合格/%	不合格/%
治理理念人本化	23.4	58.0	14.3	4.3
行政程序法治化	22.6	64.6	11.1	1.7
政策制定合理化	21.4	65.7	11.4	1.4
治理主体多元化	26.9	62.0	9.1	2.0
组织结构扁平化	31.4	54.0	8.6	6.0
治理客体复杂化	28.6	58.3	8.6	4.5
治理方式协同化	35.1	51.2	6.0	7.7
资源配置市场化	14.6	50.8	28.6	6.0
公众参与常态化	34.3	50.0	6.9	8.9
信息公开透明化	27.7	48.6	19.1	4.6
治理平台虚拟化	37.2	56.3	5.4	1.1
行政沟通网状化	35.7	55.7	6.9	1.7
公共决策科学化	18.0	45.4	23.2	13.4
社会治理精准化	31.7	48.6	6.9	12.8
公共服务高效化	30.3	47.1	8.3	14.3
危机预警智能化	26.3	63.4	8.6	1.7
权力监督无缝化	29.2	59.7	9.7	1.4
绩效考核数字化	30.0	57.1	10.3	2.6

第三步：确立模糊关系矩阵。依据分准则层指标，构造评估矩阵，来反映其分准则层中不同指标与不同等级之间的关系。因此：

$$R_1 = \begin{bmatrix} 0.234 & 0.58 & 0.143 & 0.043 \\ 0.226 & 0.646 & 0.111 & 0.017 \\ 0.214 & 0.657 & 0.114 & 0.014 \end{bmatrix}$$

$$R_2 = \begin{bmatrix} 0.269 & 0.620 & 0.091 & 0.020 \\ 0.314 & 0.540 & 0.086 & 0.060 \\ 0.286 & 0.583 & 0.086 & 0.045 \end{bmatrix}$$

$$R_3 = \begin{bmatrix} 0.351 & 0.512 & 0.060 & 0.077 \\ 0.146 & 0.508 & 0.286 & 0.060 \\ 0.343 & 0.50 & 0.069 & 0.089 \end{bmatrix}$$

$$R_4 = \begin{bmatrix} 0.277 & 0.486 & 0.191 & 0.046 \\ 0.372 & 0.563 & 0.054 & 0.011 \\ 0.357 & 0.557 & 0.069 & 0.017 \end{bmatrix}$$

$$R_5 = \begin{bmatrix} 0.180 & 0.454 & 0.232 & 0.134 \\ 0.317 & 0.486 & 0.069 & 0.128 \\ 0.303 & 0.471 & 0.083 & 0.143 \end{bmatrix}$$

$$R_6 = \begin{bmatrix} 0.263 & 0.634 & 0.086 & 0.017 \\ 0.292 & 0.597 & 0.097 & 0.014 \\ 0.300 & 0.571 & 0.103 & 0.026 \end{bmatrix}$$

第四步：进行初级模糊综合判断，对各个矩阵 R_k 进行模糊矩阵运算，从而得出次准则层指标集合 X 对评估等级集合 V 的隶属向量 B_k 。

$$B_1 = X_1 \cdot R_1 = [0.1 \quad 0.6 \quad 0.3] \begin{bmatrix} 0.234 & 0.58 & 0.143 & 0.043 \\ 0.226 & 0.646 & 0.111 & 0.017 \\ 0.214 & 0.657 & 0.114 & 0.014 \end{bmatrix}$$

$$= [0.223 \quad 0.643 \quad 0.115 \quad 0.019]$$

$$B_2 = X_2 \cdot R_2 = [0.6 \quad 0.3 \quad 0.1] \begin{bmatrix} 0.269 & 0.620 & 0.091 & 0.020 \\ 0.314 & 0.540 & 0.086 & 0.060 \\ 0.286 & 0.583 & 0.086 & 0.045 \end{bmatrix}$$

$$= [0.284 \quad 0.592 \quad 0.089 \quad 0.034]$$

$$B_3 = X_3 \cdot R_3 = [0.6 \quad 0.2 \quad 0.2] \begin{bmatrix} 0.351 & 0.512 & 0.060 & 0.077 \\ 0.146 & 0.508 & 0.286 & 0.060 \\ 0.343 & 0.50 & 0.069 & 0.089 \end{bmatrix}$$

$$= [0.308 \quad 0.509 \quad 0.107 \quad 0.076]$$

$$B_4 = X_4 \cdot R_4 = [0.6 \quad 0.1 \quad 0.3] \begin{bmatrix} 0.277 & 0.486 & 0.191 & 0.046 \\ 0.372 & 0.563 & 0.054 & 0.011 \\ 0.357 & 0.557 & 0.069 & 0.017 \end{bmatrix}$$

$$= [0.310 \quad 0.515 \quad 0.141 \quad 0.034]$$

$$B_5 = X_5 \cdot R_5 = [0.2 \quad 0.6 \quad 0.2]\begin{bmatrix} 0.180 & 0.454 & 0.232 & 0.134 \\ 0.317 & 0.486 & 0.069 & 0.128 \\ 0.303 & 0.471 & 0.083 & 0.143 \end{bmatrix}$$

$$= [0.287 \quad 0.477 \quad 0.104 \quad 0.132]$$

$$B_6 = X_6 \cdot R_6 = [0.7 \quad 0.1 \quad 0.2]\begin{bmatrix} 0.263 & 0.634 & 0.086 & 0.017 \\ 0.292 & 0.597 & 0.097 & 0.014 \\ 0.300 & 0.571 & 0.103 & 0.026 \end{bmatrix}$$

$$= [0.273 \quad 0.618 \quad 0.090 \quad 0.019]$$

第五步：对于政府治理体系现代化部分和政府治理能力现代化部分，分别进行高级模糊综合判断，充分利用 B_u 和 B_v 来组合成两个评估矩阵。

$$B_U = \begin{bmatrix} B_1 \\ B_2 \\ B_3 \end{bmatrix} = \begin{bmatrix} 0.223 & 0.643 & 0.115 & 0.019 \\ 0.284 & 0.592 & 0.089 & 0.034 \\ 0.308 & 0.509 & 0.107 & 0.076 \end{bmatrix}$$

$$B_V = \begin{bmatrix} B_4 \\ B_5 \\ B_6 \end{bmatrix} = \begin{bmatrix} 0.310 & 0.515 & 0.141 & 0.034 \\ 0.287 & 0.477 & 0.104 & 0.132 \\ 0.273 & 0.618 & 0.090 & 0.019 \end{bmatrix}$$

再分别开展模糊矩阵运算：

$$D_1 = U \cdot B_U = [0.3 \quad 0.5 \quad 0.2]\begin{bmatrix} 0.223 & 0.643 & 0.115 & 0.019 \\ 0.284 & 0.592 & 0.089 & 0.034 \\ 0.308 & 0.509 & 0.107 & 0.076 \end{bmatrix}$$

$$= [0.270 \quad 0.591 \quad 0.100 \quad 0.038]$$

$$D_2 = V \cdot B_V = [0.2 \quad 0.5 \quad 0.3]\begin{bmatrix} 0.310 & 0.515 & 0.141 & 0.034 \\ 0.287 & 0.477 & 0.104 & 0.132 \\ 0.273 & 0.618 & 0.090 & 0.019 \end{bmatrix}$$

$$= [0.287 \quad 0.527 \quad 0.107 \quad 0.079]$$

因此，总评估矩阵：

$$D = \begin{bmatrix} D_1 \\ D_2 \end{bmatrix} = \begin{bmatrix} 0.270 & 0.591 & 0.100 & 0.038 \\ 0.287 & 0.527 & 0.107 & 0.079 \end{bmatrix}$$

$$M = W \cdot D = [0.5 \quad 0.5] \begin{bmatrix} 0.270 & 0.591 & 0.100 & 0.038 \\ 0.287 & 0.527 & 0.107 & 0.079 \end{bmatrix}$$

$$= [0.287 \quad 0.527 \quad 0.107 \quad 0.079]$$

第六步：得出评估结果。

根据模糊评判的最大隶属原则，构造 $N = \max\ [M_1 \quad M_2 \quad M_3 \quad M_4]$，大数据时代河南地方治理现代化的等级就是 $N = \max\ [0.287 \quad 0.527 \quad 0.107 \quad 0.079] = 0.527$，可以得出对应 V = ［优秀，良好，合格，不合格］中良好的等级。

第四节　大数据时代郑州市政府治理现代化平 PEMSTI 效能评价

大数据时代郑州市政府治理现代化的效能，可以通过 PEMSTI 模型进行分析。PEMSTI 评价模型在 PESTEL 分析模型、欧洲智慧治理模型及中国电信的 PETMS 模型的基础上进行了改进，确定了新的特征指标。各模型比较情况如表 8－3 所示。

表 8－3　　不同模型因素指标的比较分析

模型名称	因素指标分类					
PESTEL 分析模型	P：政治	E：经济	S：社会	T：技术	E：环境	L：法律
欧洲智慧治理特征模型	P：政府	E：经济	R：居民	T：交通	E：环境	S：服务
PETMS 分析模型	P：人口	E：经济	T：交通	M：工业	S：服务	
PEMSTI 模型	P：人口	E：经济	M：工业	S：社会保障	T：交通	I：信息化

在 PEMSTI 分析模型中，将特征指标用相应的数值表示，其中，人口指标以城镇新增就业人口数量来表示，经济实力以 GDP 来表示，工业实力以第二产业增加值衡量表示，服务能力以城镇职工基本养老

保险人数表示，交通能力用民用汽车保有量表示，信息化水平用互联网用户来表示。如表 8－4 所示。

表 8－4　　　　PEMSTI 指标解释

维度	P（人口）	E（经济）	M（工业）	S（服务）	T（交通）	I（信息化）
指标	城镇新增就业人数（万人）	生产总值（亿元）	第二产业增加值（亿元）	城镇职工基本养老保险人数（万人）	民用汽车保有量（万辆）	互联网用户（万户）

一、郑州与中部六省份省会城市的比较评价分析

为了更加明晰郑州市在政府治理现代化效能方面的发展状况和相对位次，选取了河南、山西、湖北、湖南、安徽、江西中部六省份省会城市的政府治理现代化水平进行比较研究，即郑州、太原、武汉、长沙、合肥、南昌政府治理现代化的 PEMSTI 指标实际数据，如表 8－5 所示。

表 8－5　　　　PEMSTI 指标实际值

省份	P（城镇新增就业人数，万人）	E（生产总值，亿元）	M（第二产业增加值，亿元）	S（城镇职工基本养老保险人数，万人）	T（民用汽车保有量，万辆）	I（互联网用户，万户）
郑州	11.4	11 589.7	4 617	491.8	385.6	468
太原	9.93	4 028.51	1 518.64	96.64	168.37	221.85
武汉	24.25	16 223.21	5 988.88	482.3	313.7	532
长沙	12	11 574.22	4 439.32	354.84	264.8	379.1
合肥	27.76	9 409.40	3 415.32	265.8	217.57	348.49
南昌	7.54	5 596.18	2 653.82	131.96	117	264.8

数据来源：各市 2019 年国民经济和社会发展公报。

根据研究需要，将表 8－5 中每一项特征指标进行标准化，如表 8－6 所示。由此得以构建大数据时代地方政府治理现代化特征指标分析模型。

表 8－6　　中部六省份省会城市 PEMSTI 指标的标准化值

地名	P（城镇新增就业人数）	E（生产总值）	M（第二产业增加值）	S（城镇职工基本养老保险人数）	T（民用汽车保有量）	I（互联网用户）
郑州	0.74	1.19	1.22	1.62	1.58	1.27
太原	0.64	0.41	0.40	0.32	0.69	0.60
武汉	1.57	1.67	1.59	1.59	1.28	1.44
长沙	0.78	1.19	1.18	1.17	1.08	1.03
合肥	1.79	0.97	0.91	0.87	0.89	0.94
南昌	0.49	0.57	0.70	0.43	0.48	0.72

通过雷达图（见图 8－2）分析可见，从城镇新增就业人数看，在中部六省份省会城市中，合肥排在第一位，主要因为合肥市出台并落实了一系列援企稳岗政策，坚定不移稳就业、全力以赴保民生，为居民持续增收提供坚实支撑。例如，合肥持续推进“见习计划”，就业见习对象扩大至毕业前 6 个月的高校毕业生，在企业见习满 3 个月后，毕业生可以和企业签订劳动合同，成为正式员工。在脱贫攻坚战中，紧密结合实际，开拓开发公益性岗位，促进就业困难人员就业；打造“扶贫车间”，让贫困群众就近捧上“铁饭碗”，带动就业增收；在抓好稳就业政策落实的同时，合肥还积极开展线上用工服务，全面推进“云服务”，推进“智慧就业”建设，不断提升服务效能①。郑州在中部六省份省会城市中仅位于第三，落后于武汉。尽管郑州积极落实阶段性减免企业社会保险费的决策部署，大力开展“三送一强”（送政策、送服务、送要素、强信心）活动，并且加大开业补贴、创业担保贷款贴息等政策支持力度，支持自主创业、促进返乡创业带动就业，但由于郑州产业层次不够高端，对高层次人才吸引不够，再加上“高房价、低收入”的矛盾，高校毕业生流失外地现象严重。南昌城镇新增就业人数最低，这与其地理位置封闭、经济总量落后等综合因素显著相关，只有加快转变理念、及时调整产业结构、加大政策

① 《铺展美好生活新天地，合肥书写民生新答卷》，2021 年 1 月 21 日，https：//www.sohu.com/a/445831006_120133855，访问日期：2021 年 3 月 24 日。

扶持力度，才能切实稳岗位、促就业①。

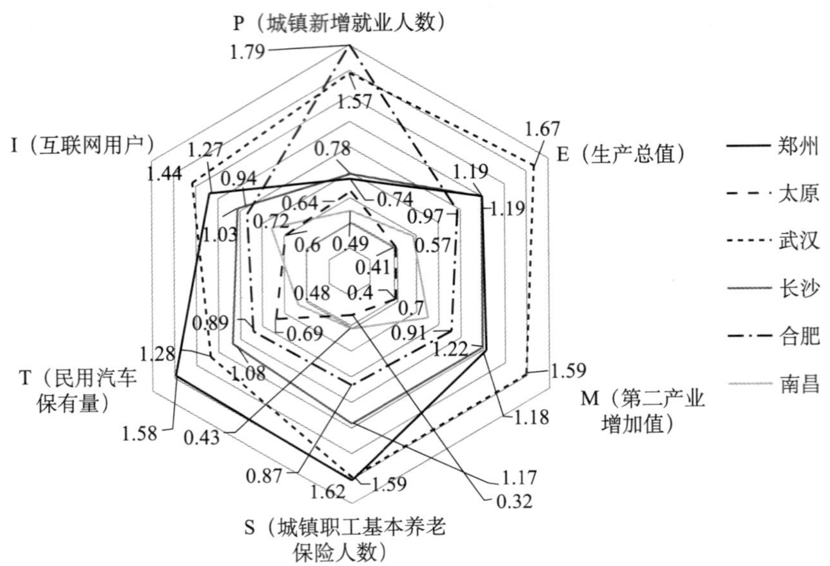

图 8－2　中部六省份省会城市 PEMSTI 特征指标分析图

从生产总值和第二产业增加值来看，郑州两项指标均居中部六省份省会城市第二的位置，武汉依旧稳居第一。主要原因还是在于发展进程形成的历史差距是显著的，相比较而言，武汉的产业布局比较完善，高技术含量的公司比较多；而郑州产业布局相对单一，主要在电子信息、汽车零部件、物流等领域，但高技术含量较低，主要表现出的还是劳动密集型产业。郑州与武汉城市空间距离不算太远，下一步可以谋划聚合发展效应，精心布局、精准发力。太原在生产总值和第二产业增加值方面依旧是最低的，太原在工业发展方面，产业链较短，产业布局较为分散，另外，生产加工技术低，缺乏先进的技术和设备，这些问题间接造成太原经济整体发展市场化程度低，发展增速较为缓慢；需要及时转变理念，打破思想禁锢，切实通过优化产业结

① 资料来源：《南昌市 2019 年国民经济的社会发展统计公报》等。

构，加快经济的高质量发展①。

城镇职工基本养老保险人数方面，能够反映郑州在公共治理中的社会保障能力，郑州目前在中部六省份省会城市当中，成效最为明显。这主要取决于郑州近年来高度重视民生工程和基层社会治理，特别是运用大数据、互联网等技术创新社保服务等工作机制，通过“网上办”“掌上办”“邮寄办”“预约办”等经办服务模式，方便群众办事，参保单位和个人可通过“河南省社会保障网上办事大厅”“郑州社保微信小秘书”申请办理社保业务，也可通过“河南省社会保障网上办事大厅”“河南社保”APP、“郑州社保微信小秘书”办理查询、打印社保信息、证明等业务。太原依然位居最后，这主要与太原电子政务发展水平有关，由于电子政务基础设施建设及数字政府管理模式方面的滞后，影响社会保障服务能力和社会治理水平的提升②。

从交通区位方面看，郑州作为河南省的省会城市区位优势十分明显，为全国最高等级的国际性综合交通枢纽之一，地处国家“两横三纵”城市化战略格局中陆桥通道和京哈、京广通道的交会处，是中国重要的公路、铁路、航空、通信兼具的综合交通枢纽。郑州拥有亚洲最大的列车编组站和中国最大的零担货物转运站。随着居民生活水平的不断提高和道路基础设施的不断改善，私家车快速进入寻常百姓之家，让郑州的机动车保有量在中部六省份省会城市中名列第一。南昌的汽车保有量最少，由于南昌在中部六省份省会城市中地理区位不占优势，地形具有一定的封闭性，除了北部平原地区连通长江中下游平原外，江西与周围各省相接的地区皆为山地地形，这也造成了作为江西省省会的南昌 GDP 总量不足郑州、长沙的一半，与武汉的差距更大。另外，南昌在全省的辐射度也比较低，只能辐射到旁边十几

① 闫俊国、童超：《供给侧改革背景下山西战略性新兴产业发展策略研究》，《经济论坛》2018 年第 10 期，第 91—96 页。

② 资料来源：《太原市 2019 年国民经济和社会发展统计公报》等。

个县，“辐射度不到20个县区”，影响力远远不够，带动力不足。

从互联网用户方面看，郑州排在中部六省份省会城市发展的第二位，第一位是武汉。近年来，随着“中部崛起”战略的不断深入，武汉以其得天独厚的区位优势和强劲的工业基础，抢抓先机，不断持续发力，特别是武汉光谷在通信领域的技术创新和人才储备，极大地促进了大数据技术的发展，海量的互联网用户酝酿出了巨大的数据资源，并推动数据经济发展层次的跃升。郑州的区位优势与武汉相似，但由于国家政策的导向，郑州在“中部崛起”战略中，并未很好地趁势发展，因此河南在2011年另辟蹊径，提出“中原经济区”建设，并纳入全国规划，上升至国家战略，郑州在此期间迎难而上，砥砺前行，特别是注重信息化建设，2017年2月，郑州启动建设河南省国家大数据综合试验区，重点布局建设区域性大型数据中心，建设郑东新区龙子湖智慧岛和高水平大数据产业园区，成为大数据高端人才集聚地、大数据创新应用中心和大数据产业发展高地。太原的互联网用户相对最少，这与太原的产业发展结构有关，转变“一煤独大”的局面还需要时间和过程，还需要在大数据平台建设、人才培养引进和政策措施等方面进一步转变理念，不断加大改革力度①。

二、PEMSTI特征指标模型对郑州市的分析应用

围绕郑州市人口、经济、第二产业、社会服务、交通和信息化等6项特征指标，根据郑州市2019年国民经济和社会发展统计公报，选取郑州市的城镇新增就业人口数、GDP、第二产业增加值、城镇职工基本养老保险人数、汽车保有量及互联网用户这6项数据作为与之对应的实际数值，并将这些实际数值与每一项指标的平均值做除法运算，得到郑州市PEMSTI的6维指标标准化后的比较值（如表8－7），

① 《山西太原：谋求改变“一煤独大”的货运格局》，2016年3月2日，https://coal.in-en.com/html/coal-2333620.shtml，访问日期：2021年3月23日。

从而构建郑州市政府治理现代化特征指标分析图（如图 8－3）。

表 8－7　　郑州市 PEMSTI 维指标的比较值

地名	P（城镇新增就业人数）	E（生产总值）	M（第二产业增加值）	S（城镇职工基本养老保险人数）	T（民用汽车保有量）	I（互联网用户）
郑州	0.74	1.19	1.22	1.62	1.58	1.27

对图 8－3 进行分析可以看出，郑州市属于发展潜力模型，即郑州市的某一项指标数值较弱，其他指标基本均衡发展。针对这一类城市，需围绕落后的指标项目，强补短板，抢抓机遇，积极谋划，尽快提升较弱领域的政府治理现代化水平。

从郑州市整体指标数值上分析，城镇新增就业人数指标（0.74）最低，说明郑州市在稳岗位、促就业方面的工作会存在明显不足与短板，需要充分发扬以人为本的理念，通过健全和完善政府治理体系，来引导产业结构的优化和产业层次的提升，营造优越的干事创业环境，吸引高素质人才到郑州发展，在增强地方经济活力的过程中创造新的就业机会。城镇职工基本养老保险人数指标最高，为 1.62，说明郑州市的基层社会治理体系较为完善，社会服务水平较为突出，政府在提供公共产品和公共服务过程中所体现的公共责任感较强。

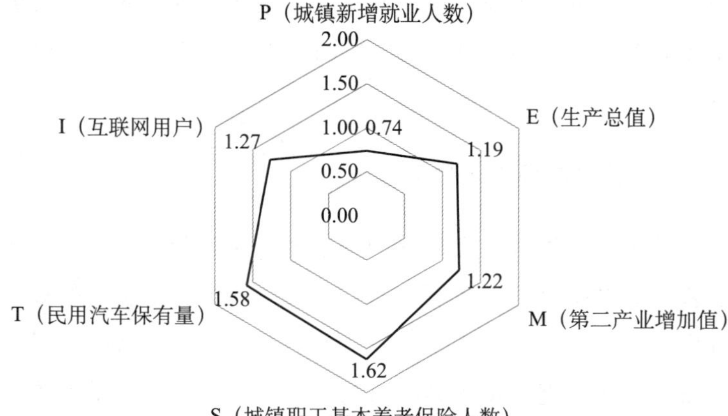

图 8－3　郑州市 PEMSTI 指标特征指标分析图

第五节　大数据时代郑州市政府治理现代化存在的主要问题及建议

一、存在的主要问题[①]

（一）治理协同合作机制不够完善

郑州市虽然在领导重视和政策引导方面成效较为突出，但在具体政府部门转变治理理念方面还不及时，创新治理机制方面还不到位，政府部门与部门之间、政府与社会之间的协作机制还不完善，尤其是在数据治理方面，仍然习惯各自为政，缺乏必要的交流和合作，对加快提升政府治理现代化水平的阻碍作用依旧显著。

（二）数据孤岛现象依旧存在

由于机制问题和长期以来人们形成的保守思维，造成诸多领域数据不能共享，尤其在需要信息公开的政务服务领域应率先实现数据共享。电子政务由于种种原因造成“数据孤岛”问题依然突出，实现数据共享仍需做大量工作。

（三）人才发展环境短板突出

郑州处于内陆地区，大数据治理还处于探索阶段，大数据产业也刚刚起步，大数据高端人才及核心技术团队较为有限，兼顾数据技术和治理的复合型人才总量不足，产学研用联动的环境尚未有效形成。郑州市整体人才待遇水平不高，对高层次人才的吸引力及人才政策相

---

① 资料来源：根据对调研对象的访谈记录资料整理而成。

较于京津冀、长三角、珠三角等其他地区存在差距。

（四）大数据产业发展仍不均衡

郑州市虽然在“数字产业化和产业数字化”方面推行了一系列举措，但整体而言大数据产业发展仍然不够平衡、不够充分，缺乏龙头创新型企业。与杭州等大数据发展先进的地市相比，郑州市大数据产业整体规模偏小，处于建设阶段，核心产业不足，缺少一批规模大、带动能力强的大数据龙头企业和创新型企业，相关产业集群有待培育，行业带动效用与示范作用不强。加之产业细分门类多、发展方向分散，公共技术服务平台等产业外部配套体系也不完善，尚未形成大数据完整产业体系。

（五）大数据治理资金保障不足

郑州市的数据治理和数字政府建设离不开政府和社会力量的共同投入，但郑州市的大数据企业基本还处于起步阶段，规模较小，申请国家核心关键技术研发及产业化专项资金存在困难，大部分资金基本由企业自行解决。而企业普遍投入有限，对大数据产业长期持续发展存在制约，间接阻碍了大数据与政府治理的深度融合，以及将数据治理渗透至基层公共服务领域。

二、大数据时代加强郑州市政府治理现代化的建议

（一）优化顶层设计，加强统筹协调

树立战略眼光和国际视野，科学谋划，大力推进大数据和行政改革、社会治理以及产业经济的深度融合。加快数字化政府建设，推进政务信息系统整合，打造统一安全的电子政务云平台、政务大数据库、信息资源共享平台、政府数据统一开放平台。充分发挥郑州市大数据主管部门的职能作用，强化组织领导和政策引领，细化落实分

工，统筹协调全市大数据产业的发展。以《河南省国家大数据综合试验区建设实施方案》为指导，全面推动“数字产业化、产业数字化”，加速城市数字化进程，用大数据提升政府的治理体系、治理能力和现代化建设水平。

（二）打破“数据藩篱”，加快共享发展

贯彻执行省市已印发的政务资源共享相关文件精神，探索形成普惠式开放和契约式开放的数据开放互补格局，以政务数据共享开放为突破口，引领企业、社会数据开放。对不涉密的公共事业类、政务服务类、交通信息类等数据，打破各单位之间的保护壁垒，加大数据的采集与共享力度。加快打破“数据藩篱”，破解政务数据碎片化困境，构建信息资源共享体系，建设集城市运行监测、可视化展示、应急联动、资源调配、智能决策为一体的政务大数据中心。推动数据资源共享开放，探索建立相关制度，加快数据资源开放平台建设。

（三）加大财政投入，拓展融资渠道

郑州市应抓住国家大数据综合试验区建设的契机，积极申请国家、省级项目和资金支持，充分利用大数据产业发展基金、战略新兴产业投资基金、“互联网+”产业发展基金等，支持大数据重点项目建设。同时，发挥财政资金的示范、引领与杠杆作用，激发社会资金参与积极性，鼓励创投基金投资大数据产业领域，鼓励大数据企业利用多层次资本市场融资。

（四）推进大数据创新应用，提升社会治理精准化水平

完善“互联网+政务服务”。以深化“最多跑一次”改革为引领，统筹推动全市“互联网+政务服务”体系建设。深化“一厅式、一网式”政府服务模式改革，提升政务服务事项网上全流程办理能力，实现“群众办事一个入口”。积极开展电子证照、电子公文、电

子签章、社会个体“数字身份证”等在“互联网+政务服务”中的应用。推广应用集政务服务、公共服务、便民服务等为一体的综合性APP平台。把交通物流作为主攻方向和突破口，在政务、益民服务、产业等领域开展大数据创新应用试点示范，推进大数据与各行业深度融合。加快推进郑州政务、社会保障、健康医疗、养老服务、智慧旅游、新型教育等大数据应用和平台建设，统筹全省政务数据中心布局，加快全国性或区域性数据中心建设，打造郑州国家级数据中心。

（五）坚持龙头企业带动，做大做强核心产业

加快建设郑东新区智慧岛、航空港区国际智能终端大数据产业园等大数据产业园区。依托重点园区着力推动工业、精准农业、交通物流、电子政务、惠民服务、网络安全等领域大数据示范应用工程。大力发展海量数据存储设备、高性能计算机、网络设备、智能终端、数据采集产品及大数据一体机等大数据硬件产品制造。积极引进培育一批大数据服务企业，建设完善数据采集、存储、加工处理服务体系。坚持大力引进与加快培育并重，发展壮大大数据龙头企业。加强与世界500强、全国百强大数据企业对接合作，引进一批国内外知名大数据企业；同时，加快培育郑州本地大数据龙头企业，着力培养与郑州市交通物流、电子商务、智能终端等重点领域深度融合的大数据服务商。最终形成大企业引领、中小企业配套、核心产业突出的大数据产业生态体系。

（六）加强人才队伍建设，增强发展持续动力

依托“智汇郑州”“中原学者”“百人计划”等人才工程，制定大数据人才的专项优惠政策，吸引相关人才集聚郑州。培养和引进一批数据科学家、创新领军人才和团队在郑州创业创新发展，形成和其他先进地市人才互动的有效机制，探索“人才+项目+基地”的培养新模式。鼓励郑州大学等高校设置数据科学与大数据技术相关专

业，重点培养具有数理统计、数据挖掘、大数据管理与分析等知识和技能的复合型人才，为产业长远发展和大数据治理队伍建设提供保障。加大宣传推进交流，营造良好发展氛围。发挥各类主流新闻媒体宣传作用，营造郑州大数据、云计算发展的良好氛围。积极推进河南省大数据在郑州的技术交流与合作，同时联合国内外大数据领域权威学者、企业精英，持续定期举办大数据产业发展、数字经济论坛等高峰论坛，为推动数字政府和政府治理现代化发展创造良好环境。

小　结

本章以河南省省会城市郑州市为实证研究对象，描述了大数据时代郑州市政府治理现代化建设的现状，剖析了大数据时代郑州市政府在治理制度、治理结构、治理机制、治理工具、治理职能、治理管控方面的现代化表现。首先，通过问卷调查，对郑州市政府治理现代化进行了满意度分析，满意度为82.96%，可见公众对基于大数据的政府治理现代化效果整体还是满意的。其次，运用基于层次分析法（AHP）的模糊数学评价法（FCE）对大数据时代郑州市政府治理现代化的等级进行评估，得出等级级别为良好。最后，通过PEMSTI治理效能评价模型，将郑州市与中部六省份省会城市进行了比较分析，并得出郑州市属于发展潜力型城市。另外，分析了大数据时代郑州市政府治理现代化中存在的问题，并提出了相关建议。

第九章 大数据时代政府治理现代化评价的实证研究：地市篇

鹤壁市在政府治理现代化方面坚持“先行先试”，提出了要在经济社会发展的新时代背景下，充分重视大数据、云计算等新技术对政府治理现代化的影响，并进行了积极实践和探索。鹤壁市是 2013 年 1 月获批的全国首批 90 个智慧城市试点之一，通过“智慧鹤壁”工程积极开展了政府治理现代化与大数据时代接轨的初步尝试，利用数据资源创新政府治理理念，提升政府治理能力。本部分将以河南省鹤壁市为例，深入检验大数据时代政府治理现代化评价体系的实用性。

第一节　鹤壁市政府治理现代化建设的现状

鹤壁市位于河南省北部，总面积 2182 平方公里，地处晋、冀、鲁、豫四省十三市和豫北城市群的中心，京珠高速公路、京广高铁和 107 国道纵贯南北，晋豫鲁通海高速公路、山西中南部运煤铁路通道等干线横穿东西，距河南省省会郑州半小时高铁车程，距北京、武汉、西安等地 2.5 小时高铁车程，是河南省承接京津冀、环渤海、长（珠）三角产业转移的区域性枢纽。鹤壁市是 20 世纪 80 年代全国 30 个电子工业重点城市之一，是河南省电子工业基地、“中原经济区”国家战略中电子信息产业“一体两翼”的重要一翼。鹤壁市的城市数据化总体水平位于全省前列，具备政府治理现代化发展的基础条件。尤其是在“十一五”期间推进“数字城市”和“十二五”“十三五”期间推进“智慧城市”建设过程中取得了重大进展，形成了广泛共识，为推进政府治理现代化工作带来了难得契机。鹤壁市政府基于经济社会发展的新需求和大数据技术广泛应用的时代背景，提出了加快推进“智慧鹤壁”发展战略，充分利用大数据技术的在政府治理中的智慧化应用，积极探索政府治理现代化的建设路径。

一、选择鹤壁市作为政府治理现代化案例的原因

鹤壁市是全国电网物联网技术应用试点市、全国数字城市地理空间框架建设推广市、全国警用地理信息基础平台建设和应用示范市，拥有国家级电子信息产业基地、河南省 5A 最佳投资环境产业集聚区、河南省高新技术特色产业基地、河南省对外开放工作先进开发区、河南省新型工业化产业示范基地等城市名片。鹤壁市以全面提高政府治理现代化水平为宗旨，以提升政府公共服务和社会治理能力为主线，运用大数据技术创新政府治理机制，不断探索政府治理现代化与大数据应用的各种契合点。坚持“政府主导、企业参与、市场运作”的建设模式，提出了“智慧鹤壁”的建设规划，建设了鹤壁城市云计算中心等基础平台，为鹤壁市全面推进政府治理现代化，实现智慧政务、智慧产业、智慧民生等功能提供了安全高效的大数据服务。鹤壁市信息社会指数达到 0.4492，在河南省排第 2 名，为全国前 100 强[①]。

（一）政府治理现代化建设目标明确

鹤壁市政府治理现代化依托“智慧鹤壁”建设，紧紧围绕“智慧云服务、未来幸福城”的指导思想，以各类数据为源泉，以大数据汇集为基础，以数据分析为手段，以政府治理能力提升为着力点，全面推进政府治理现代化发展。充分利用大数据、云计算、物联网等技术为政府、社会和公众提供服务，优化城市管理功能，提高公众生活质量，加快实现政府社会治理现代化、公共服务能力现代化及社会自治能力现代化。以典型项目为突破口促进政府职能转变、产业结构调整和发展方式转变，提升产业发展速度和创新能力，加速传统优势产业转型升级。政府应用数字化、企业信息化、社会服务智慧化水平国内

---

① 数字鹤壁信息中心：《智慧鹤壁介绍》，2015 年 1 月 6 日，https//www. sohu. com/a/322493253_ 416839，访问日期：2021 年 1 月 24 日。

领先，建设完成智慧交通、医疗、市政、环境等方面的综合智慧系统，实现生产、管理、服务、决策的智慧化、网络化、智能化和可视化。

（二）基础条件优势明显

近年来，鹤壁市围绕“建机制、强基础”，抢抓大数据技术发展机遇，着力营造治理现代化发展环境，激发治理现代化的内生动力。

一是政策引领显著。近年来，鹤壁市在政府治理现代化方面出台了一系列政策，推进全市政府治理现代化有序、快速、协调、健康发展，如表9－1所示。2011年制定了《鹤壁市智慧城市发展规划纲要》，并配套出台了《智慧鹤壁建设2013年实施方案》，细化了步骤和所有措施，明确了近期和长期的目标任务。将电子商务列入了全市“十二五”“十三五”服务业发展规划、政府工作报告及经济体制改革的重要内容，出台了《鹤壁市人民政府关于加快电子商务发展的实施意见》《鹤壁市“互联网＋”行动实施方案》等积极打造电子商务发展政策环境。为进一步规范政府数据化治理行为，鹤壁市出台了《鹤壁市政府投资信息化项目审核办法（试行）》，指定专门的机构、委派专门人员，专事专办，对项目严格把控。制定了《鹤壁市大数据及人工智能产业发展工作方案》，以鹤壁东区智慧化、智能化城市建设吸引相关数字经济企业落地。

表9－1　鹤壁市近年来出台的智慧城市方面的政策

年份	政策名称
2011年	《鹤壁市智慧城市发展规划纲要（2011—2015年）》
2013年	《鹤壁市人民政府关于印发智慧鹤壁建设2013年实施方案的通知》
2014年	《鹤壁市人民政府办公室关于推广应用“数字鹤壁”地理空间框架公共平台的通知》
	《鹤壁市政府投资信息化项目审核办法（试行）》
	《智慧鹤壁建设领导小组办公室关于加快推进县区电子政务外网建设的通知》
	《鹤壁市人民政府关于加快电子商务发展的实施意见》（鹤政〔2014〕32号）
2016年	《鹤壁市“互联网＋”行动实施方案》
	《鹤壁市人民政府关于全面推进大众创业万众创新的实施意见》
	《鹤壁市人民政府办公室关于印发鹤壁市运用云计算大数据开展综合治税工作实施方案的通知》

续表

年份	政策名称
2016 年	《鹤壁市人民政府办公室关于印发鹤壁市简化优化公共服务流程方便基层群众办事创业工作方案的通知》
2020 年	《鹤壁市大数据及人工智能产业发展工作方案》

二是公共服务能力突出。鹤壁市对政府治理现代化工作高度重视，成立了以市领导为组长的推进领导小组，指派专门人员，以创新驱动为重点，积极扶持大数据、互联网产业，通过抓项目质量，达到服务民生的目的。鹤壁市从客观需求出发，开工上马了一大批关于现代化治理的项目，得到了上级政府的充分认可。加快推进城乡信息化建设步伐，积极推进智能配电工程和光纤入户工程，配电基本实现自动化，城市光纤入户率超过 95%、农村超过 80%，移动 4G 网络基本实现全覆盖。与北京曙光星云公司合作的河南省第一个云计算中心已经建成，并开始运营，为企业自主开展电子商务提供了硬件支撑。与腾讯公司合作成立了“中国鹤壁城市智慧平台”，被认定为全国第一家“互联网 +”生态城市。出台了加快新型物流产业发展行动方案，全市物流企业达到 150 家、快递企业达到 50 家。

案例 9 -1：2014 年 3 月 8 日，在鹤壁供电公司 10 千伏卫 23 号线路泰山路 1 号环网柜，抢修人员仅用了 12 分钟就处理了一起过去需要 2 个多小时才能处理完的故障。随着大数据、云计算技术的发展，实时处理数据量大大增加，能够进行大范围配电站点信息联网和交互，实现配电自动化，实时定位故障点并智能化分析故障原因，大大缩短了抢修时间，提高了工作效率。配电自动化是国家电网公司智能电网建设的重要内容，鹤壁供电公司配电自动化工程自 2012 年 9 月立项，于 2013 年 12 月完工，建设了以光通信为载体的配电网。工程范围涉及 6 座 110 千伏变电站，22 条 10 千伏电缆线路，21 条 10 千伏架空线路和 3 座开闭所；建成了配电终端 DTU53 台，FTU 77 台，故障指示器 83 组。配电自动化工程的启动，主站实现了对全部配电数据智能化收集与监测，供电可靠性得到极大提高①。

三是电子商务平台完善。鹤壁市政府专门成立了电子商务发展领导小组和电子商务协会，将引进电子商务平台作为发展“智慧产业”的重要内容，与阿里巴巴、百度、当当网、慧聪网等多家国内知名电商企业签订了合作协议。近年来，与北京农信通集团共建的“农业硅谷产业园”已经建成投用，全国电商信息服务企业“店连店”按照企业总部、结算中心打造的电子商务科技园项目正在加快推进，将成为河南省最大的数据交互中心、信息发布共享中心、网络贸易中心、物流配送中心；新大陆农业物流港等电子商务园区正在加快建设，当当网云呼叫产业园与培训中心项目、上海美丽乡村农村电子商务项目等正在洽谈推进。在引进知名电子商务企业的同时，鹤壁市积极引导培训本地企业建设特色电子商务平台，以农业电子商务和农业信息为主的新农帮 B2C 平台已经建成，并在全国布点 2100 多个，处于全国农村电子商务体系建设领先地位；河南大用、聆海家具等企业网上销售平台已经建成投用，众鑫团购网打造了综合便民服务平台，民鑫电商孵化创业园已入驻企业 20 多家，钜桥电子商务园区正在加快建设。

案例 9－2：河南大用、聆海家具等企业网上销售平台已经建成投用，众鑫团购网打造了综合便民服务平台，民鑫电商孵化创业园已入驻企业 20 多家，钜桥电子商务园区正在加快建设。2020 年，京东智联云鹤壁基地云数据中心三期扩建完成，在谈意向企业 106 家，完成工商注册 101 家，已入驻办公企业 24 家。阿里云创新中心（鹤壁）基地新增意向入驻企业 25 家，在谈意向企业 87 家，完成工商注册 29 家，已入驻办公企业 15 家②。

① 《配电自动化：打造鹤壁智慧城市的不竭动力》，2014 年 6 月 13 日，https://www.chuandong.com/news/news138949.html，访问日期：2021 年 1 月 24 日。

② 《鹤壁：深化“放管服”改革，推进大数据产业发展，推动“六稳”“兴保”任务落实》，2020 年 8 月 11 日，http://www.henan.gov.cn/2020/08－16/1754015.html，访问日期：2021 年 1 月 20 日。

四是人才队伍培育力度较大。高度重视人才引进培养，着力打造结构合理的智慧治理应用人才队伍。把高端技术人才引进列入《鹤壁市人才强市三年行动方案》，着手制定了电子政务、电子商务、数据治理人才引进专项行动方案。引导职业院校增设电子商务、数字物流等专业，大力培养应用技能型人才，为推进电子商务发展备足后劲。邀请百度、慧聪网等知名网络企业开展专题培训，组织多家企业参加数据化网络应用培训，努力提高企业数据应用水平。组织开展了电商创新创业培训、职业农民电商创业培训、残疾人网络创新培训，年均培训等各类电子商务培训，参加培训的创业人员有1.5万多人次。加强公务员网络培训中关于大数据、云计算课程的比例，提高政府人员对新技术的认识，增强支持现代化治理的积极性、主动性。

案例9-3：根据《中共鹤壁市委关于推动党的建设高质量，为在中原更加出彩中走在前出重彩提供坚强政治保证的实施意见》（鹤发〔2018〕16号）和市委组织部等10部门《关于实施“兴鹤聚才”计划的通知》（鹤组文〔2018〕3号）精神，鹤壁市开展了2020年度“兴鹤聚才”计划。2020年度“兴鹤聚才”计划，由9个计划组成，分别予以实施，共计划遴选支持各类高层次人才160名左右，支持科技创新创业团队5个左右。其中包括兴鹤英才（22名左右）、科技创新创业团队（5个左右）、“鹤子鹤商双回双创”人才（20名左右）、鹤壁基层骨干专技人才（20名左右）、鹤壁工匠（20名左右）、鹤壁优秀经营管理人才（20名左右）、鹤壁社工之星（15名左右）等①。

五是硬件基础设施建设完善。以三大电信运营商（电信、移动、联通）为投资主体建成的高速城域宽带网，已经覆盖全市；裸眼3D播放器、智能通信设备、VR机、平板等各类数据终端的应用率不断上升，多项指标在国内名列前茅。无线网络发展迅速，基于4G、5G技术的网络已在全市铺设，政府、车站、广场、医院、学校、酒店等

① 《关于开展2020年度“兴鹤聚才”计划申报工作的公告》，2020年7月11日，https：//www.hebiw.com/2020/0717/123068.shtml，访问日期：2021年2月15日。

场所均可搜索到 WiFi 热点。

案例 9－4： 鹤壁市为适应大数据时代的电子政务要求，实施了市级政务外网双核心改造项目，新购置安装了大量的核心路由器、核心交换机、上网行为管理、防火墙、链路负载均衡，与市级政务外网原有设备组成双机，实现无缝切换；铺设市委楼、政府楼、人民会堂等 5 栋楼连接智慧鹤壁政务网络机房的光缆，与原有光缆组成双线，实现线路冗余。该项目于 2016 年 9 月完成，使鹤壁市电子政务外网由单核心、单链路工作模式升级为双核心、双链路工作模式。双核心改造的完成使鹤壁市电子政务外网结构更加优化，网络性能更加安全，为鹤壁市利用大数据进行政府治理，实现资源整合、信息共享，以及跨部门电子政务业务协同提供了有力支撑①。

六是两化融合发展成效明显。近年来，鹤壁市利用网络数据进行信息化建设步伐不断加快，发展层次不断提高，并与工业化建设不断融合，同时向经济和社会生活的各个领域渗透。全市信息化与工业化融合发展的企业持续增多，超过 50% 的限上企业已经使用数据化进行日常管理，部分龙头企业数据化水平步入全省前列。已培育涌现出朝歌纺织、万家欢乐、新亚服装、中鹤、太行权利 5 家省级“两化融合”示范企业，大用集团等 9 家市级两化融合示范企业。

案例 9－5： 鹤壁嘉联朝歌集团利用大数据技术对海量非结构化数据快速处理等特点，已经开通了网络批阅文件的系统，可以通过电脑或智能手机，对采购、报税、发文等工作实时进行网上审批，结束了以往楼上楼下来回找领导签字的情形，审批办理时间由原来的数天减少到了 1 小时。另外，该集团在工业生产线上充分运用了智能化手段，对全部工业流程上的运行数据进行集中分析和处理，实现了从原材料配货到成品出厂全程数据化控制，大幅度地降低了生产成本②。

七是公共数据服务设施完备。鹤壁市各级政府部门均对数据化治

① 资料来源：《鹤壁市级政务外网双核心改造项目建设方案》。

② 资料来源：《鹤壁嘉联朝歌集团办公生产智能化情况报告》。

理工作高度重视，政府门户网站建设实现全覆盖，建立了跨部门的数据共享系统，政务数据公开工作层次得到了极大的提高。数据信息中心、政务网服务平台和信息综合处理平台等均已建设落成，数据信息资源共享能力基础良好。商务、科技、农业、环保、卫生等部门核心业务的数据系统建设不断深入，数据智能化在政府治理上的效率倍增。居民健康系统、数字地理平台、网上行政审批监察系统、数字化城管等一系列需要跨单位整合数据资源的政府治理项目已发挥作用，政府治理的公共服务设施已形成一定基础。

案例9-6：鹤壁市已在农业、能耗、城管、污染等9个方面建立起智能数据管理系统，在不同领域内的治理服务工作中起到了前所未有的作用。安装在智慧鹤壁综合服务中心五楼的DLP显示拼接屏，能够实时显示目标区域的详细情况，而且能够根据大数据相关性原理对事态进行预判。例如，屏幕显示某工业园区的空气环保监测数据出现异常，很有可能出现被关停的污染企业偷偷开工生产的情况，从而根据预判进行有针对性的排查①。

八是城乡智慧化发展均衡。网络“村村通”工程在鹤壁市实施之后，互联网建设已经在农村大面积铺开，解决了“最后一公里”问题。100%的乡镇连通了宽带，80%以上行政村实现上网，村民上网已经成为一种常态。农村党员网络培训网、农村综合信息网等一批农村网络服务示范工程作用突出，信息服务工程成效明显，截至2019年底，农村综合信息服务站对行政村的覆盖率达到100%。通过农村、农业数据的联网和高效分析处理，对农业生产、农业种植的智慧化服务发挥了重要推动作用。

案例9-7：鹤壁市依托农业信息中心，建设了农业智能物联系统，近百亩面积上数十个蔬菜标准园区已经接入系统。通过该系统可以了解农户购买农资物品的情况，并对农作物生长情况进行监测。例如，

① 资料来源：根据调研对象访谈记录整理而成。

根据农户购买农药的集中度可以预判某种病虫害的发生情况；另外，可以对蔬菜大棚内的空气及土壤的温湿度进行实时监测，如果遇到监测的参数出现异常情况，系统会自动向工作人员的手机发送警报提示①。

二、鹤壁市政府治理现代化的主要运营模式

（一）总体规划

鹤壁市为切实推进政府治理现代化建设，规划了5大专项任务，即搭建统一的基础框架，强化公共服务能力；安全的城市管理，提升城市居民安全感；高效的城市服务，提升城市居民便捷感；感知的民生保障，提升城市居民归属感；系统的产业服务，提升居民成就感。从安全、便捷、归属、成就4个维度不断满足鹤壁人民群众的幸福要求，如图9－1所示。

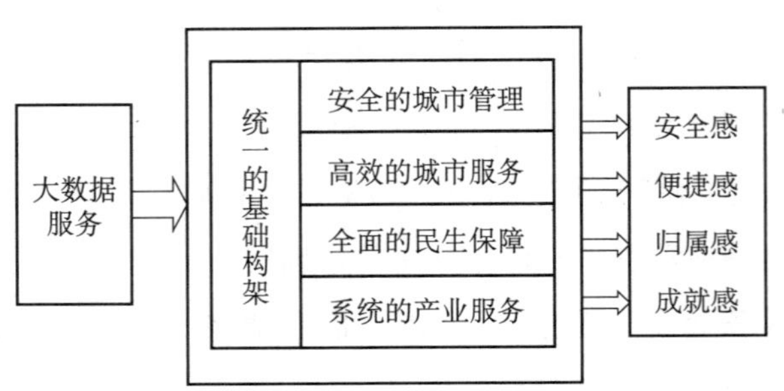

图9－1　综合体系示意图②

通过实施以上5个维度的项目建设，努力构建完善的包括基础网络、数据中心、信息门户等基本框架，政府治理现代化能力明显增强，极大地带动了政府机构、社会组织和民众的数据化网络应用，营

① 资料来源：《鹤壁市现代农业信息化应用系统的报告》。

② 资料来源：《智慧鹤壁建设实施方案》。

造了全市数据化治理的氛围，市民幸福感全面提升，助力幸福鹤壁的实现。总体功能框架图如 9－2 图所示。

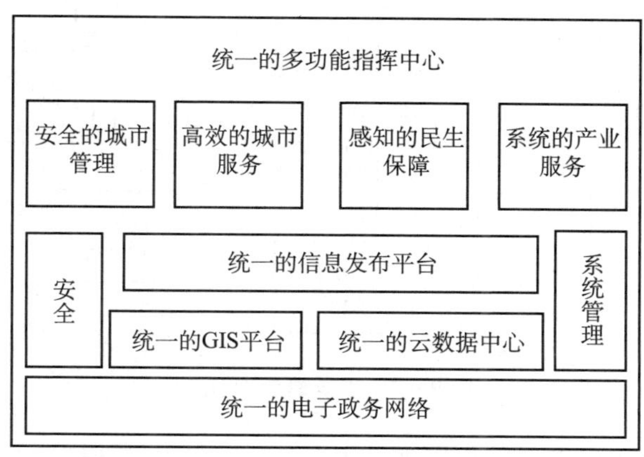

图 9－2　主要建设任务示意图①

（二）主要建设内容

按照“政府主导、企业参与、市场运作”的原则，根据鹤壁市大数据网络设施的基础现状，鹤壁市政府治理现代化主要建设内容可以概括为“6＋12 工程”，即 6 个基础性项目、12 个专项应用项目。如图 9－3 所示。

6 个基础性项目是：建设统一的政务基础网络、统一的政务机房和数据中心、统一的政务信息服务平台、统一的“桌面云”平台、统一的多功能指挥控制中心、统一的空间地理信息（GIS）平台。6 个基础性项目的建设，为“政府治理现代化”各专项应用系统提供了统一的、可共享的 6 大资源池（网络平台、数据机房及服务器、计算机终端、信息发布平台、指挥控制中心、GIS 平台），为数据共享和资源整合提供了统一的基础平台，构建了基本框架。

12 个专项应用建设项目是：行政审批和电子监察、数字化城市

① 资料来源：《鹤壁市智慧城市发展规划纲要（2011—2015）》。

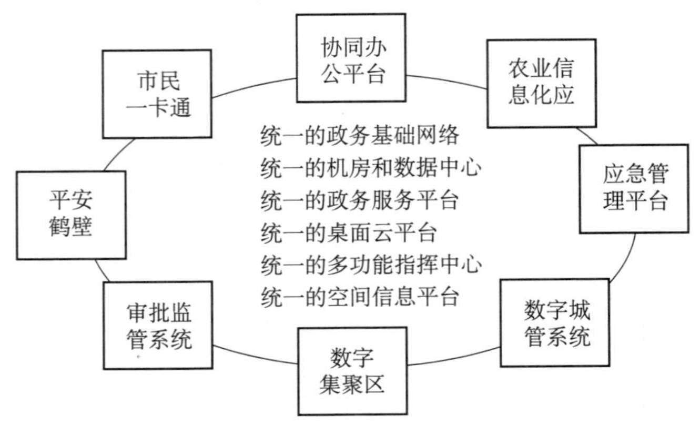

图 9－3　主要建设内容①

管理、应急管理平台、协同办公及通信、“平安鹤壁”、现代农业数据化应用、市民一卡通、数字化集聚区、建筑市场数据化监管系统、智慧园林体系建设项目、房地产市场数据化监管系统、智慧热力项目等专项应用项目，通过各专项应用系统的建设，大幅提升我市大数据应用水平，助推我市经济社会各项事业向现代化方向发展。

三、重点项目工程②

（一）鹤壁城市云计算中心

鹤壁城市云计算中心由曙光星云信息技术（北京）有限公司投资建设运营。过渡云计算中心的规模为：峰值计算能力每秒 50 万亿次，存储容量为 300TB；正式云计算中心的规模为：峰值计算能力每秒 500 万亿次，存储容量为 1000TB。2014 年 8 月开工建设，2014 年 12 月 20 日试运行。鹤壁城市云计算中心将为鹤壁市的社会、银行、企业及政府等领域给予智慧化的功能应用和高效稳定的数据信息服务。

① 资料来源：《“智慧鹤壁”运营模式与实施步骤》。
② 资料来源：《鹤壁市智慧城市发展规划纲要（2011—2015）》。

（二）中国鹤壁城市智慧平台

鹤壁市与腾讯公司合作的中国鹤壁城市智慧平台已于2016年1月28日上线，中国鹤壁城市智慧平台正式上线后，可以利用大数据技术提供水电气缴费、车票预定、社保查询、就医挂号、智能出行等11项便民服务。民众通过网络可以轻松解决很多民生问题，例如，通过手机APP就可以对医院专家进行挂号，并显示自己看病排队叫号的情况；还可以通过智能出行软件对出行路线进行导航，并了解附近公交站点的位置及公交到站的时间，全市公共基础服务能力显著提升。该平台的正式上线标志着我国“互联网+”生态城市的诞生。

（三）“智慧鹤壁”综合移动互联网云平台

由鹤壁市联通公司倾力打造的“智慧鹤壁”云平台的手机客户端于2016年8月在鹤壁市启动，该项业务能够为广大民众提供更便捷的网络智慧化服务，率先感受到移动智慧的便利性。这也是河南省第一个“互联网+”益民服务项目，经过精心设计和开发，围绕电子政务、商务查询、民生服务等方面，积极提供信息化和智能化功能。随着市民移动在线应用的增多，为鹤壁市政府治理现代化打下了良好基础。

（四）鹤壁“光网城市”

“光网城市”工程指的是增强光通信网络设施的建设，推进稳定、可靠、高速、融合、安全的光纤基础网络到户，这是确保发挥大数据4V特性的必要前提基础。鹤壁市是河南省首批“光网城市”，鹤壁联通投入上亿元资金，组织57支施工队伍、1 100多名建设者参与到工程建设中，对全市25个乡镇、879个行政村及城区1 676个驻地网小区进行光网改造和新建。2015年底，鹤壁联通在城市已经完成光纤入户，在乡镇已实现宽带进村。

（五）房地产数据化管理系统

鹤壁市房产管理工作已在房产权属登记和交易、测绘业务领域实现了市区大数据联网，建成了市区房产登记信息数据库。采用专业的房产测绘软件，实现了电脑绘图、计算面积等。2012 年 4 月底，房产图文网络管理系统在房产权属登记和交易、测绘业务窗口正式投入运行。该系统具有房产登记管理、数据统计、档案管理、房产测绘、商品房网上登记备案等主要功能，还有数据扫描录入、二代身份证识别、指纹录入、防伪条形码等辅助功能。

（六）建筑能耗智能监测系统

鹤壁市是国家住房和城乡建设部确定的建筑节能改造城市级示范、国家可再生能源建筑应用城市示范。目前，利用大数据技术已实现对楼房进行实时能耗监测功能，建立了全省第一家地市级能耗监测信息平台，并与省级平台进行了对接。2010 年，以综合服务功能区等可再生能源建筑应用示范项目为工作重点，建立了可再生能源建筑应用能耗监测平台，通过远程采集能耗数据，实现对建筑能耗的实时动态监测。另外，能耗统计、能源审计等数据实现全市联网，定时完成电子台账、电子报表、问题报警等工作。

（七）数字鹤壁地理空间框架

为进一步增强鹤壁市基础地理信息保障服务能力和利用大数据技术对海量非结构化数据分析的能力，鹤壁市于 2012 年启动了数字鹤壁地理空间框架建设。地理空间框架由数据层、服务层、网络层、应用层、运行层、政策层 6 个层级构成。主要包括两部分内容：一是地理资源空间数据库，通过不同视角和尺度拍摄高清的遥感图像，形成能看清每栋房屋的电子地图；二是地理信息公共平台，建设鹤壁市具有动态性、交互性和媒体集成性的基础地理信息数据，结合政府决策的应用需求，实现地理信息的在线服务。

（八）星陆双基遥感农田数据系统

该系统是在农田中安装多种传感器，这些传感器与天空中的卫星信号形成遥感互通，协同合作发挥作用，进行对农田数据的实时监测，包括空气温湿度、光合强度、土壤墒情等参数，并利用大数据“相关性”分析，得出农作物生长过程中的各种规律。鹤壁市已安装了70多套监测系统，从而实现对全市所有县区、所有万亩高产创建示范田数字农情数据监测收集的“全覆盖”。

第二节　鹤壁市政府治理现代化效果问卷分析

一、调研问卷的发放与回收

（一）问卷的发送对象

本研究在河南省鹤壁市淇滨区进行调研，淇滨区是鹤壁市委、市政府所在地，也是“智慧鹤壁”智慧中心所在地，政务、商务、社区、企业数据化程度最高。淇滨区大力开展“互联网＋”经济，智慧农业示范基地、智慧城管、电商综合物流基地等工作成效突出。中国网库、京东特色馆、百度鹤壁运营中心、阿里巴巴产业带、上海美巢等一批电商企业相继落户淇滨区。全区电子商务交易额连年突破60亿元。针对该区的问卷对象需要具备如下三个条件：一是调研对象必须是鹤壁市淇滨区的常住人口，并且居住3年以上；二是调研对象最近3年内必须长期居住在鹤壁市淇滨区内；三是调研对象对“智慧鹤壁”中体现的政府治理现代化的政策和执行流程有基本的了解。

（二）问卷调研方式

一是将纸质的问卷委托给鹤壁市九州路、黎阳路等街道办事处的负责人，由其组织符合条件的相关人员进行填写，并现场进行回收；二是面向政府机关的部分人员，建立问卷调研微信群，通过电子文档方式进行问卷；三是笔者直接与部分指定人员面对面进行问卷填写，并现场回收。

（三）问卷回收结果

本次问卷调研从2016年6月1日开始，共发放问卷500份，至2016年7月31日结束，共回收427份。然后对回收的问卷进行核查，首先将存在40%以上内容空白的问卷剔除，其次将存在所有问题选同一选项的问卷剔除，最后去除掉有雷同特征的问卷。通过筛选，其中无效问卷73份，实际最终获得的有效问卷为354份，回收率为70.8%，此次问卷调研有效。

二、问卷结果分析

（一）问卷对象分析

在有效问卷中，按性别分类：男性问卷对象有230人，女性问卷对象有120人，男性约占总样本数的65.7%，女性约占总样本数的34.3%，男性比例比女性高31.4%。

按年龄分类：30岁以下的人数66名，占总人数的18.9%；30至40岁的人数125名，占总人数的35.7%；41至50岁的人数111人，占总人数的31.7%；51至60岁的人数36名，占总人数的10.3%；60岁以上的人数12名，占总人数的3.4%。

按学历分类：初中及以下学历的人数20名，占总人数的5.7%；高中或中专学历的人数114名，占总人数的32.6%；大专或高职学历的人数134名，占总人数的38.3%；大学本科学历的人数78名，占总人数的22.3%；硕士及以上学历的人数4名，占总人数的1.1%。

按职业分类：政府公务员的人数26名，占总人数的7.4%；教师、科研人员的人数45名，占总人数的12.9%；企业工作人员的人数81名，占总人数的23.1%；私营业主的人数166名，占总人数的47.4%；退休人员的人数27名，占总人数的7.7%；无业人员的人数5名，占总人数的1.5%。

问卷对象特征的分布情况如表9-2所示。

表9-2　样本特征的分布情况

项目	选型	数量（名）	百分比/%
性别	男性	230	65.7
	女性	120	34.3
年龄	30岁以下	66	18.9
	30—40岁	125	35.7
	41—50岁	111	31.7
	51—60岁	36	10.3
	60岁以上	12	3.4
学历	初中及以下	20	5.7
	中专/高中	114	23.6
	大专/高职	134	38.3
	本科	78	22.3
	硕士及以上	4	1.1
职业	政府公务员	26	7.4
	教师/科研人员	45	12.9
	企业工作人员	81	23.1
	私营业主	166	47.4
	退休人员	27	7.7
	无业人员	5	1.5

数据来源：根据调研数据统计整理。

（二）满意度分析

对问卷分别以行政工作效率、应急事件反应速度、公众参与治理便利程度等问题为项目指标，依次进行满意度分析，其输出结果如表

9－3所示。

表9－3　各项工作调查统计表

项目名称	非常满意		满意		不满意		非常不满意	
	数量（名）	百分比/%	数量（名）	百分比/%	数量（名）	百分比/%	数量（名）	百分比/%
行政工作效率	83	23.4	204	57.6	51	14.4	16	4.5
数据服务基础设施	80	22.6	227	64.1	40	11.3	7	2.0
应急事件反应速度	95	26.8	218	61.6	33	9.3	8	2.3
主动发现问题能力	111	31.4	190	53.7	31	8.8	22	6.2
公共服务精准化水平	124	35.0	180	50.8	22	6.2	28	7.9
对弱势群体服务水平	51	14.4	178	50.3	102	28.8	23	6.5
政务信息公开水平	97	27.4	170	48.0	69	19.5	18	5.1
公众参与治理便利程度	130	36.7	199	56.2	21	5.9	4	1.1
运营成本控制程度	65	18.3	160	45.2	82	23.2	47	13.3
家庭上网便利程度	112	31.6	171	48.3	25	7.1	46	13.0
网上民生服务能力	93	26.2	223	63.0	31	8.8	7	2.0
公共安全环境	103	29.1	210	59.3	36	10.1	5	1.4

资料来源：根据调研数据统计整理。

根据表9－3中的统计分析，将每一项的非常满意百分比与满意百分比相加，就得出该项的满意度。问卷调查中的12项问题的满意度柱状图如图9－4所示。

从图9－4中可以看到，公众参与治理便利程度的满意度高达92.9%，在12个项目中得分最高，是公众最满意的一项，由此可见政府治理现代化模式为民众主动参政议政提供了极大的便利，同时也可以反映出，由于大数据等智慧技术的应用，广大民众参与政府治理的渠道更加畅通了。而运营成本控制程度的满意度最低，只有63.5%，说明在政府治理现代化初期，大量的数据网络设施需要投资建设，大量的技术创新研发需要投入，因此，运营成本控制方面还需要下很大工夫。另外，对弱势群体覆盖工作的满意度也很低，只有64.7%，说明目前大数据技术带来的政府治理现代化成果惠及的人群类型还较少，特别是对弱势群体的覆盖还不够。

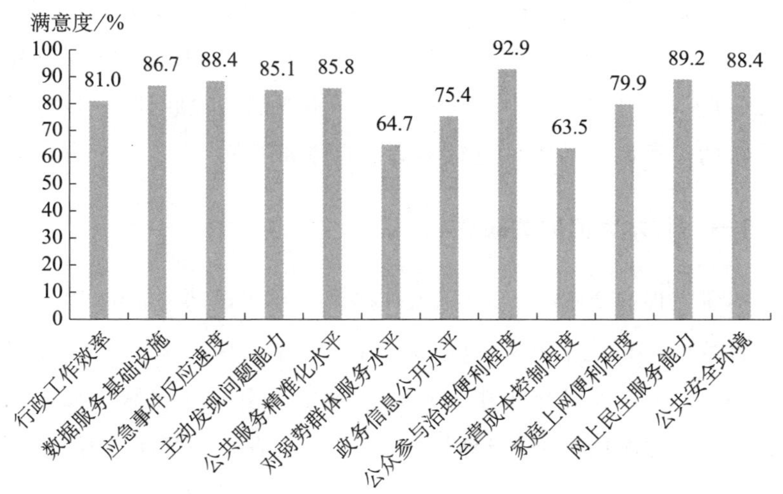

图 9－4　鹤壁市政府治理现代化满意度统计表

关于鹤壁市政府治理现代化总体满意度，我们选择了对以上 12 个项目的满意度进行“几何平均值”计算，得出总体满意度为 81.2%，可见，公众对开展基于大数据的政府治理现代化模式所取得的效果整体还是满意的。

第三节　鹤壁市政府治理现代化特征指标模型的分析

在鹤壁市政府治理现代化效果的评价方面，采用量化分析的方法，用鹤壁市和国内具有代表性的 11 个“智慧城市建设先行城市”组成样本，建立模型、选取指标，并进行对比分析，为鹤壁市政府治理现代化建设的途径选择提供依据。

一、城市样本的选取

政府治理现代化特征指标分析模型，需要选取一定数量的样本城市，并对这些样本的相关特征指标进行综合比较分析，才能得出可靠性强的结论。因此，选取的城市样本是否科学，直接影响到分析结论的准确性。在样本筛选中，笔者从“样本之间的关联性”，以及“样本分布的广泛性”等方面进行考虑，具体如下：

（一）样本之间的关联性

本研究根据2013年1月国家住房和城乡建设部公布的90个首批国家智慧城市试点名单〔包括地级市37个，区（县）50个，镇3个〕，从其中37个地级市中选取样本城市。由于这些城市属于同批次，当时入选时的标准是趋同的，因此，具有较强的可比性。另外，由于这些城市是国家批准试点城市，相对来说样本质量是可以保证的。

（二）样本区域的广泛性

中国地大物博，区域不同，城市发展水平也大不相同。鹤壁市属于中原经济区，如果选取的城市样本都是中部的城市或者都是内陆地区的城市，那么分析的结果很难代表沿海发达地区的特征。如果样本城市选取的都是沿海发达地区的城市，那么鹤壁市与这些城市又没有太大可比性。因此，城市样本选取的地域覆盖范围一定要广。

综上考虑，从以上37个地级市中，分别按照环渤海地区、长三角地区、中部地区、东南地区、西部地区，选取了12个有代表性的智慧城市作为样本（包括鹤壁市），如表9－4所示。

表9－4　　　　样本城市名单

地区	样本城市
环渤海地区	秦皇岛、廊坊、邯郸
长三角地区	常州、金华
中部地区	鹤壁、长治、萍乡
东南地区	南平、珠海
西部地区	雅安、铜仁

资料来源：根据调研数据统计整理。

二、选择智慧城市作为样本的缘由

（一）智慧城市是现阶段政府治理现代化的示范工程

近年来，智慧城市在我国发展方兴未艾，随着《国家新型城镇化规划（2014—2020年）》的发布，智慧城市建设已经上升到了国家战略层面。随着大数据技术的发展，智慧化应用在政府治理中的体现日益凸显，智慧城市建设已成为政府治理现代化进程中的重要示范工程。智慧城市建设过程是一个复杂的系统，涉及方方面面，学界和产业界已达成了一些共识，普遍认为智慧城市建设是一场以数据技术创新引导的经济社会转型和生产生活方式变革，要求政府治理在功能上实现透彻感知、互联互通和深入智能，并且在治理过程中必须以大数据、互联网、云计算和物联网等新兴信息化技术手段为支撑，通过这些技术手段的综合利用，达到高效的政府行政效率、人性化的公共服务能力、高品质的居民生活质量及高度发展的经济社会文化产业等目的。具体表现在三个方面：第一，智慧城市是政府与社会各界协同治理的高级形态；第二，智慧城市以大数据、云计算及通信技术为基础，依托技术创新驱动发展，推动经济发展方式转变和政府治理的现代化；第三，智慧城市通过大数据、云计算、物联网等技术加强数据的合理化应用，切实提高公众的生活水平。可见，政府治理现代化与智慧城市的关系密不可分，智慧城市建设要求大数据技术高度集成、数据资源高度整合、信息应用高度普及。判断一个城市的政府治理现代化状况，可以通过智慧城市的发展情况来反映。

（二）智慧城市是政府应用大数据推动治理现代化的客观形式

本次选取的样本均是“智慧城市”，与应用大数据推动政府治理现代化的特征契合度高，可以认为城市智慧化是目前政府治理现代化的客观表现形式。智慧城市的主要功能包括城市信息网络宽带化、规划管理信息化、基础设施智能化、公共服务便捷化、产业发展现代化和社会治理精细化。而这些功能的实现必然以政府治理体系、治理能力等方面的现代化为前提。

在治理体系现代化方面，智慧城市促使资源类型由实体走向虚拟，资源格局也由分散走向紧密。智慧城市中，数据虚拟资源逐渐代替自然资源在城市运行中所占的比例越来越大，借助物联网、大数据，不同资源之间的配置更加便捷、灵活。政府作为智慧城市资源的配置者和公共服务的提供者，其自身治理结构必须向扁平化、紧密化、多元化转变。智慧城市运行的基本特征，就是通过大数据技术实现智能化应用，让每个民众都参与到城市的治理网络中，通过在大数据治理的过程中增强主人翁的责任感。政府通过数据公开来实现治理的公平公正，政务数据公开，个人、企业、社会组织多元参与治理等成了智慧城市多元互动、多向协同的基本要素。

在治理能力现代化方面，智慧城市之所以“智慧”，就是因为当城市运行将要发生某问题时，能提前进行防范；当出现某一突发事件时，能及时提供最优的解决方案。因此，在智慧城市中，政府治理范围要涵盖社会的每一个基本单元，企业、社区、个体组织等都能够形成互动交流的整体机制，共同参与治理。

所以，智慧城市的意义不仅仅代表城市发展的方向，更加体现了政府治理现代化理念的客观实践。本章选取智慧城市作为反映政府治理现代化的城市样本是具有一定科学性和可行性的。

三、特征指标数值的分析

根据政府治理现代化 PEMSTI 分析模型，将特征指标分析模型的指标用相应的数值表示，其中人口指标以城镇新增就业人口数量来表示；经济实力以 GDP 来表示；工业实力以第二产业增加值衡量表示；

服务能力以城镇职工基本养老保险人数表示；交通能力用民用汽车保有量表示；信息化水平用互联网用户来表示。如表 9－5 所示。

表 9－5　　　　PEMSTI 评价指标解释

维度	P（人口）	E（经济）	M（工业）	S（服务）	T（交通）	I（信息化）
指标	城镇新增就业人数（万人）	生产总值（亿元）	第二产业增加值（亿元）	城镇职工基本养老保险人数（万人）	民用汽车保有量（万辆）	互联网用户（万户）

12 个样本城市的 6 维指标实际数据如表 9－6 所示：

表 9－6　　　　2019 年 12 个样本城市 6 维指标实际值

城市	P（城镇新增就业人数，万人）	E（生产总值，亿元）	M（第二产业增加值，亿元）	S（城镇职工基本养老保险人数，万人）	T（民用汽车保有量，万辆）	I（互联网用户，万户）
秦皇岛	6.3	1 612.02	530.14	95.39	71.20	119.33
邯郸	11.25	3 486.0	1 554.6	156.89	185.6	232.4
长治	5.7	1 652.1	874.9	50.3	60.5	98.7
常州	11.3	7 400.9	3 529.2	162.5	143.6	258.9
金华	17.22	4 559.91	1 833.03	246.25	206.4	304.78
珠海	4.09	3 435.89	1 528.73	135.04	76.65	106.8
雅安	2.10	723.79	227.20	49.47	33	45.4
铜仁	5.4	1 249	326	29.23	31.4	75
鹤壁	2.56	988.69	593.17	20.3	30	48.38
东营	5.53	2 916.19	1 675.11	61.61	67.41	231.54
萍乡	3.1	930.02	413.89	55.74	24.75	57
南平	1.78	1 991.57	831.32	70.53	29.14	107.45

数据来源：各城市 2019 年国民经济和社会发展公报。

首先将表 9－6 中每一项特征指标的平均值计算出来，然后针对每个城市，用 6 项指标的实际值分别除以每项指标的平均值，就得出每个城市对应的该特征指标的标准值，如表 9－7 所示。由此得以构建鹤壁市政府治理现代化特征指标分析模型。

表 9-7　　12 个样本城市 6 维指标的标准值

城市	P（城镇新增就业人数）	E（生产总值）	M（第二产业增加值）	S（城镇职工基本养老保险人数）	T（民用汽车保有量）	I（互联网用户）
秦皇岛	0.99	0.63	0.46	1.01	0.89	0.85
邯郸	1.77	1.35	1.34	1.66	2.32	1.65
长治	0.90	0.64	0.75	0.53	0.76	0.70
常州	1.78	2.87	3.04	1.72	1.80	1.84
金华	2.71	1.77	1.58	2.61	2.58	2.17
珠海	0.64	1.33	1.32	1.43	0.96	0.76
雅安	0.33	0.28	0.20	0.52	0.41	0.32
铜仁	0.85	0.48	0.28	0.31	0.39	0.53
鹤壁	0.40	0.38	0.51	0.21	0.38	0.34
东营	0.87	1.13	1.44	0.65	0.84	1.65
萍乡	0.49	0.36	0.36	0.59	0.31	0.41
南平	0.28	0.77	0.72	0.75	0.36	0.76

通过雷达图分析如图 9-5 可见，每个样本城市的产业结构特征各异，若模型指标只有经济实力则无法体现工业和社会服务的结构特征，以及服务配套能力和软环境的水平；若只选取工业和服务指标，对于信息化程度高、网络业务水平强的城市，则明显不符合。从互联网用户量方面可以看出，金华、常州的信息化发展程度是比较强的，标准值分别为 2.17 和 1.84；从地域上看，均属于长三角地区，这也与这些地区光通信产业发达程度及“光纤入户”基础设施配套水平相吻合。另外，从民用车保有量方面看，金华依然是最高的，标准值为 2.58，这与其经济发展活力密切相关，金华民营经济活跃，城镇新增就业人数的标准值也是最高的，达到 2.71，个体从业者驱车交往较多。金华公共社会服务水平也较高，在经济实力和经济活力双高的条件下，城镇职工基本养老保险覆盖人数也最高。从国民生产总值来看，常州最高，标准值为 2.87，这与常州第二产业增加值显著相关，常州工业发达，产业链较为完善，因此，城镇新增就业人数也不低，标准值为 1.78，位居第二。总而言之，政府治理现代化的 6 个特征指标因素各有作用，缺一不可，均对最终分析结果具有重要影响。

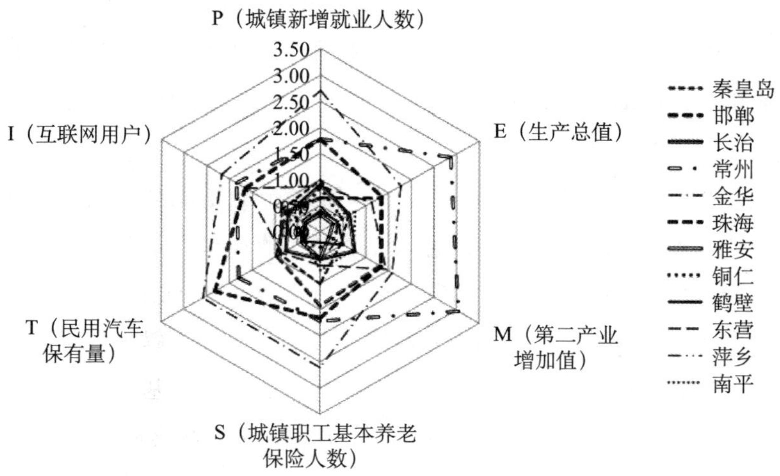

图 9－5　样本城市特征指标分析图

四、特征指标模型对鹤壁市的分析应用

（一）鹤壁市的 6 维特征指标分析

围绕鹤壁市人口、经济实力、工业实力、服务业能力、交通吞吐能力和信息化能力 6 项特征指标，根据鹤壁市 2019 年国民经济和社会发展统计公报，选取城镇新增就业人口数量、GDP 值、第二产业增加值、城镇职工基本养老保险人数、民用汽车保有量、互联网用户这 6 项数据作为与之对应的实际数值，并将这些实际数值与每一项指标的平均值做除法运算，得到鹤壁市 6 维指标比较值（如表 9－8），从而构建鹤壁市政府治理现代化特征指标分析图（如图 9－6）。

表 9－8　　鹤壁市 6 维指标的比较值

城市	P（城镇新增就业人数）	E（生产总值）	M（第二产业增加值）	S（城镇职工基本养老保险人数）	T（民用汽车保有量）	I（互联网用户）
鹤壁	0.40	0.38	0.51	0.21	0.38	0.34

对图 9－6 进行分析可以看出，鹤壁市属于单项指针模型，即鹤壁市的某一项指标数值异常突出。针对这一类城市，需围绕突出的指标项目，发挥长处，确立适合自身需求的政府治理现代化的建设方向。

从鹤壁市整体指标数值上分析，第二产业增加值指标（0.51）发展较为突出，说明鹤壁市作为豫北老牌工业城市，工业发展转型升级较为突出，特别是鹤壁作为河南省六大汽车零部件生产基地之一，汽车电器、汽车电子、光电子产业发展迅猛。另外，鹤壁市交通区位优势明显，交通运输发达，民用汽车保有量也有一定基础。而城镇职工基本养老保险人数（0.21）最低，说明鹤壁市社会服务保障水平还不够高，在政府治理现代化推进过程中，配套服务能力还需进一步加强。因此，在推进鹤壁市政府治理现代化工作时，需要保持优势指标方面的工作发展势头，同时，挖掘弱势指标方面存在不足的原因，制定措施迎头赶上，力争达到在整体上均衡发展的态势。

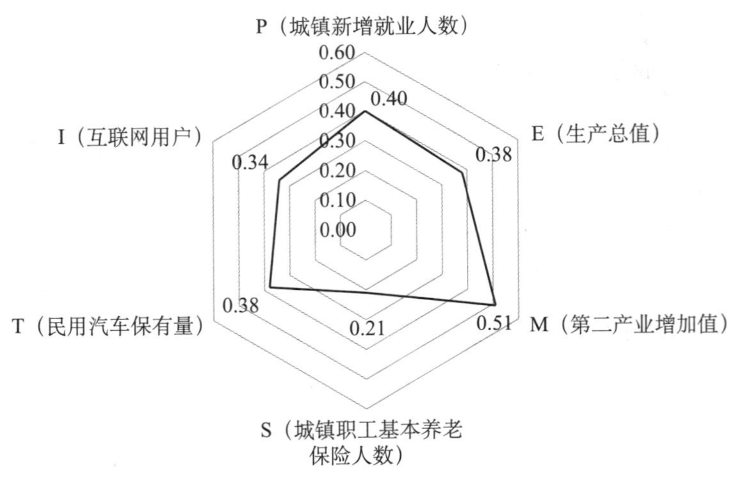

图 9－6　鹤壁市 6 维指标特征指标分析图

（二）不同地区的代表性城市 6 维指标特征指标比较分析

从环渤海地区、长三角地区、中部地区、东南地区、西部地区 5

个地区中各挑选了 1 个代表性城市，分别是邯郸、金华、鹤壁、珠海、雅安，再做进一步分析比较，以便更直观地体现鹤壁市的发展水平和处于不同地区的 5 个城市的指标异同（如图 9－7）。

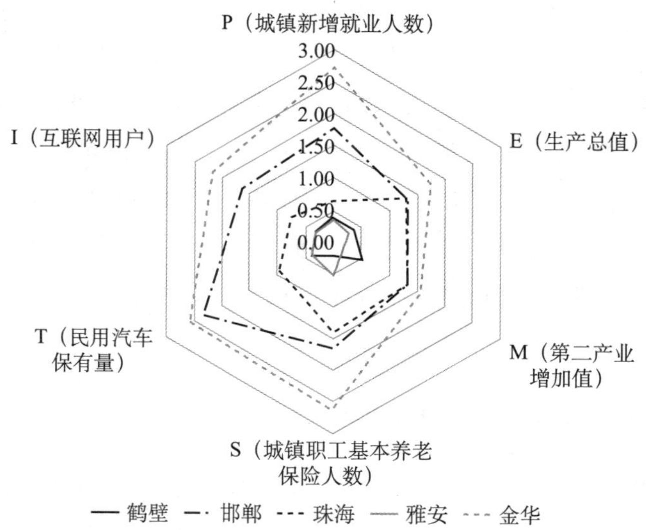

图 9－7　不同城市群代表性城市 6 维特征指标比较分析图

从图 9－7 中我们可以看出，5 个地区 PEMSTI 政府治理现代化效能的层次是非常分明的。长三角地区的金华市 6 项指标均为最高，且标准值均大于 1，说明金华市的治理现代化水平处于优势发展态势。从互联网用户量方面看，金华市的特征指标最高，这也说明长三角地区的城市信息化覆盖度最广、最深，发达的互联网基础，也使得长三角地区电子商务、互联网金融等产业发展迅速；金华市的第二产业增加值和国民经济生产总值也名列前茅；另外，金华市经济活力显著，城镇新增就业人数连年持续强劲增长，民营物流业、网约车业务也做到了先行先试，因此，民用汽车保有量方面，依然是金华市最强。鹤壁市虽然地处中原，交通发达，但由于人口总数仅有 160 万，所以各项指标总量较低，和雅安市水平相当；国民生产总值、第二产业增加值、互联网用户数量均高于雅安市，也反映了中部地区比西部地区在经济、产业和信息化方面略胜一筹；但民用车保有量和城镇职工基本养老人数方面，雅安市要高于鹤壁市，这与雅安市高度重视社会服务和保障工作的因素显著相关。另外，雅安市在2013年发生地震灾害后，同年迅速展开灾后恢复重建工作，加大公共服务力度，截至2016年，已完成370所基础教育学校项目、123个卫生计生项目、251个文体广新项目、121个就业和社会保障项目重建，改善了4.7万扶贫对象的生产生活条件，减少集体经济空壳村66个。但是雅安市、鹤壁市等地PEMSTI各项指标值均小于1，也就是与国内5个地区的其他城市相比，各项指标偏低，差距较为明显，仍需要集中各方力量，进一步推进政府治理现代建设，切实提成政府治理的效能。

（三）鹤壁市6维特征指标增速分析

鹤壁市虽然是地级市，但本身综合体量较小，下辖仅两县三区，面积2 182平方公里，人口160.6万。2019年，鹤壁市GDP为988.69亿元，第二产业增加值为593.17亿元，两项指标在5个地区代表性样本城市中均排名第4位，并在平均值以下。

由于近年来鹤壁市以“智慧鹤壁”为平台，运用大数据等技术加快推进政府治理现代化步伐，使各项指标增速明显。从表9－9中可以看出，2019年鹤壁市GDP增长7.1%，在5个样本城市中排名第3位，名次前进了1位；第二产业增加值增长8.6%，在5个样本城市中排名第1位，名次前进了3位。由此可以得出，政府治理现代化的实施，可以加速国内生产总值的增长，并且促进第二产业的蓬勃发展，提升服务业发展层次和完善生活配套能力，有力地促进政府治理结构扁平化的趋势和增进普通民众多渠道广泛参与治理，使政府、社会组织、民众形成共同协作发展的良好态势。

表 9-9 5 个不同地区代表性样本城市关键指标的同比增长率

城市	经济 GDP 增长率/%	第二产业增加值增长率/%
邯郸	7.2	5.8
金华	6.5	6.3
珠海	6.8	4.6
雅安	8.0	7.8
鹤壁	7.1	8.6

数据来源：各城市 2019 年国民经济和社会发展公报。

通过分析还可以得出，不同地区各项指标的发展增速是不同的，也可以认为其政府治理的侧重点是有所不同的。鹤壁市的第二产业增加值的增速是最大的，可以反映出大数据技术的应用对第二产业的影响较大，同时，由于中部地区交通区位优势明显，特别是河南省京广高铁、京珠高速、郑徐高铁等交通干线贯穿南北、连通东西，使中部地区交通物流优势凸显，也形成了技术、人才、资本、产业迅速聚集的洼地。中部地区正在加快大数据、云计算、物联网等信息化建设的力度，为政府治理现代化提供了有力支撑。雅安市 GDP 增长是最快的，并且第二产业增加值的增速也非常快，一方面反映出雅安市地方政府近年来灾后重建和产业发展成效卓著；另一方面，也反映出国家西部大开发战略的效益正逐步显现，西部城市以前底子薄、基础差，但是在大数据时代，抓住互联网经济和大数据治理的战略机遇，经济发展、社会治理、公共服务等各项指标增速显著。长三角地区和环渤海地区发展较为平稳，政府治理现代化效能持续提升，从各项指标的总量和增速来看，均有不错的成绩。珠三角地区发展受工业转型影响，一些劳动密集型产业近几年淘汰率较高，并且受我国内地发展优惠政策吸引，一些产业正在向内地转移，因此，珠三角地区第二产业增加值的增长有放缓趋势。由此可见，造成各个城市模型指标不同的因素有很多，不同的城市要根据模型指标积极制定适合自己的特色化发展道路。

（四）综合分析

从城市外部看，鹤壁市政府治理现代化建设仍有很长的一段路要走。

在 12 个智慧城市样本总体排名中，鹤壁市总体体量较小，各项指标排名落后。与不同地区代表性城市相比，鹤壁市各项指标同样比较落后，也反映出中部地区城市治理现代化水平还处于落后行列，与珠三角、长三角等地区差距较大。然而，鹤壁市体量虽小，近年来随着政府对治理现代化的重视及“智慧鹤壁”的建设，各项指标却增长迅速，特别是第二产业增加值的增速显著，在 5 个地区样本城市中位居第 1 名。

从城市内部看，鹤壁市总体属于单项指针模型，即城市的第二产业增加值指标发展较为突出。可以进一步有针对性地发挥交通区位优势，汇聚更多人力、财力、创新力，加强推介宣传，加大数字经济、大数据产业、智能交通、智慧物流等方面的工作，突出优势，争创亮点。同时，找出落后方面不足的原因，加强投入，制定有力的措施，争取平衡整体指标因素，均衡发展。

第四节　大数据对推动鹤壁市政府治理现代化的影响

通过对鹤壁市政府治理情况的实地调研和访谈，了解了鹤壁市在重视大数据之前开展政府治理工作时遇到的问题与挑战，梳理要想推动政府治理实现现代化对大数据技术的迫切需求；并结合具体实例，总结应用大数据对推动政府治理实现现代化的积极影响和相关表现。

一、鹤壁市传统政府治理遇到的挑战

大数据之所以对于当前政府治理具有重要意义，主要原因在于从当前转型期背景来看，传统的政府治理正面临着重重矛盾和困境。主要体现在以下几个方面：

（一）政府治理职能与社会需求之间矛盾突出

随着改革开放的不断深入，我国的社会生产方式不断转型，广大

公众的个性化、差异化需求不断增多，服务型政府成了时代的需求。我国的行政体制改革一直在探讨和实践，其中，最重要的一个体现就是简政放权。但是，单方面地精简机构、裁撤部门和人员并没有解决根本性问题，相反，面对复杂的社会形势和人民群众日益增长的物质文化需求，政府由于没有有效的治理措施，而陷入非常被动的局面，急需借助先进的治理工具，提高治理水平和治理能力。

以鹤壁市淇滨区为例，淇滨区是鹤壁市委、市政府所在地，管辖着40多万常住人口，区政府每天要面对众多的社会事务和来自上级部门的检查、督导工作。在这样的背景下，如何实现有限空间下的无限发展就是一个突出问题。有的贫困户，一边以老人生病为由到民政部门要取补助，一边又以孩子要上学为由到教育部门要取补助，每年下来，领到手的补助比其他人上班的收入还高。对于此现象，通过大数据技术可以实现数据信息的实时共享，破除“信息孤岛”，有效形成政府各部门整体联动，使问题得到有效破解①。

（二）科层化的部门工作藩篱问题严重

政府部门之间条块分割问题一直是备受重视，但仍未有效解决的难题。一是纵向分割，上下级部门之间等级分明，联络机制死板低效。上下工作不协调、不一致，上级下达的很多任务不合理，基层难以贯彻落实上级的指示。二是横向分割，各区县政府只管自己的辖区，彼此之间存在竞争关系，交流上相互堤防。三是错位分割，各县区和各职能部门都是先从自身利益出发，抢夺占据资源。

在传统层级制的组织结构下，各部门为了开展针对大众的服务工作，很多部门都争着要开通电话热线来突出政绩，这样一来，有些地方的电话热线多达几十部，普通居民根本无法记清楚，很多热线电话形同虚设。如果能够运用大数据技术，搭建综合信息服务平台，让民众通过一个热线号码、一个网络平台就能实现公共医疗、教育、养

---

① 资料来源：根据调研对象访谈记录整理而成。

老、安全等功能，那么将极大提高公众享受这些惠民工程的便利程度，提高政府公共服务的效率。

（三）基层政府部门超负荷运行的矛盾加剧

上级政府各部门的目标任务、广大群众的现实需求及同级基层单位的恶性竞争，都使得基层部门压力过大、负担过重，出现“上面千条线，下面一根针”的现象。鹤壁市在这方面也存在一些较为典型的问题，一是台账报表材料多，上级单位为了掌握准确的基层信息，随时要向基层单位索要各种汇报材料、统计数据、对策建议等，要求越来越高，台账越做越细，必须限时办结，否则问责。二是证明盖章多，职能部门为了确认事宜，甚至为了规避责任，要求办事处办事先行盖章，签订责任承诺书。三是考核督查多，为加强监督力度，上级部门往往通过督查、考核等办法，来保证工作目标的完成进度和质量。这种疲于应付上级任务的基层现状，如何能适应当前政府治理现代化的要求？通过大数据技术可以将各个部门的资源进行共享和整合，使政府各部门、各社会机构和民众构成多元的治理主体，形成各方配合、齐抓共管的局面。

应当说，在广泛应用大数据技术之前，鹤壁市对上述矛盾束手无策，这就加剧了寻找新的政府治理工具的客观需求。而大数据的诞生，恰逢其时地为政府解决了此道难题。政府及社会各界的运行机制都将随着大数据技术的广泛应用而发生革命性的改变，政府治理实现现代化成为可能。

二、鹤壁市应用大数据推动政府治理现代化的表现

（一）治理制度方面的现代化表现

1. 治理理念人本化

鹤壁市在政府治理过程中，充分考虑人民日益增长的美好生活需

求和不平衡不充分的发展之间的矛盾，坚持以人民为中心，时刻将人民群众的利益和诉求放在第一位。鹤壁市近几年大力建设“无线城市”，无线网络已经几乎覆盖到市区的每一个角落，已完成便民信息、手机旅游、地理查询、网上订餐、飞机铁路查询、医疗卫生、社保、医保、公积金查询等100多项应用内容的接入，市民可以随时随地通过网络进行信息的交互。在法制宣传形式上，政府有关部门将上万个印有税务登记、普通发票代开等业务所需资料“二维码”的便民提示卡和手提袋免费向广大纳税人发放①。

2. 行政程序法治化

政府治理现代化关键在于行政程序的法治化，鹤壁市高度重视运用大数据技术推进政府依法行政、行政公开等工作，加强法制宣传，营造法治环境，树立“知法、懂法、讲法”的政府治理理念。例如，鹤壁市国税局积极推进“互联网+法治”的工作，一是在法制宣传平台上，依托互联网与大数据技术，借助微信平台，搭建起掌上“国税教育平台”学习系统，涵盖“知识库”“交流站”“微课堂”3大类栏目，并与苹果、安卓、PC 3个系统同时兼容。二是在法治宣传内容上，在市国税局内网上开辟税法专栏，设置了依法治税、法律汇编、行政审批等10余个栏目。同时，专门开辟了学习园地，每季度下发一套法治试卷，供大家学习检测。

3. 政策制定合理化

政府治理体系离不开制度建设，而制度建设需要以政策的合理制定作为保障。鹤壁市重视政策的制定程序，以政策制定前期的调研和政策执行过程中的解读作为重要抓手。2010年10月，鹤壁市出台了《行政机关规范性文件制定和备案办法》，明确指出拟制定的规范性文件内容直接涉及公民、法人和其他组织切身利益，或者对本地区、

① 资料来源：《鹤壁市“无线城市”工程建设情况报告》。

本行业建设发展有重大影响的，行政机关应当向社会公布，听取有关机关、组织、个人和专家的意见。听取意见可以在起草和审查阶段进行，采取书面征求意见，召开座谈会、论证会、听证会等形式①。

（二）治理结构方面的现代化表现

1. 治理主体多元化

鹤壁市使大数据等信息技术在社会各方面得到了运用，充分调动了除政府以外的社会各界参与到社会治理当中，呈现了多元的治理主体，促进了政府治理结构的明显改善。例如，鹤壁市建设了“12349居家养老服务平台”，该平台主要以社区为中心，整合有关养老机构的养老资源，以12349服务热线为纽带，以网站终端设施为平台，针对老年人群提供医疗保健、家政休闲、法律咨询等服务项目。移动公司统一为老人提供手机，老人只需按下手机上的“SOS”键，即可接通12349救助中心，中心的电脑上即可显示出老人所有相关的信息，并根据老人的需求从服务列表中选择对应的社会服务商给老人提供对应的服务项目。在服务商方面，一方面由各级养老服务中心、公共事业性养老服务机构为主构成了政策性的养老服务供应体系；另一方面，由家政服务机构、各类社会服务组织等构成了社会化的居家养老服务供应体系。政府和社会机构共同参与，各自发挥主体作用②。

2. 组织结构扁平化

大数据技术的广泛应用，使鹤壁市的政府管理结构已经由从上到下的层层下达和从下到上的层层反馈，逐渐转变成了扁平对接、交互回应的模式。例如，鹤壁市民政局依托市电子政务网络平台和云计算中心成立了社区公共服务管理数据系统，以实现服务社区民生、创新社会管理的目的。利用数据交互的便利性，社区民众、社会机构、公

① 资料来源：《鹤壁市行政机关规范性文件制定和备案办法》。

② 资料来源：《鹤壁市关于加快发展养老服务业的实施意见》。

民组织能够直接与政府建立联系，直接向政府建言献策，主要包括民政 OA 办公系统、社区管理和服务系统、安全认证系统等，充分结合“互联网 + 社区”，整合云计算、大数据、移动互联网等信息技术手段，扩展政府综合治理的能力，提高广大民众的满意认可度①。

3. 治理客体复杂化

随着政府治理客体的多元化和复杂化，治理工作面临的任务更加错综烦琐，唯有抓好统筹、综合治理，才是破题关键。鹤壁市把综合治理作为基层治理的重点内容，构建起一道维护社会平安稳定的善治防线。鹤壁市各级基层政府积极搭建矛盾排查及事件处理平台，组织网格员将矛盾纠纷和事件通过平台处理上报，运用大数据分析研判指引服务导向。探索推进“治安防范、社会管理、便民服务”的全科网格化社会治理模式，坚持全员下沉织网、治网，用“一张网”把工作触角延伸到群众家门口，实现服务零距离。

（三）治理机制方面的现代化表现

1. 治理方式协作化

大数据的应用搭建了鹤壁市政府与社会各界及时、畅通的沟通桥梁，使社会机构和公众能够有效地协同合作，共同进行社会管理。例如，鹤壁市淇滨区社区便民服务信息系统，包括了政府提供的公共服务、社会组织提供的互助服务、社区提供的志愿者服务和企业提供的商业服务等，通过网站、手机移动端 APP、微信端、街道社区一体机触摸屏投放等手段，实现社会管理的共同协作，提升服务质量和群众满意度。

2. 资源配置市场化

鹤壁市政府充分运用大数据平台，着力解决好政府与市场之间的

① 资料来源：《鹤壁市智慧城市发展规划纲要（2011—2015 年）》。

关系问题，充分发挥市场的作用，合理整合政府的资源和社会的资源，对资源进行科学配置。例如，鹤壁市积极推进“智慧畜牧”工程，已建成畜牧业资源综合信息服务系统，由政府、畜牧养殖场、饲料生产厂、兽医兽药服务机构等多家单位共享资源。通过系统可以快速查询全市畜禽养殖、饲料生产、兽药经营、生鲜乳收购、屠宰加工等企业信息，为政府决策提供依据。系统还实现了已检疫畜产品质量追溯和快速统计分析功能，以及动物疫苗储存环境实时监控功能，可以对市、县区、乡镇三级动物防疫用疫苗储存温度实时监控，实现了温度异常自动短信报警。另外，市场化运作的信息服务公司开辟了畜牧业综合信息服务专栏、畜牧业微博、微信和 QQ 等，能够为畜牧企业和从业人员提供畜牧业相关行业技术、监测预警、生产营销等信息①。

3. 公众参与常态化

2020 年 5 月，鹤壁市出台《鹤壁市全面推进基层政务公开标准化规范化工作方案》，完善基层行政决策公众参与机制。制定公众参与基层行政决策的工作制度，结合职责权限和本地实际，明确公众参与行政决策的事项范围、参与方式、参与渠道，并向社会公开。完善利益相关方、群众代表、专家、媒体等列席政府有关会议的制度。对涉及人民群众切身利益、需要社会广泛知晓的公共政策措施、公共建设项目，要采取座谈会、听证会、实地走访、向社会公众征求意见、问卷调查、民意调查等多种方式，充分听取公众意见，扩大公众参与度，提高决策透明度。对社会普遍关心的问题要进行解释说明，及时回应公众关切②。

（四）治理工具方面的现代化表现

1. 信息公开透明化

鹤壁市高度重视政务信息公开工作，加大力度完善各种信息化技

---

① 资料来源：《智慧鹤壁建设 2013 年实施方案》。

② 《鹤壁市出台全面推进基层政务公开标准化规范化工作方案》，2020 年 5 月 25 日，http: //www. henan. gov. cn/2020/05 -25/1508794. html，访问日期：2021 年 3 月 24 日。

术硬件设施建设工作，并高标准打造电子政务网络平台，出台相关政策提供保障。例如，2013 年 12 月，鹤壁市政府出台了《鹤壁市行政权力网上公开透明运行建设实施方案》，提出要在市一级建设统一的行政权力网上公开透明运行平台，将包括静态和动态的全部行政权力信息通过网络全部向社会公开。市直各部门要按照统一标准完善自建的系统，通过接口技术与全市数据共享交换①。

2. 治理平台虚拟化

善于运用各种先进的大数据技术工具是政府应对信息技术迅速发展的必然要求。鹤壁市加强了城市物联感知平台和云计算中心服务平台建设，通过运用先进的大数据技术，提高智能感应水平，提升智慧处理计算能力，为治理方式数据化提供多元化的技术支持。例如，鹤壁市交通运输局运用 GPS 等相关技术，建设了具有实时跟踪、里程计费监控、油表记录等功能的出租车信息管理平台，通过对出租车运营数据的监测、统计和智能分析，基本实现了对出租车的数据化调度和管理，提升了行业宏观管理决策能力②。

3. 行政沟通网状化

政府治理能力的提升，需要进一步畅通行政沟通途径，要将传统的“金字塔”式的行政沟通结构转变成网状沟通结构。近年来，鹤壁市不断健全解读回应工作机制，及时传递国家、省、市相关政策，准确解读具体贯彻执行措施。按照“谁起草、谁解读”原则，坚持解读方案、解读材料与政策文件同步组织、同步审签、同步部署，通过政府网站、政务新媒体、新闻发布会等多种渠道和简明问答、图表图解、音频视频等形式，对涉及群众切身利益、影响市场预期等的重要政策进行解读，及时准确传递政策意图。针对政策实施和重大项目推进过程中出现的误解、误读，要及时回应、解疑

① 资料来源：《鹤壁市行政权力网上公开透明运行建设实施方案》。

② 资料来源：《鹤壁市智慧城市发展规划纲要（2011—2015 年）》。

释惑①。

（五）治理职能方面的现代化表现

1. 政府决策科学化

鹤壁市政府积极树立大数据理念，不断优化社会管理的功能，及时掌握和分析管理目标的各项数据，力求提升政府的科学决策能力。例如，鹤壁市建设了“数字城管系统”，以数字电子地图信息为基础，综合利用物联网、GPS全球定位系统、地理信息系统及各类业务平台，实现信息采集、反馈、核查和应用互通互联的城市综合管理系统。数字城管系统管理内容包括市容市貌、环境卫生、市政设施、园林绿化等方面。数字化城市管理系统运行以来，为政府决策的科学性提供了强大的技术支撑，可以有效提升政府的决策水平，实现了“三及时”，即发现问题及时、交办事项及时、解决问题及时②。

2. 社会治理精准化

鹤壁市的“无线城市”已通过含手机WAP版、PC WEB版及手机客户端版实现对大数据的集中、实时处理。市民在该平台上可查询水电气费、交通违法信息、火车票预售期、火车车次等；家有孩子高考的市民能够查询高考成绩；出门的朋友通过“无线城市”能够查询公交路线、换乘路线、自驾路线，能够视频观看高速出入口的情况，查询到当前高速收费管制及道路管制情况等。可以说，针对社会治理的精准化程度进一步提高③。

3. 公共服务高效化

鹤壁市近年来通过线上、线下全面准确地公开政务服务事项、

① 资料来源：《鹤壁市全面推进基层政务公开标准化规范化工作方案》。

② 资料来源：《鹤壁市智慧城市发展规划纲要（2011—2015年）》。

③ 资料来源：根据调研对象访谈记录整理而成。

办事指南、办事流程、办事机构、常见问题、监督举报方式和网上可办理程度等信息。建立县、乡、村三级便民服务公开标准，推行政务服务一次告知、信息主动推送等工作方式，让办事群众对事前准备清晰明了、事中进展实时掌握、事后结果及时获知。以为群众“办好一件事”为标准，对办事服务信息加以集成、优化、简化，汇总编制办事一本通并向社会公开，使公共服务效率得到切实提高。

（六）治理管控方面的现代化表现

1. 危机预警智能化

鹤壁市十分重视将公共危机管理作为政府治理的重要内容，并充分运用大数据技术的运算处理能力，对海量的数据进行实时监测和处理，及时发现异常问题，提前做出预测和判断，迅速采取有效措施，杜绝危机问题的发生。例如，鹤壁市建设了“平安城市系统”，规划了278个监控点，涵盖了北起渤海路、南至南海路、西至107国道、东到高速铁路近40平方公里区域，建成了112个监控点，可实现对监控点的全方位、全天候监控。摄像头可实现上下左右720°旋转，清晰监控十字路口情况。系统还安装有智能分析模块，以政府大门为例，如果人数超过预设人数（如20人），或电动伸缩门受到撞击、车辆闯岗，该系统会自动报警，从而预防突发性、群体性事件，全面提升社会治安防控能力，提高公众安全感[①]。

2. 权力监督无缝化

严格科学的纪检监察工作是保障政府治理成效的先决条件，鹤壁市运用“互联网+”和“大数据”思维，为纪检监察工作插上了科技的翅膀，切实降低了政府工作人员违法乱纪行为发生的概率，提高

---

① 《河南省鹤壁市全天候的安全卫士保城市安全》，2013年4月7日，http://info.secu.hc360.com/2013/04/071653719779.shtml，访问日期：2021年2月15日。

了政府治理实效。例如，在鹤壁市的环境保护治理和督查工作中，启用了环境自动监控系统，基本建成了“覆盖全市、功能完备、监测准确、运行高效”的环境自动监控网络，主要监测废水、废气排放等信息，数据直接上传至平台，确保数据信息和异常情况可以直接快捷地上报处理。目前，已建成 3 个县级以上环境监控中心，以及 3 个地表水、2 个饮用水源地、5 个环境空气、2 个环境辐射共 12 个环境质量自动监测站。在 15 家国控、省控监控企业安装了 40 多套自动监控设备及视频监控系统。该系统使以往弄虚作假、欺上瞒下、伪造数据等违法乱纪行为无处遁形，有效杜绝了隐藏在背后的行贿受贿等现象的发生①。

3. 绩效考核数字化

鹤壁市将大数据技术成功运用到了政府绩效评估方面，使政府绩效的评估变得有据可依，更加科学合理，有效地提高了政府治理的效果和质量。例如，鹤壁市启用了“行政效能电子监察系统”，充分利用物联网和数据存储技术建设，主要包括：一个数据库，即电子监察中心数据库；两个平台，即行政效能电子监察平台和数据交换平台；一个监察门户网站，即电子监察公众服务网站；一个中心，即电子监察视频监控系统及监控中心。市监控中心可对市行政服务中心、县区行政服务中心及市各单位相关服务窗口业务办理和管理等实施视频图像监控，防范办事人员偷懒旷工、懒政怠政、迟到早退等违规行为，及时处理问题。行政事项审批监察系统是运用网络对各单位行政事项审批办理情况进行全程监控，可实现即时纠错、逾期报警等功能②。

① 资料来源：《鹤壁市环境自动监控系统工作情况报告》。

② 《鹤壁市行政效能电子监察系统以电子监督提高服务效能》，2013 年 4 月 8 日，https：//www.henan.gov.cn/2013/04－08/484655.html，访问日期：2021 年 3 月 24 日。

第五节　鹤壁市政府治理现代化中存在的问题及原因

一、存在的问题

（一）政府对利用大数据提高治理能力的主动性仍待加强

在大数据时代，公众对数据资源的认识缺位，对数据化服务的诉求不断增强。在政府治理现代化过程中，政府作为公共服务的实施者，有义务满足公众获取数据、利用数据的需求，有责任履行好政府治理职能的转变。但在现实工作中，鹤壁市部分政府部门还没有充分认识到公共数据服务对解放全民生产力的重要性，服务的主动性还不强，服务的质量还不高。一些政府管理者依旧没有及时转变观念，仍习惯于高高在上地管控和指挥，缺乏执政为民的服务意识，摆不正政府与群众的平等关系。在具体的政府治理过程中，除了空喊政治口号和生硬的新闻宣传外，真正主动走近群众、了解群众需求的工作做得还很不够，因循守旧、被动回应的现象随处可见。很多政府部门对数据资源的价值认识还很不到位，将本该属于公众的数据资源据为己有，拒绝向社会公开，不愿意与他人共享，造成政府数据化服务的能力低下，难以发挥数据资源应有的社会效益。

案例 9－8： 鹤壁市是中国优秀旅游城市，每到节假日游人很多，往往造成有些景区人满为患、交通瘫痪等局面。例如，2016 年五一劳动节期间，鹤壁市上峪乡的景点“天然太极图”吸引了众多游人，结果当天客流量远远超过景区接待能力，中午就实施禁止新增车辆进入景区的交通管制。虽然鹤壁市“智慧交通”工程已提出多年，交通部门有路况交通的实时数据，景区管理处有景区的客流量，但政府部门并没有主动整合和利用这些数据，并及时有效地提供这些公共服务信息，造成了大量远道而来的游客被夹堵在路上进退两难，造成了严重的交通瘫痪①。

（二）政务数据信息公开不够全面

政务数据信息公开是政府提高治理能力一个主要方面，建立一个数据翔实、内容齐全、操作便利的政府网站是政府数据信息公开的一个重要表现。目前，鹤壁市还有一定数量的政府网站依旧停留在简单的信息公告阶段，网站并不具备数据共享、信息互动、业务申办等功能，对政府电子政务和治理现代化的质量提升产生了严重的阻碍。虽然鹤壁市的各级政府部门都建有门户网站，但多为领导活动的宣传和文件通知的公告，而关于政策制定前的互动讨论和具体业务办理流程的讲解等内容不多；部分政府网站上虽然提供了公民留言的栏目，但显示的内容多是一般性的建议，正面的多、反面的少，赞扬的多、批评的少。个别网站的留言板甚至只是摆设，根本无法显示留言的内容，公众参与的交互性很难得到保障。

案例 9－9：在国务院办公厅政府信息与政务公开办公室组织开展的 2016 年第四季度全国政府网站抽查中，鹤壁市公安局官网因“站点长期无法访问”而被点名②。

（三）政府提供的数据价值利用率低

政府治理活动涉及社会生活的很多领域，在其治理活动中采集了大量的宝贵数据，不仅包括空气温度、交通路况，还包括大量与企业经营、寻医问诊、休闲娱乐、法律咨询等密切相关的信息。这些数据信息如果能够被充分开发出来为社会所用，将会对社会治理、经济发

---

① 资料来源：根据调研对象访谈记录整理而成。

② 《全国政府网站再次抽查，鹤壁市公安局网被点名》，2017 年 2 月 8 日，http：//henan. sina. com. cn/news/2017－02－08/detail－ifyafenm3034290. shtml，访问日期：2021 年 2 月 15 日。

展及民生改善起到重大的作用。从鹤壁市的情况看来，目前政府对手中掌握的数据资源的利用与开发程度还远远不够，很多本来能够创造价值的数据都被弃之不用，造成了一定程度上的资源浪费。另外，鹤壁市政府在公共服务方面，提供的大部分原始数据，质量普遍不高，完整性普遍不够，因此数据信息的实用性较低，利用率明显不高。再者，目前鹤壁市政府部门分割、信息封锁现象依然存在，缺乏统一管理和规划，加剧了数据资源的低水平重复。

案例9－10：鹤壁市2017年开展了“春节烟花爆竹禁燃禁放”工作，各县区调动了绝大多数干部职工，春节期间不放假，包片、包户24小时进行地毯式巡查。很多同志大年三十、初一仍在街上蹲点看守，怨声载道。其实这种做法效果甚微，如果能加强街道和社区的图像监控设施或鞭炮声控、烟控传感设施的应用，将这些数据进行实时采集和处理，那么就会避免采取这种人海战术，大大降低人力、物力成本①。

（四）政府与社会资本缺乏合作

虽然大数据在治理领域应用空间极其广泛，但目前鹤壁市还主要靠政府一己之力在推动，与企业、科研院所及社会个人的有效合作开展得并不理想。经过近年来“智慧鹤壁”等项目的推进，尽管政府治理的现代化能力大有提高，但社会机构、企业组织等主体共同参与治理的氛围还不浓烈，这些社会力量与政府合作共治的机制还不健全。由于政府与社会机构之间仍旧以条块分割的管理模式为主，各自建设的数据处理系统尚未兼容，政府与社会机构都还习惯于将数据看作自己的资产，而未将之看成公共资源，导致数据不能互联互通，让数据的需求与供给难以有效对接起来，更严重影响了公共服务需求与治理措施的良性匹配。

① 资料来源：根据调研对象访谈记录整理而成。

案例 9－11： 鹤壁市招商引资项目资金到位情况的统计工作，由于每个县区各自有一套数据库，每个项目企业各自有一套数据库，市级商务部门又是一套数据库，各个数据库相互独立，且信息之间分割现象严重，目前的统计工作仍是按照每季度填表上报，实地查验，主观汇总得来，科学性依旧不高①。

（五）数据信息服务平台功能不够完善

目前，鹤壁市在公共数据信息服务平台建设方面还存在不少问题，一是统一的政务信息服务窗口功能还不完善，市民在政府网站查找信息时耗费时间成本依旧较高，尤其是在搜索涉及多个部门的政务数据时，需要花大量精力去访问各个政府机构的独立网站。二是不同部门网站之间协同性欠缺，网络服务窗口之间的交互连接还不健全，不同行业、不同县区之间的信息交互渠道不畅。三是缺乏明确的政府信息管理制度，对网站信息内容的下载、传播、转载等操作缺乏制度性规范，大大阻碍了政府公共数据资源的开发利用及公共服务推广。

案例 9－12： 鹤壁市一些政府部门门户网站缺乏运营手段和维护能力，未能起到公共数据信息服务平台的作用。例如，鹤壁市商务局的网站功能单一、结构死板，而且网页内容更新滞后，特别是“在线办事”这么重要的板块，更新进度仍然很慢。

（六）数据信息泄露风险加剧

大数据意味着将巨量的数据聚集在一起一并运算处理，而这样的数据聚集反而增加了信息泄露的可能，以及数据被集中攻击的危险。无论是社会各界的生产生活，还是政府的政务处理，每天都会有海量的数据被采集和保存，一些不法分子有时会利用这些机会对

① 资料来源：根据在鹤壁市开展的调研座谈会记录整理而成。

数据进行恶意攻击，增加数据泄露的风险。特别是政府近年来工作重心都放在了数据平台建设和数据应用开发上面了，对大数据的安全防护机制重视不够，防黑客攻击能力较弱。另外，公众在存储和使用数据时安全意识依旧不高，因为信息安全被侵犯权益的事情时有发生。

案例 9－13：2012 年 7 月，鹤壁市浚县一中两位学生的高考志愿填报系统被同学恶意破解密码，通过河南省普通高校招生考生服务平台上进行了志愿篡改①。

二、导致问题的原因

（一）对公共数据服务的认知存在偏差

由于旧观念的原因，公共数据不管是在部分政府部门，还是在个别社会民众那里都还没有引起足够的重视和关注。一些政府部门长期对公共数据信息的认识存在片面性，没有从思想上认识到数据信息在公共服务中的重要性，总是认为政府获取的数据资源就是属于政府所有的，与社会民众关系不大，政府没有义务利用这些数据信息为民众提供服务。一些政府管理者甚至认为政务信息的公开会使自己在民众面前处于被动，不利于管理工作的开展，因此，排斥将政府数据向公众公开，有时故意隐瞒、封锁有关信息。另外，我国民众对数据服务的价值意识还比较薄弱，在数据的获取和利用方面的认识还存在一定偏差，只是把数据利用看作一种技术工具，甚至幻想政府能够免费提供所有数据信息服务，自己收集和运用数据资源的能力很低，并且主动性不强。

① 《河南鹤壁 2 名考生密码被同窗破译后高考志愿遭篡改》，2017 年 7 月 13 日。http：//news. cntv. cn/20120713/102160. shtml，访问日期：2020 年 2 月 15 日。

（二）数据鸿沟影响政府治理实效

数据信息作为一种资源，已经逐步开始发挥权力作用，并能创造一定的利益。然而，在资源的抢夺和利用方面仍然存在着不对称现象。这种不同地区、不同群体由于对数据资源占有和利用程度的差异而造成的不对称情况被称为“数字鸿沟”。政府虽然具有采集、统计数据的优势，掌握大量数据资源，但是政府在数据处理和服务中的专业度和灵活性不够，公共服务效率不高；而且部分政府人员将其在公共岗位上获取的数据资源看作“私人物品”，通过职权对公共数据信息进行垄断，进行数据权力寻租，以谋取私利。对于普通民众来说，虽然在时刻产生和创造数据，但由于缺乏硬件处理设施和软件处理技术，很难发挥自己手中零星数据的价值。另外，还有一些社会组织虽然具备专业处理和分析数据的人员队伍，但数据信息资源来源不足，而且在运维方面缺乏充足的资金投入，既难以从政府手中申请获取专业的数据资源，也无力从广大民众手中购买、汇集庞大的数据资源，数据资源利用能力很难满足社会各界的需求。因此，数据资源获取和利用的不对称，使庞大的数据信息资源无法被充分有效地利用，造成了大量浪费，严重影响了我国公共数据信息服务能力的提升。

（三）政府公共数据信息服务机制不健全

由于政府信息服务制度上的不完善和缺失，再加上公众对于公共数据信息的匮乏，造成了政府在开展公共数据信息服务上表现出了很大的随意性。政府公共数据服务的范围、内容和评价标准等没有明确的可操作性规定，目前，我国主要的政策依据是遵照《政府信息公开条例》开展的，约束力较弱，不存在法定的义务和责任，导致政府拥有较大的自由裁量权，政府公共信息服务完全取决于政府当事人的态度是否自觉，公共数据服务质量普遍不高。

（四）数据信息保护制度不完整

政府对数据隐私的保护重视不够，数据隐私保护方面的制度缺失，相关法律法规很不完善。目前，在我国的法律中，涉及数据隐私保护的主要是《国家保密法》，而这仅是针对国家的数据信息安全和信息保护，并未对个人的数据信息保护制定相关的法律法规。另外，针对数据的收集、传输、应用等方面，我国各级政府仍旧普遍存在着立法空白现象，在公共数据应用和服务过程中往往引发很多问题和争议，直接影响了政府治理现代化工作的具体实施。

（五）公共数据开发利用缺乏统筹

政府一直以来都对公共数据信息拥有绝对的垄断权和发布权，但是，政府在公共数据信息服务方面却严重缺乏统筹。具有公共数据信息管理职能的政府部门既有科技局、工信局，也有发改委、文广新局等，部门之间各自为政，缺乏协调。政府在公共数据管理方面单一追求行政效率，而忽视了社会公众的需求，决策行为僵硬，服务目标模糊。同时，受政府部门条块分割体制的影响，政府不但难以将横向部门间的数据合理整合，也无法使数据信息在纵向的上下级之间有效传递，因此，时常出现公共信息资源的闲置、短缺与重复建设的复杂局面。此外，公共数据信息资源技术准入标准的不健全，使公共信息资源无法得到多元化地开发和利用，公共信息资源组织、开发、共享等流程与电子政务建设脱节等。

（六）缺乏综合素质专业人才

如今，政府以大数据、云计算等技术作为数据信息获取的支撑，时时刻刻都有着数以万计的数据信息涌入政府的网络平台，这就需要有大批既懂得大数据技术应用，又懂得政府治理理念的复合型专业人才。部分政府行政人员缺乏对政府治理理念的认识，没有掌握治理机制、治理职能等基本知识，不具备科学决策和灵活高效地处理问题的综合能力，驾驭大数据能力偏弱，“门外汉”较多，不少政府干部不仅不清楚本部门有哪些数据、数据放在哪里，更不知道如何发挥数据的价值，政府人员低效的工作水平完全能够抵消掉大数据技术为政府治理带来的便利。另外，高素质的数据信息应用和管理人才也严重缺乏，由于政府专门招聘数据管理人才的渠道不多，在政府公共部门从事数据信息服务工作的很多人员还是兼职或代职，不具备数据资源应用与管理的专业背景，往往在面对公共数据信息服务需求时，表现得力不从心。

第六节　鹤壁市政府治理现代化建设路径选择

鹤壁市政府治理现代化建设途径选择应以优补拙，促进城市和谐发展。虽然从总量上比较，鹤壁市处于弱势，但是从城市发展速度上看，鹤壁市各项指标增速强劲，在产业结构方面具有一定的优势，因此，在建设重点上应以基础设施建设为先导，高新技术产业发展为支撑，民生建设为抓手，依靠创新驱动，积极推进城市的内生发展。

一、鹤壁市政府治理现代化建设的主要对策

为确保鹤壁市政府治理现代化建设的可实施性和可靠性，发挥引领示范作用，建议在具体建设过程中做好以下方面：

（一）统一设计、注重统筹

鹤壁市政府治理现代化建设是一项跨领域、跨机构的复杂工程项目，必须打破现有行政区划、行政管理体制制约，坚持立足当前、放

眼未来。正确把握硬件设施建设和软件应用设计、信息开放和数据安全、节约成本与扩大效益的关系，提高整体效果。

（二）统一标准、规范建设

鹤壁市政府治理现代化建设要按照国家和省的有关要求，施行高标准的规范化建设。各行业、各领域的业务管理和应用服务，应统一规划、整体部署、分级落实。

（三）优化结构、资源共享

建立各个部门和各个行业之间的数据交互和数据共享机制，形成彼此联通的数据网络；及时对数据更新进行管理，按时对设备保养进行维护；完善治理结构，发挥不同治理主体各自的优势，充分优化配置各项资源，减少浪费，降低成本，确保鹤壁市政府治理的各项工作渠道畅通，机制有效。

（四）夯实基础、保障安全

加快构建功能完善的数据网络基础设施，支撑鹤壁市各级政府部门与社会各界的数据信息系统应用；同步重视数据保护和信息安全工作，不断完善数据信息安全保障机制，确保政府治理现代化建设的安全性与可靠性。

（五）政府主导、社会参与

加快建立与政府治理现代化要求相适应的投融资体制，积极发挥政府在政策导向方面的作用，加大以政府为主导的在数据信息基础设施方面的投入，积极探索公共数据平台运营外包模式，引导社会资本在公共服务领域的投入，突出市场机制作用，为鹤壁市政府治理现代化建设提供充足的资金保障。

二、鹤壁市政府治理现代化建设路径的选择

（一）投资拉动方面的建设路径

从投资拉动建设主体角度将政府治理现代化建设模式分为政府投资管理并负责维护（包括政府投资并委托第三方建设运维）、企业投资而政府给予一定补贴、企业独立投资建设运营3种模式。鹤壁市政府治理现代化建设的项目类型多样，因此，从投资拉动方面考虑，应当根据不同项目类型采取多种投资模式配合拉动的形式。

影响投资主体选择的因素主要有项目性质、经营要求、技术难度、安全保密等。其中，公益类、安全类的项目需要政府的主导和投资；而对于专业技术高、市场化程度高的项目，比较适用于企业独立投资建设运营模式；对于投资规模大、共享需求大的项目，则适用于企业投资建设、政府给予补贴的模式。

鹤壁市政府治理现代化建设涉及多种性质的项目，项目收益、社会效益等各不相同，因此，在项目投资前，必须对项目大大小小的因素进行认真分析和评估，探索以政府投资建设为主导，以公众需求为中心，以社会力量为配套，多方协作并互惠互利的路径模式。其中，政府是牵头组织者，负责对治理的现代化程度和治理过程进行实时监管，规划设计好各种数据化应用，营造现代化治理的良好氛围；通信运营商是基础网络及信息化设施的承建者，负责搭建全市数据信息基础网络及配套设施，为政府治理现代化提供广泛的网络和信息安全保障；行业应用承建企业负责具体建设，确保工程质量，实现应用功能等工作。

（二）创新驱动方面的建设路径

在治理现代化建设的驱动力上，鹤壁市应选择创新驱动型途径。新时期，鹤壁市已进入发展的新阶段，创新驱动模式是治理现代化的时代需求。鹤壁市面临着经济结构调整和产业转型升级的关键时期。

特殊的信息化和城镇化发展背景，决定了鹤壁市政府治理现代化的建设应选择创新驱动的建设模式。在创新体系的建设上，鹤壁市应根据现有的经济基础、科技水平和民生需求，逐步形成高新技术服务中心、科技产品转化基地、现代化治理推广基地、公共服务示范基地等。鹤壁市必须依托科技创新驱动发展的理念，积极营造全新的产业形态，推动产城融合，激发社会力量的活力，实现从依赖“土地财政驱动模式”向依靠“科技创新驱动模式”的转变。创新是鹤壁市政府治理现代化建设的核心动力，必须努力营造公共创新平台，鼓励创新创业团队聚势发展，切实让治理现代化的成果惠及于民。

一是在基础设施建设方面，要做好重点设施规划设计的创新，要突出在设计格局上的创新，要能够充分满足现阶段大数据运行的基本要求，还要留有冗余，符合长足发展的理念和要求；同时，要重视设施功能的创新，建设功能完善的政务基础网络、政务数据中心、政务信息服务平台、“桌面云”平台、多功能指挥控制中心，以及空间地理信息（GIS）平台，为政府治理实现现代化打下坚实的基础。

二是在治理服务机制方面，首先，要做好政府治理理念和服务意识的创新，要充分考虑治理对象的客观需求，提供差异化的公共服务；其次，要充分利用大数据技术的智慧化功能，不断创新公共服务工具和措施，广泛应用互联网、物联网、手机 APP、微信群、微信公众号等平台，加强与治理对象的紧密联系，提升在行政审批、电子监察、应急管理、协同办公、社区管理等方面的服务能力。

三是在人才队伍建设方面，首先，要加强人才引进机制的创新，从组织部、人社局、科技局、商务局等部门协调联动，制定相关人才引进的优惠政策，统筹好市、区（县）两级需求差别，加大在大数据技术、治理等方面的人才引进力度。其次，要加强人才培育模式的创新，积极引导职业院校增设大数据、政府治理等专业，大力培养大数据与政府治理相结合的复合型人才；邀请大数据领域知名企业开展大数据智慧化应用的专题培训，努力在社会上形成一批懂大数据、会大数据的技术和管理人才队伍。

（三）管理服务方面的路径选择

在鹤壁市政府治理现代化建设中，政府管理服务的领域既包括社会民生、科技文化、资源环境和产业经济，也包括政府自身管理。首先，在政府自身管理方面，主要是创新政府治理结构，优化政府治理机制，运用大数据技术在电子政务、市政建设、城管安防等方面的管理，建设政务管理智慧应用数据平台，将政府各部门资源有效整合，形成合力服务于政府治理现代化建设。

其次，在民生安居方面，面向城乡民众，积极推进社保、养老、住房、就医等领域的数据化治理，全面提高公共服务能力。

再次，在科教文体方面，主要是通过科技、专利、教育、文化、出版等领域的数据应用系统，提高对广大民众、小微企业、报刊媒体、私立学校等对象的综合治理能力。

另外，在环境保护方面，主要是加强在传统能源、新能源及新材料方面的数据管理，通过对资源开发、储存、运输、应用、环保等环节的信息监测，采取有效的治理措施减少消耗浪费，加强环境保护，实现资源的可持续利用。

最后，在产业经济方面，充分发挥工商、质监、工信、发改等部门的相互协作，建立数据互联的综合信息网络，加强对企业的管理、服务与监督，形成多方参与、共同治理的态势，促进经济社会全面健康发展。

小　　结

本章选取河南省鹤壁市“智慧鹤壁”建设为背景，对鹤壁市政府治理现代化有关情况进行调研和分析。介绍了鹤壁市政府治理现代化的现状，分析了建设目标、基础条件、运营模式和重点项目工程。针对鹤壁市政府治理现代化效果设计了调查问卷，对政府行政工作效率、公共服务精准化水平、公众参与治理便利程度等 12 项内容的满意度进行了分析，得出了总体满意度为 81.2%。

在鹤壁市政府治理现代化建设评价方面，采用 PEMSTI 特征指标分析模型，把鹤壁市和国内与其同批的 11 个智慧城市建设先行市进行对比分析，得出鹤壁市因面积小、人口少、经济体量小等原因，各项经济指标均排名靠后，只是因为其交通区位优势明显，所以在现代智慧物流方面表现相对突出。另外，通过对鹤壁市 PEMSTI 特征指标的同比增长率进行分析，得出鹤壁市虽然各项指标总量较小，但由于近年来鹤壁市对政府治理现代化工作的重视，使得各项指标增长迅速，特别是现代服务业、通信电信业方面增速明显，均在样本城市的第一方阵中。

本章还对鹤壁市政府治理现代化的成绩与不足进行了总结，并对导致不足的原因进行了剖析，最后提出了鹤壁市政府治理现代化的建设路径。

第十章 大数据时代政府治理现代化持续提升的策略

政府治理现代化从某种程度上讲为政府及社会提供了新的机遇，但应用大数据推动政府治理现代化也不是一蹴而就的事情，其评价体系和指标需要适应治理环境的不断变化，也需要在实践检验中不断调整。其建设进程也需要遵循客观规律，需要政府的担当、经济的实力、民众的支持。因此，在每个发展阶段中，由于技术创新、行政体制、观念理念等方面现存的困难，会伴随着很多新的问题，应该正视这些问题，并努力解决。

第一节　进一步完善评价体系的策略

大数据时代政府治理现代化评价体系的构建和实际应用，仍有诸多未完善之处。例如，可量化的评价指标还需进一步细化，权重的确定方法还需进一步优化等。因此，在评价机制方面仍有以下几个方面需进一步完善：

一、进一步增强地方治理现代化的定量评价指标

目前，政府治理现代化评价指标大多仍以定性指标为主，仍然难以有效克服主观偏见带来的偏差。因此，应增加可直接获取的定量指标，在三级指标的基础上，进一步细化四级指标。例如，在“治理主体多元化”指标下，增设“预算制定中的公民参与率”；在“公共服务高效化”指标下，增设“城乡养老保险覆盖率”；在“治理平台虚拟化”指标下，增设“政务信箱公开数”等。通过细化四级评价指标，形成以定量指标为主、定性指标为辅的评价指标新格局。

二、围绕“以人民为中心”宗旨优化评价指标框架

随着广大社会公众对美好生活需要的增长，地方治理现代化评价

的重心应放在治理成效和民众满意度上。因此，要加强民生保障、精准服务、“放管服”落实程度、“只跑一次”改革实效等方面的评估，重视评价方法和指标选取时的差异化，强调有针对性的个性化评价，切实使评价方向从供给建设评估向群众满意度评价转变。

三、进一步创新评价方法

当前传统的评价理念主要是运用某种方法将不同维度的微观指标转化成可测量的综合指标进行评价，而采用现代数学模型和量化方法进行评价的仍然为数不多，导致大多数评价结果难以进行科学解释。因此，应重视将管理学、经济学，甚至系统动力学的方法论引入到地方治理现代化评估当中，注重从评价主体、评价客体、评价目的、评价原则、评价方式、评价指标等方面来构建评价的逻辑分析框架，进而提高评价结果的科学性。

四、进一步加强专业评价人才支撑

对于政府治理现代化评价，专业的评价团队是保障评价结果科学有效的前提。在组建评价团队时，既要考虑评价人员对地方治理、大数据治理、治理现代化等方面专业理念的了解程度，保证科学性，又要吸纳党委、政府、社会、市场、公众的广泛参与；既满足多元化治理主体需要，又得到多层次治理客体认可，充分保证评价的客观性。

第二节　大数据时代进一步推动政府治理现代化的策略

一、合理定位政府角色

政府治理现代化对公众及社会组织的影响程度，取决于政府治理

"现代化"所达到的水平。"大数据技术"毋庸置疑将在社会信息化应用方面带来革命性的改变，影响产业结构和经济增长点，更加会在社会治理方面引发深刻的转变。作为治理现代化的主导者，政府首先要做的便是治理角色的定位，充分发挥监督机制的作用，加快由传统的行政性管理转变为服务性管理。在思想认识上，政府必须转变执政理念，树立"以人为本、执政为民、依法执政"的服务理念。树立以民众需求为主导的理念，克服以往政府包揽一切的做法，摒弃传统政府管理中的"单边主义"，适当让渡权利，坚持有所为和有所不为的原则，发动庞大的社会力量来参与和监督整个社会管理，重视用好政府"看得见的手"及市场"看不见的手"，使政府和市场组成"拳头"共同发力。要始终把市场的需求当作目标，把准市场脉搏，按照市场需求进行资源配置，重点统筹做好以下几个方面：

首先，建立政府与社会组织共同协作治理的体制，充分发挥社会机构、公共组织、广大民众的治理优势和积极性，形成多元化的合作共赢局面。其次，做好规划设计，按照现代化的治理理念重新定位政府部门的职权和责任，进一步加大数据公开和共享力度，用数据快速连通上下游的产业链条，促进资源的合理化配置。最后，发挥好试点地区引领带头作用，优先考虑与公众生活密切相关的民生工程、民心工程，如在线医疗、网上政务等，不断推广先进经验，加强示范带动作用，扎实推进政府治理现代化建设。

二、积极创新行政工作机制

加快促进政府治理现代化建设，需要有完备的组织架构。要建立职权清晰、流程规范的政府工作机制，在行政治理方案的编制和实施中，注重将大数据思维融入工作。同时，针对政府治理中遇到的重大决策、决议、关键事项审批、专项工作、规划制定、重大事项等重点环节工作，采取成立"政府治理现代化"领导小组和专项工作推进小组、组建专家咨询委员会等方式，为政府在治理现代化建设中的各种疑难杂症，给予针对性强的有效指导，提高经济社会智慧化水平。

首先，要完善战略规划、制定实施方案。由政府制定应用大数据技术推进政府治理现代化的详细规划，明确目标任务，将“和谐发展、以人为本”等理念融入“政府治理现代化”的建设中，突出示范效应；政府机关根据各自需求，结合工作实际，加强学习研究，积极制定操作性强的方略细则，在制度建设、任务分配、资金投入等方面做好落实。

其次，要强化组织部门之间的相互协作。由于政府治理现代化的建设包含点多、面广，往往深受体制束缚的影响，所以必须有一个健全的领导机构和运行机制。领导机构应充分发挥引导与协调职能，采取情况反馈、进程回访、协调推进等方式，实现与各部门间的无缝对接。增进不同部门之间的沟通，带动社会力量参与到共同治理中，深化政府治理现代化理论与实践的结合。

最后，要不断探索深化行政审批制度改革，大力推进政务信息公开，强化政府服务意识，提高行政执行效率。建立科学有效的目标考核评价体系，切实根据民众的需求来进行执政。进一步调整政府与社会间的关系，突出政府的监管职能和差异化的公共服务能力，运用大数据技术简化行政审批流程，为政府治理现代化建设营造一个高效的环境。充分发挥数据平台和网络平台的公开透明特性，推进依法行政责任制，完善行政问责机制，加快完善相关法律法规，营造良好的法治环境。

三、全面实施大数据战略

基于大数据技术的政府治理现代化是以虚拟数据为载体，形成人与机器、与实物等数据信息互联模式，再通过云计算等技术将数据资源整合，分析处理后得出有价值的规律，达到指导社会实践的目的。数据已经成为企业和社会关注的重要战略资源，因此，要全面实施大数据战略。

首先，从国家战略层面重视大数据的发展，成立重大专项课题研究大数据对政府治理现代化的影响。大数据是一项利在当代、功在千秋的重要战略，关乎我国经济社会长远发展大计，其重要性不言而喻。近年来，数据信息已经渗透到生产生活的各个领域，各级政府高度重视大数据战略发展，这就迫切需要部分政府官员摒弃原有的落后思维模式，塑造大数据治理理念。

其次，打造大数据产业的经济增长点。当前，大数据产业化进程加速，各级政府应把握大数据战略机遇，积极创造大数据产业配套能力，提升政府治理的核心竞争力，积极抢占大数据制高点，开发大数据产品，整合上下游产业链，突出需求导向，突出以科技性、精准性和协同性明确方向，推动大数据运用，针对问题障碍，明确改进措施，强化保障支撑。

最后，扩宽大数据运用范围，按照标化要求全方位归集数据。除了政府电子政务需求外，围绕第一产业、第二产业及第三产业的发展需求，加大大数据技术的应用力度，主动解决产业数据碎片化、分散化、区域化等问题，加强硬件基础设施的建设，同时加快专业化的软件处理技术的研发，使大数据真正在现代化治理中发挥作用。

四、打造统一数据信息平台

运用大数据技术推动经济发展、完善社会治理、提升政府服务和监管能力正成为趋势。应用大数据能够挖掘经济发展和公共事务运行数据之间的关联关系，极大地提升政府智慧化决策的能力，为应对复杂治理问题提供新工具。传统的数据处理方式已经远远满足不了当前社会发展的需要，运用“集量成智”的思维来推进“全方位、立体式、多维度”的数据化治理环境是政府治理的重要方向，快速打造全面、高效、统一的数据信息化平台，已成为政府治理和社会发展的新动力。

首先，要盘活数据资产。政府要重视对数据的收集整合，积少变多，由小成大，形成有价值的战略资源。政府要率先投资建设汇集数据的硬件基础设施，建立集中的数据库和数据管理中心，搭建管理数据的基础平台；大力开发软件设施，依托数据云技术平台，根据政府治理需要，将海量“沉睡的”数据资源盘活，通过大数据技术，将背后隐藏的规律和价值发掘出来，对海量数据进行多角度的深入分析；实现联动式管理和“一站式”全程服务，全面提升政府的治理能力。

其次，要加强数据网络舆论引导。加强顶层设计，完善相关法律法规，不断规范数据信息共享交换的流程、范围和方式，促进数据信息透明化，增强政府与社会民众交流沟通的渠道，及时掌握社会数据应用的动态，及时了解互联网上网民的动态，要完善应对突发事件的网络应急机制，及时公开关于事态的客观信息，引导网络舆论向积极的方向发展。

最后，要探索构建部门之间的数据共享机制。由于政府各部门之间利益掣肘，“信息孤岛”现象大量存在，通过打造政务公开的阳光平台，整合政府及社会各系统的数据，畅通数据信息资源共享“最后一公里”。要建设多级数据管理中心，充分整合上下级政府部门之间的电子政务系统，形成统一的数据库，从横向上实现跨部门的政府数据资源共享，使数据协同发力。

五、加强人才储备力度

人才是政府治理现代化的生力军，在治理现代化进程中具有决定性作用。运用多种方式加强人才培育、引进和使用，保证充足的人才战略储备，才能适应政府治理现代化建设需要。一是通过多渠道培养人才，对政府部门现有岗位人员进行大数据应用的技能培训，集中培育一批精兵强将，缓解用人荒；委托高校和培训机构设置相关专业，对口培养专业人才作为后备梯队；抓紧实施高层次复合型实用人才培养工作，重点培养适应大数据治理的各个领域的人才；推进政府与公司、大学的互动，实现技术人才多向流通，共建人才合作机制。二是积极制定人才引进优惠政策，围绕大数据理论研究和技术应用领域，加大引才、引智力度，鼓励有相关专业背景和从业经历的海外高端人才回国就业、创业，解决其后顾之忧，使人才“想回来、留得住”。三是构建有利于人才创新的体制环境，完善配套政策，建立健全符合科研规律的项目管理机制，营造有利于建立高层次人才创业、高端人才脱颖而出的发展环境，清除人才创新供给与现实需求的梗阻。

六、动员民众广泛参与

推进政府治理现代化在很大程度上就是要提高民生质量，因此，要深入调研民众的实际需求，充分利用大数据技术，提高在公共领域中的服务能力，让广大民众都能享受到政府治理现代化建设的成果，这就需要将广大民众的满意度作为衡量政府治理现代化建设成效的重要考核指标，要围绕广大民众的差异化服务需求，努力提高政府治理的个性化服务和精准化行政。政府治理现代化是一项系统性和综合性较强的工作，需要在政府的引导下，促使社会各界相互协作，充分发挥社会各界及广大民众在数据资源、技术应用等方面的优势，真正实现治理主体多元化和资源配置市场化。要切实加强民众参与大数据的广泛度，鼓励广大民众学习大数据、使用大数据，只有使最广大的民众通过大数据实现互联互通，才能提供最具价值的全样本数据，才能反映广大民众的真实需求，才能找准服务群众的发力点和着力点。应加强宣传和教育，引导全社会各个阶层、各个年龄段的人群加快转变理念，增强治理意识，在治理现代化的推动上形成共识。要通过大数据技术畅通民众参政议政的渠道，让民众在社会治理方面真正获得话语权，真正发挥“主人翁”的作用。

七、优化投资融资模式

政府治理现代化是大家的现代化，是多方治理主体共同参与、协作共治的格局，需要汇聚多方力量，共同投入。一方面，要加大政策性扶持力度。对大数据平台信息化建设、智慧城市综合服务平台、公益性软件系统研发等方面的项目加强引导，给予优惠政策和资金支持。对本地特色产业和拥有核心技术的企业，加强行政指导和培育，优化产业结构，与“互联网 +”深度融合，促进传统产业转型升级。同时，加强本地基础设施建设，加大对电子政务、信用信息“一张网”、便民服务平台等的建设，打造“新型现代化政府”。另一方面，要创新融资服务模式，拓宽融资渠道。大数据技术的发展具有投入周期长、产品更新快、后期维护费力等问题，需要积极引入社会资本，各地根据实际情况推广运用政府与社会资本合作（PPP）模式，形成政府与社会力量共同承担市场风险的模式，积极推进政府购买服务、基金参股、补贴奖励等手段，支持社会市场资本参与到大数据领域的建设和运营。

小　　结

本章对大数据时代政府治理现代化的评价机制进行了梳理，提出了进一步完善评价体系的相关策略：一是进一步增强地方治理现代化的定量评价指标；二是围绕“以人民为中心”的宗旨优化评价指标框架；三是进一步创新评价方法；四是进一步加强专业评价人才支撑。同时，提出了大数据时代进一步推动政府治理现代化的策略，主要包括：一是合理定位政府角色；二是积极创新行政工作机制；三是全面实施大数据战略；四是打造统一数据信息平台；五是加强人才储备力度；六是动员民众广泛参与；七是优化投资融资模式。

第十一章　研究结论与展望

本章对全书的研究了进行总结，并给出了主要结论。对本研究的创新点进行了梳理，并对研究中存在的不足进行了总结。另外，对下一步研究进行了展望，探讨了有待进一步深入研究的相关问题。

第一节　研究结论

本研究运用公共管理学理论和大数据技术相关理论探讨和研究了政府治理现代化问题，从宏观和微观并重的视角，采用了定量分析与定性分析相结合的方法，围绕大数据技术对推进政府治理现代化起到的支撑作用进行了系统研究，并在大量问卷调查和样本分析的基础上，对政府治理现代化的效果评价和路径选择进行了分析，主要得出如下研究结论：

1. 伴随着现代社会由传统的分层社会向数据社会演进，基于大数据技术的网络压力日益成为一种重要的政治输入机制，另外，广大公民通过数据平台争取权利的现实压力也与日俱增，再加上传统政府治理模式的弊病日益明显，共同形成了一种对政府治理走向现代化的强大需求力。

2. 从系统科学视角对大数据重新进行定义，指出大数据是由海量的、分层次的、相互纠缠的全数据集组成的具有自组织性的、动态的、开放的大系统数据集。另外，海量数据集聚和相互作用的过程，正是实现数据创造智慧的过程，即“集量成智”。“集”是指通过互联网等技术对海量数据的收集、存储和集聚；“量”对应的是数据量大、类型量多、速度量快；“成”对应的核心是大数据的分析处理过程所引发的质变；“智”就是解决问题的智慧。本研究将这种“集量成智”的机理，称为“数据—智慧”（Data-Wisdom）的“神经系统”模型，认为这种“大数据 DW 神经系统”式政府治理将促使政府治理打破拉塞尔·阿克夫（Russell Ackoff）提出的“数据—信息—知识—智慧”（Data-Information-Knowledge-Wisdom）关系，形成一种“信息—智慧”（Data-Wisdom）的新型关系。

3. 通过分析大数据的开放、共享和交互回应性，以及数据的相互关联性、样本等于总体、孤立点分析性等特性，得出了它与治理理论很多方面的要求具有密切的关联，并在政府治理过程中得到了广泛的应用，对促进政府治理现代化产生了很多积极影响。政府治理体系主要由治理制度、治理结构、治理机制、治理工具、治理职能和治理管控6个方面组成。本书通过案例研究分析，得出了大数据在政府治理制度、结构、机制、工具、职能、管控6个方面所提供的重要影响作用：一是大数据技术有利于促进规范的治理制度，使治理理念从“管制”走向“服务”，行政过程从“人治”走向“法治”，政策制定从“保守”走向“合理”；二是大数据技术有利于促进优化的治理结构，使治理主体从“单一”走向“多元”，治理结构从“垂直”走向“扁平”，治理客体从“简单”走向“复杂”；三是大数据有利于促进政府完善的治理机制，使治理方式从“强制”走向“协同”，资源配置从“政府”走向“市场”，公众角色从“服从”走向“参与”；四是大数据有利于促进先进的治理工具，使治理信息从“封闭”走向“透明”，治理渠道从“经验”走向“数据”，行政沟通从“被动”走向“主动”；五是大数据技术有利于促进科学的治理职能，使公共决策从“主观”走向“客观”，社会治理从“粗放”走向“精准”，公共服务从“迟缓”走向“高效”；六是大数据有利于促进精细的治理管控，使危机预警从“定时”走向“实时”，权力监督从“局部”走向“全面”，绩效考核从“定性”走向“定量”。

4. 政府治理现代化具有管理自组织、以人为本、数据主线、信息公开和循序渐进等特征。政府治理现代化的基本构架包括信息感知、数据管理、信息共享、经营管理、决策支持及运维保障6个方面。在大数据技术的驱动下，政府治理现代化将由治理制度、结构、机制、工具、职能及管控6个方面的现代化构成。着力在政府治理制度方面，实现治理理念人本化、行政程序法治化、政策制定合理化；治理结构方面，实现治理主体多元化、组织结构扁平化、治理客体复杂化；在治理机制方面，实现治理方式协同化、资源配置市场化、公众参与常态化。着力在治理工具方面，实现信息公开透明化、治理平台虚拟化、行政沟通网状化；政府治理职能方面，实现公共决策科学化、社会治理精准化、公共服务高效化；治理管控方面，实现危机预警智能化、权力监督无缝化、绩效考核数字化。

根据大数据时代政府治理现代化的内涵构建了大数据时代政府治理现代化指数评价公式，提出了基于层次分析法和模糊综合评价法的政府治理现代化等级评价体系，制定了 PEMSTI 政府治理现代化效能评价模型。通过雷达图分析法进行了量化分析，并提出了对政府治理现代化状况进行分析的一般流程及方法。

5. 大数据时代政府治理现代化评价的实证调研分析：（1）构建大数据时代政府治理现代化指数评价公式，对河南、湖北、湖南、安徽、山西、江西中部六省份进行评价分析，得出河南省政府治理现代化水平排名首位。（2）针对由治理制度、结构、机制、工具、职能、监控6个方面的评价指标，运用层次分析法和模糊综合评价法，对郑州市政府治理现代化的效果按照“优秀、良好、中等、合格、差”进行评价，得出郑州市政府治理现代化等级为“良好”。（3）探讨了大数据时代政府治理现代化的效能评价方法，运用 PEMSTI 特征指标分析模型从人口、经济、工业、服务、交通和信息化6个维度对郑州市政府治理现代化情况进行了评价，并将郑州市与中部六省份省会城市进行了比较评价分析。

6. 选取河南省鹤壁市“智慧鹤壁”建设为背景，对鹤壁市政府治理现代化有关情况进行调研和分析。针对鹤壁市政府治理现代化效果设计了调查问卷，对政府行政工作效率、公共服务精准化水平、公众参与治理便利程度等12项内容的满意度进行了分析，得出了总体满意度为81.2%。在对鹤壁市政府治理现代化评价方面，采用PEMSTI特征指标分析模型，将鹤壁市和国内与其同批的11个智慧城市建设先行市进行对比分析，得出鹤壁市因面积小、人口少、经济体量小等原因，各项指标总量均排名靠后，但由于近年来鹤壁市对政府治理现代化工作的重视，使各项指标增长迅速，特别是现代服务业、通信电信业方面增速明显，均位于样本城市的前列。

结合满意度问卷调查和PEMSTI特征指标分析模型对鹤壁市政府治理现代化的成绩与不足进行了总结，并对导致不足的原因进行了剖析，提出了大数据影响下鹤壁市政府治理现代化的建设路径：从建设主体角度看，鹤壁市政府治理现代化建设路径应当选择以政府为主导、社会力量多方协作的投资建设模式；在治理现代化建设的驱动力上，鹤壁市应选择创新驱动型途径；从管理服务方面，鹤壁市政府治理现代化建设应依托政府、企业和公众三大应用主体重点做好城市管理、民生安居、科教文体、环境保护和产业经济等方面的服务。

7. 针对大数据对政府治理现代化的影响，提出了合理定位政府角色、创新行政工作机制、全面实施大数据战略、打造统一数据信息平台、加强人才储备力度、动员民众广泛参与、优化投资融资模式等对策建议。

第二节 研究的创新与不足

一、研究的难点

1. 由于大数据的理念提出时间较短，概念界定随着技术发展不断发生变化，不同研究领域对概念的理解侧重点不同，理论规范还没有完全建立。

2. 政府治理现代化的研究成果还在起步阶段，参考资料较少，标准不规范；大数据技术类资料较多，而应用大数据进行政府治理方面的参考资料较少，这不利于本书的深入研究与探讨。

3. 由于我国行政体制影响，部门间职能分割严重、信息保守，政府治理的典型难题就是需要从政府层面推动，应用大数据进行政府治理的应用案例还不健全，本研究只能从一些现象进行总结和梳理。

二、研究的创新点

（一）研究视角的创新

本研究结合信息技术科学、管理学、社会学、系统科学等多学科视角，借鉴多学科的思维进行研究和分析。例如，从系统科学视角对大数据重新进行定义，提出大数据是由海量的、分层次的、相互纠缠的全数据集组成的具有自组织性的、动态的、开放的大系统数据集。

（二）研究内容的创新

1. 提出了大数据“集量成智”的特征理论，并对“集量成智”的内涵及意义进行了阐释。

2. 构建了大数据“DW 神经系统型”政府治理模型，提出了基于大数据的政府治理现代化将打破拉塞尔·阿克夫（Russell Ackoff）提出的“数据—信息—知识—智慧”（Data-Information-Knowledge-Wisdom）关系，形成一种“信息—智慧”（Data-Wisdom）的新型关系。

3. 提出了应用大数据驱动的政府治理现代化的特征——“六项十八化”。在政府治理制度方面，实现治理理念人本化、行政程序法治化、政策制定合理化；在治理结构方面，实现治理主体多元化、组织结构扁平化、治理客体复杂化；在治理机制方面，实现治理方式协同化、资源配置市场化、公众参与常态化；在治理工具方面，实现信息公开透明化、治理平台虚拟化、行政沟通网状化；在政府治理职能方面，实现公共决策科学化、社会治理精准化、公共服务高效化；在治理管控方面，实现危机预警智能化、权力监督无缝化、绩效考核数字化。

（三）研究方法的创新

1. 将 PESTEL 分析模型、中国电信智慧城市研究组的 PETMS 模型和欧洲智慧城市治理模型的各因素综合比较，然后经过改进，确定了人口、经济、工业、服务、交通和信息化 6 个维度为政府治理现代化特征指标分析模型的各项指标，提出了 PEMSTI 特征指标分析模型。

2. 比较分析了大数据技术对政府治理的影响。一是大数据技术有利于促进规范的治理制度，使治理理念从“管制”走向“服务”，行政过程从“人治”走向“法治”，政策制定从“保守”走向“合理”。二是大数据技术有利于促进优化的治理结构，使治理主体从“单一”走向“多元”，治理结构从“垂直”走向“扁平”，治理客体从“简单”走向“复杂”。三是大数据有利于促进政府完善的治理机制，使治理方式从“强制”走向“协同”，资源配置从“政府”走向“市场”，公众角色从“服从”走向“参与”。四是大数据有利于促进先进的治理工具，使治理信息从“封闭”走向“透明”，治理渠道从“经验”走向“数据”，行政沟通从“被动”走向“主动”。五是大数据技术有利于促进科学的治理职能，使公共决策从“主观”走向“客观”，社会治理从“粗放”走向“精准”，公共服务从“迟缓”走向“高效”。六是大数据有利于促进精细的治理管控，使危机预警从“定时”走向“实时”，权力监督从“局部”走向“全面”，绩效考核从“定性”走向“定量”。

三、研究的不足之处

1. 理论分析不够系统。受文献收集渠道的制约，对政府治理现代化的研究综述不够充分，特别是对大数据对政府治理现代化的支撑作用，阐述得不够科学。

2. 对调研数据的分析水平不高，利用的分析工具和方法有限，对研究结论归纳不够翔实，理论高度不够。

3. 发展对策的可行性需要进一步完善。由于对实际大数据技术应用经验的匮乏，本书提出的一些对策和建议比较宏观，对实践的指导作用还有待进一步检验。

第三节　有待进一步探讨的若干问题

大数据对政府治理现代化的影响研究是一个广义的综合命题，涉及政治学、管理学、社会学的多个领域，具有较强的理论价值和应用价值。由于该问题的提出时间还不长，在前人研究取得的阶段性成果的基础上，本书着重研究了大数据技术的特性及对政府治理现代化的支撑作用，同时也包括应用大数据进行政府治理所面临的风险。由于受限于作者的理论基础和研究方法，文中的很多观点仅是作者一家之言，还有待接受进一步检验。为了后续的深入研究，特提出以下建议。

一、关于政府治理现代化评价模型的研究

基于本书研究目标，本书只是提出了 PEMSTI 特征指标分析模型，之后通过雷达图分析法进行了量化分析，并提出了对政府治理现代化状况进行分析的一般流程及方法。而关于该分析模型的科学性与有效性，仍需要进一步调研和实践。

二、深入探讨政府治理现代化的优化路径

本书虽然从宏观的政策方向上对政府治理现代化的建设路径给出

了建议，但是如何能对具体实践起到真正的指导作用，还需要进一步研究。

三、政策保障机制的研究

目前，对政府治理现代化建设的配套政策体系研究还不够，需要进一步深入关于大数据技术、政府治理现代化等问题的政策研究，并充分梳理数据信息安全的法律机制。例如，推进大数据战略的资金投入政策、政府治理现代化的实施方案、数据泄露的安全保障等。

附录Ⅰ　郑州市政府治理现代化满意度调查问卷

敬爱的朋友：

您好！感谢您关注并阅读这份调查问卷！

本调查活动采取匿名方式，旨在客观地了解民众对政府应用大数据技术推动治理现代化工作的满意程度。调查结果仅用于学术研究，敬请您认真填写此问卷。我们深表谢意！

一、请根据您对本辖区政府治理客观情况的了解，对目前政府治理现代化水平的综合满意度做出判断，在对应的数字上打“√”。

序号	项目	非常不满意	不满意	满意	非常满意
1	政府治理综合满意度	1	2	3	4

二、请判断下列项目的满意程度，并在对应的表格里打“√”。对应关系如上表。

序号	项目名称	非常不满意	不满意	满意	非常满意
1	治理理念人本化				
2	行政程序法治化				
3	政策制定合理化				
4	治理主体多元化				
5	组织结构扁平化				
6	治理客体复杂化				
7	治理方式协同化				
8	资源配置市场化				

续表

序号	项目名称	非常不满意	不满意	满意	非常满意
9	公众参与常态化				
10	信息公开透明化				
11	治理平台虚拟化				
12	行政沟通网状化				
13	公共决策科学化				
14	社会治理精准化				
15	公共服务高效化				
16	危机预警智能化				
17	权力监督无缝化				
18	绩效考核数字化				

三、填表人基本情况。

为了便于我们的分析，请您填写以下信息或在相应的答案序号上打“√”。

（1）您的性别：A. 男；B. 女

（2）您的年龄：A. 30 岁以下；B. 30—40 岁；C. 41—50 岁；D. 51—60 岁；E. 60 岁以上

（3）您的最高学历：A. 高中或中专；B. 大专/高职；C. 本科；D. 硕士；E. 博士

（4）您现在所在单位的性质：A. 政府公务员；B. 教师及科研人员；C. 企业工作人员；D. 私营企业主；E. 退休人员；F. 无业人员

四、结束语。

我们的调查结束了，再次向您表示感谢！如果您有什么建议，请您写在下面。

建议	

附录Ⅱ　鹤壁市政府治理现代化满意度调查问卷

敬爱的朋友：

您好！感谢您关注并阅读这份调查问卷！

本调查活动采取匿名方式，旨在客观地了解民众对政府应用大数据技术推动治理现代化工作的满意程度。调查结果仅用于学术研究，敬请您认真填写此问卷。我们深表谢意！

一、请根据您对本辖区政府治理客观情况的了解，对目前政府治理现代化水平的综合满意度做出判断，在对应的数字上打“√”。

序号	项目	非常不满意	不满意	满意	非常满意
1	政府治理综合满意度	1	2	3	4

二、请判断下列项目的满意程度，并在对应的表格里打“√”。对应关系如上表。

序号	项目名称	非常不满意	不满意	满意	非常满意
1	行政工作效率				
2	数据服务基础设施				
3	应急事件反应速度				
4	主动发现问题能力				
5	公共服务精准化水平				
6	对弱势群体覆盖水平				
7	政务信息公开水平				

续表

序号	项目名称	非常不满意	不满意	满意	非常满意
8	公众参与治理便利度				
9	运营成本控制程度				
10	家庭上网便利程度				
11	网上民生服务水平				
12	公共安全环境				

三、填表人基本情况。

为了便于我们的分析，请您填写以下信息或在相应的答案序号上打“√”。

（1）您的性别：A. 男；B. 女

（2）您的年龄：A. 30 岁以下；B. 30—40 岁；C. 41—50 岁；D. 51—60 岁；E. 60 岁以上

（3）您的最高学历：A. 高中或中专；B. 大专/高职；C. 本科；D. 硕士；E. 博士

（4）您现在所在单位的性质：A. 政府公务员；B. 教师及科研人员；C. 企业工作人员；D. 私营企业主；E. 退休人员；F. 无业人员

四、结束语。

我们的调查结束了，再次向您表示感谢！如果您有什么建议，请您写在下面。

建议	

参考文献

[1] 安丽娜：《社会管理创新与政府治理现代化》，《行政科学论坛》2014 年第 3 期，第 32—35 页。

[2] 安然：《我国政府治理模式的转变与创新》，学位论文，东北师范大学，2010。

[3] [美] 阿尔文·托夫勒：《第三次浪潮》，黄明坚译，中信出版社，2006，第 21—22 页。

[4] [美] 阿莱克斯·彭特兰：《智慧社会：大数据与社会物理学》，汪小帆、汪容译，浙江人民出版社，2015。

[5] [美] 艾伯特－拉斯洛·巴拉巴西：《爆发：大数据时代预见未来的新思维》，马慧译，中国人民大学出版社，2012，第 35—36 页。

[6] 薄贵利：《中央与地方关系的研究》，吉林大学出版社，1991，第 17—18 页。

[7] 薄贵利：《推进政府治理现代化》，《中国行政管理》2014 年第 5 期，第 52—57 页。

[8] 包国宪、郎玫：《治理、政府治理概念的演变与发展》，《兰州大学学报（社会科学版）》2009 年第 2 期，第 1—6 页。

[9] [美] B·盖伊·彼得斯：《政府未来的治理模式》，吴爱明译，中国人民大学出版社，2001，第 25—109 页。

[10] [日] 城田真琴：《大数据的冲击》，周自恒译，人民邮电出版社，2013，第 8 页。

[11] 陈如明：《大数据时代的挑战、价值与应对策略》，《移动通信》2012 年第 17 期，第 14—15 页。

[12] 陈光、伍红建、杨一帆：《电子政务：政府治理能力现代化的新途径》，《电子政务》2014 年第 8 期，第 11—18 页。

[13] 常桐善：《如何提高大学决策绩效——院校研究与“数据驱动决策”模式的视角》，《复旦教育论坛》2013 年第 2 期，第 54—60 页。

[14] 曹妍：《网络问政：现代化政府治理的新范式》，《中北大学学报（社会科学版）》2012 年第 5 期，第 10—13 页。

[15] 迪莉娅：《基于云计算的电子政务大数据管理研究》，《图书馆理论与实践》2013 年第 12 期，第 49—52 页。

[16] [美] 达雷尔·M·韦斯特：《下一次浪潮：信息通信技术驱动的社会与政治创新》，廖毅译，上海远东出版社，2012。

[17] 冯海超：《透视美国大数据爆发全景》，《互联网周刊》2013 年第 1 期，第 38—41 页。

[18] 冯芷艳、郭迅华、曾大军、陈煜波、陈国青：《大数据背景下商务管理研究若干前沿课题》，《管理科学学报》2013 年第 1 期，第 1—9 页。

[19] 冯伟：《大数据时代面临的信息安全机遇和挑战》，《中国科技投资》2012 年第 34 期，第 49—53 页。

[20] 耿亚东：《大数据时代政府治理面临的挑战及其应对》，《中州学刊》2017 年第 2 期，第 76—80 页。

[21] 高圆：《智慧治理：互联网时代政府治理方式的新选择》，学位论文，吉林大学，2014。

[22] 顾君忠：《大数据与大数据分析》，《软件产业与工程》2013 年第 4 期，第 17—21 页。

[23] [英] 格里·斯托克、华夏风：《作为理论的治理：五个论点》，《国际社会科学杂志（中文版）》1999 年第 1 期，第 19—30 页。

［24］何增科：《中国治理评价体系框架初探》，《北京行政学院学报》2008 年第 5 期，第 1—8 页。

［25］何增科：《政府治理现代化与政府治理改革》，《行政科学论坛》2014 年第 4 期，第 1—13 页。

［26］何增科：《公民社会与第三部门》，社会科学文献出版社，2000，第 13—15 页。

［27］黄晓斌、钟辉新：《大数据时代企业竞争情报研究的创新与发展》，《图书与情报》2012 年第 6 期，第 9—14 页。

［28］黄明凯：《浅议大数据的分析与应用》，《中国新通信》2014 年第 5 期，第 84 页。

［29］黄新华：《整合与创新：大数据时代的政府治理变革》，《中共福建省委党校学报》2015 年第 6 期，第 4—10 页。

［30］胡祥：《近年来治理理论研究综述》，《毛泽东邓小平理论研究》2005 年第 3 期，第 25—30 页。

［31］胡明晖、武化岩、胡明豪：《数据挖掘技术及其在公共管理中的应用》，《中原工学院学报》2002 年第 2 期，第 8—11 页。

［32］《杭州飙车案警方所称 70 码成最热网络新名词》，http：//news. sina. com. on/s/2009 - 05 - 14/104817813574. shtml，2009 - 05 - 14。

［33］金江军、徐靖、王伟玲：《政府大数据发展对策研究》，《中国信息界》2013 年第 9 期，第 62—64 页。

［34］金江军：《智慧政府：电子政务发展的新阶段》，《信息化建设》2011 年第 11 期，第 16—17 页。

［35］焦述英：《深化行政体制改革推进政府治理现代化》，《长白学刊》2014 年第 4 期，第 54—59 页。

［36］揭昊：《经济全球化中的治理问题及其启示》，《经济论坛》2005 年第 23 期，第 47—49 页。

［37］贾智捷：《廊坊智慧城市建设模式研究》，学位论文，中国科学院大学，2015。

[38] 孔繁玲：《构建电子治理运行机制探析》，《学习与探索》2006 年第 6 期，第 70—72 页。

[39] 兰莉：《社会福利供给中政府的职能及其实现途径》，《甘肃理论学刊》2010 年第 4 期，第 83—85 页。

[40] 李惠:《中国政企治理问题报告》，中国发展出版社，2003。

[41] 李新玲：《大数据：应用跑到了科研前头》，《中国青年报》2012 年 11 月 8 日第 12 版。

[42] 李国杰：《大数据研究的科学价值》，《中国计算机学会通讯》2012 年第 9 期，第 8—15 页。

[43] 李国杰、程学旗：《大数据研究：未来科技及经济社会发展的重大战略领域——大数据的研究现状与科学思考》，《中国科学院院刊》2012 年第 6 期，第 647—657 页。

[44] 李俊生：《明晰政府间事权划分构建现代化政府治理体系》，《中央财经大学学报》2014 年第 3 期，第 3—10 页。

[45] 李丹阳：《大数据时代的中国应急管理体制改革》，《华南师范大学学报（社会科学版）》2013 年第 6 期，第 106—111 页。

[46] 李彦姝、上官酒瑞：《网络时代政府治理转型三个维度》，《上海党史与党建》2014 年第 3 期，第 38—40 页。

[47] 李京京：《大数据时代——卡通异构数据集成研究》，学位论文，西安电子科技大学，2014。

[48] 刘叶婷、唐斯斯：《大数据对政府治理的影响及挑战》，《电子政务》2014 年第 6 期，第 20—29 页。

[49] 刘建华：《浅谈智慧城市投融资服务现状及发展思路》，《建设科技》2014 年第 17 期，第 30—32 页。

[50] 刘典文：《数据挖掘技术在公共管理领域的应用》，《行政论坛》2010 年第 2 期，第 42—46 页。

[51] 郎佩娟：《公共管理模式研究》，《政法论坛：中国政法大学学报》2002 年第 1 期，第 143—152 页。

[52] 孟小峰、慈祥：《大数据管理：概念、技术与挑战》，《计算机研究与发展》2013 年第 1 期，第 146—169 页。

[53] [美] 亚伯拉罕·哈罗德·马斯洛：《动机与人格》，许金生等译，华夏出版社，1987。

[54] [美] 马丁·克鲁贝克：《量化：大数据时代的企业管理》，吴海星译，人民邮电出版社，2013，第 16—17 页。

[55] 马建光、姜巍：《大数据的概念、特征及其应用》，《国防科技》2013 年第 2 期，第 10—16 页。

[56] 牛正光、奉公：《基于大数据的公共决策模式创新》，《中州学刊》2016 年第 4 期，第 7—11 页。

[57] 牛正光、奉公：《应用大数据推动政府治理现代化的 SWOT 分析》，《电子政务》2016 年第 1 期，第 96—102 页。

[58] 庞琪：《探讨大数据时代下电子商务的发展》，《管理观察》2014 年第 17 期，第 175—176 页。

[59] [英] 皮埃尔·兰德尔－米尔斯、[印] 拉姆戈帕尔·阿加瓦拉、[英] 斯担利·普利斯：《撒哈拉以南非洲国家从危机走向可持续增长》，《金融与发展》1989 年第 4 期，第 11—14 页。

[60] 钱小聪：《大数据的发展和产业机遇》，《物联网技术》2013 年第 10 期，第 84—86 页。

[61] 全球治理委员会：《我们的全球伙伴关系》，天津大学出版社，1995。

[62] 宋海龙：《大数据时代思维方式变革的哲学意蕴》，《理论导刊》2014 年第 5 期，第 88—90 页。

[63] 沙莲香：《中国网民社会心理分析》，辽宁教育出版社，2006。

[64] 田平：《大数据变革企业管理思维的路径研究》，《经济师》2014 年第 3 期，第 264—265 页。

[65] 陶丹：《大数据“ABC”》，《中国记者》2014 年第 3 期，

第99—100页。

［66］童国华：《烽火董事长坦言我国光纤宽带落后，普及率不足5%》，http：//it. sohu. com/20110308/n279721619/shtml，2012-1-14。

［67］涂子沛：《大数据：正在到来的数据革命》，广西师范大学出版社，2012。

［68］唐天伟、曹清华、郑争文：《地方政府治理现代化的内涵、特征及其测度指标体系》，《中国行政管理》2014年第10期，第10—14页。

［69］唐斯斯、刘叶婷：《以数据治理推动政府治理创新》，《中国发展观察》2014年第5期，第32—34页。

［70］王茜：《英国大数据战略分析》，《全球科技经济瞭望》2013年第8期，第24—27页。

［71］王忠：《美国推动大数据技术发展的战略价值及启示》，《中国发展观察》2012年第6期，第44—45页。

［72］王劲：《大数据时代的管理变革》，《学术论坛》2013年第1期，第189—190页。

［73］王浦劬：《国家治理、政府治理和社会治理的基本含义及其相互关系辨析》，《社会学评论》2014年第3期，第12—20页。

［74］王元卓、靳小龙、程学旗：《网络大数据：现状与展望》，《计算机学报》2013年第6期，第1—11页。

［75］邬玉良：《利用大数据技术提升政府治理水平》，《上海经济》2014年第9期，第42—43页。

［76］吴金群、耿依娜：《政府的性质：新制度经济学的视角》，《浙江大学学报（人文社会科学版）》2008年第2期，第57—66页。

［77］吴志成：《西方治理理论述评》，《教学与研究》2004年第6期，第60—65页。

［78］吴忠、丁绪武：《大数据时代下的管理模式创新》，《企业管理》2013年第10期，第35—37页。

[79] 万泽春:《大数据的应用与解决方案浅析》,《电脑知识与技术》2013 年第 27 期,第 6217—6219 页。

[80] [英] 维克托·迈尔-舍恩伯格,肯尼斯·库克耶:《大数据时代:生活、工作与思维的大变革》,周涛译,浙江人民出版社,2012。

[81] [美] 文森特·奥斯特罗姆:《美国联邦主义》,王建勋译,上海三联书店,2003。

[82] 徐继华、冯启娜、陈贞汝:《智慧政府——大数据治国时代的来临》,中信出版社,2014,第 11—240 页。

[83] 徐磊:《大数据基础上的社会认知》,《中国电子科学研究院学报》2013 年第 1 期,第 23—26 页。

[84] 徐琦:《微博时代的政府治理模式转型分析》,《中共南京市委党校学报》2014 年第 3 期,第 56—60 页。

[85] 熊烨、凌宁:《网络时代我国政府治理的 SWOT 分析》,《中共南京市委党校学报》2014 年第 2 期,第 55—61 页。

[86] 谢光辉:《网络意见领袖作用机制研究——以凯迪社区“超级低俗屠夫”在“邓玉娇案”中的舆论引导为例》,学位论文,华中师范大学,2011。

[87] 谢庆奎:《中国地方政府体制概论》,中国广播电视出版社,1998。

[88] [美] 约翰·奈斯比特等:《中国大趋势——新社会的八大支柱》,中华工商联合出版社,2009。

[89] 于施洋、杨道玲、王璟璇、张勇进、王建冬:《基于大数据的智慧政府门户:从理念到实践》,《电子政务》2013 年第 5 期,第 65—74 页。

[90] 俞可平:《治理与善治》,社会科学文献出版社,2000。

[91] 俞可平:《中国治理评估框架》,《经济社会体制比较》2008 年第 6 期,第 19 页。

［92］杨京、王效岳、白如江等：《大数据背景下数据科学分析工具现状及发展趋势》，《情报理论与实践》2015 年第 3 期，第 134—144 页。

［93］杨冬梅：《大数据时代政府智慧治理面临的挑战及对策研究》，《理论探讨》2015 年第 2 期，第 163—166 页。

［94］杨雪冬：《“第三条道路”与新的理论》，社会科学文献出版社，2000。

［95］杨正华：《城市信息化背景下提升政府公共信息服务研究》，学位论文，浙江师范大学，2015。

［96］杨志国：《当代中国地方政府治理研究》，学位论文，内蒙古大学，2014。

［97］杨崇磊：《我国国家治理现代化问题研究述评》，《湖南广播电视大学学报》2015 年第 3 期，第 59—64 页。

［98］艳琳：《大数据在生活中如何应用》，《科学大观园》2013 年第 12 期，第 76—77 页。

［99］朱江涛：《关于大数据的系统哲学思考》，《中国高新技术企业》2016 年第 4 期，第 17—18 页。

［100］朱东华、张嶷、汪雪锋等：《大数据环境下技术创新管理方法研究》，《科学学与科学技术管理》2013 年第 4 期，第 172—180 页。

［101］朱旗锋：《我国传统行政文化对服务型政府建设的影响分析》，学位论文，河南大学，2008。

［102］邹启立：《机器翻译与基于大数据语言服务技术的创新》，《西江月》2013 年第 23 期，第 253—253 页。

［103］邹佳佳：《智慧城市建设的途径与研究方法——以浙江宁波为例》，学位论文，浙江师范大学，2013。

［104］赵景来：《关于治理理论若干问题讨论综述》，《世界经济与政治》2002 年第 3 期，第 75—81 页。

［105］赵莹莹、李思妍：《浅析新公共服务理论》，《商品与质量》2011 年第 S3 期，第 48 页。

［106］中国互联网络信息中心：《第 36 次互联网发展状况统计报告》，2015。

［107］周文彰：《数字政府的国家治理现代化》，《行政管理改革》2020 年第 2 期，第 48 页。

［108］周言：《以西方为中心的"全球治理论"》，《光明日报》2001 年 2 月 27 日第 8 版。

［109］周琳、张永刚：《大数据时代下政府治理现代化研究》，《生产力研究》2016 年第 5 期，第 112—115 页。

［110］张海柱、宋佳玲：《政府走向智慧治理：大数据时代政府治理模式的变革》，《中共济南市委党校学报》2015 年第 4 期，第 41—46 页。

［111］张欣：《善治：我国地方政府治理现代化的路径选择》，《新西部》2014 年第 3 期，第 76 页。

［112］张军、姚飞：《大数据时代的国家创新系统构建问题研究》，《中国科技论坛》2013 年第 12 期，第 5—11 页。

［113］张建设：《大数据：战略论的终结与社会化决策的兴起》，《企业管理》2012 年第 10 期，第 92—94 页。

［114］宗威、吴锋：《大数据时代下数据质量的挑战》，《西安交通大学学报（社会科学版）》2013 年第 5 期，第 38—43 页。

［115］Ackoff R.. From Data to Wisdom［J］. Journal of Applied Systems Analysis, 1989, 16: 3 -9.

［116］Gerry Johnson, Kevan Scholes, Richard Whittington. Exploring Corporate Strategy［M］. England: Pearson Education Limited, 2008: 55 -57.

［117］Gerry Stoker. Public value Management: A New Narrative for Networked Governance?［J］. The American Review of Public Administration, 2006, 36 (1): 41 - 57.

[118] Hood C. , Margetts H. . The Tools of Government in the Digital Age [M]. London: Palgrave Macmillan, 2007.

[119] Lynch Clifford. Big Data: How Do Your Data Grow ? [J]. Nature, 2008, 455 (7209): 28 - 29.

[120] LI G J, CHENG X Q. Research Status and Scientific Thinking of Big Data [J]. Bulletin of Chinese Academy of Sciences, 2012, 27 (6): 647 - 657.

[121] J. A. Chandler. Local Government Today [M]. Manchester: Manchester University Press, 2001.

[122] Tony Cass. A Handler for Big Data [J]. Science, 1998 (5389): 636.

[123] Nature. Big Data [EB/OL]. http: //max. book118. com data/index. html, 2012 - 10 - 02.

[124] NIST Big Data Public Working Group (NBD - PWG) . NIST big data interoperability frame work: volume 5, architectures white paper survey [R/OL]. http: //dx. doi. org/10. 6028/NIST. SP. 1500 - 5, 2015 - 08 - 25/2016 - 04 - 10.

[125] Rhodes. Making Local Governance Work: Networks, Relationships and the Management of Change [M]. Hanpshire: Palgrave, 2011.

[126] Rifldn J. . The Third Industrial Revolution: How Lateral Power is Transforming Energy the Economy, and the World [M]. New York: Palgrave Macmillan, 2012.

[127] S. J. Bailey. The Reform of Local Government Finance in-Britain [M]. London: Routledge, 1988.

致　谢

著书的过程，使我的意志得到了更多的磨炼，我更加深切地体会到了求真务实的科学态度、严谨细致的治学精神、精益求精的工作作风和宽以待人的善良之心的重要性，其间的喜怒哀乐都已化作我人生最美好的回忆。专著的完成，离不开同事们和朋友们的帮助与支持，谨在此致以我最诚挚的谢意！

同时，感谢教育部人文社会科学研究项目青年基金（18YJC630127）的支持，感谢郑州航空工业管理学院各位同仁的帮助，感谢中国财政经济出版社对文稿提出的富有建设性的各项修改意见。

牛正光

2021 年 1 月